Dieter Stork

W0248880

Arbeitsbuch Weihnachten

Informationen, Praxistipps und Projektideen
für Schule und Gemeinde

calwer materialien

Dieter Stork *war bis zu seinem Ruhestand Gemeinde- und Jugendpfarrer sowie Schulreferent der Evangelischen Kirche von Westfalen. In seinen zahlreichen Veröffentlichungen im Bereich kreativer Projektarbeit sowie zu pädagogischen und theologischen Themen bereitet er Bibelwissen so auf, dass sowohl gesellschaftliche als auch persönliche Fragen von der Bibel her eine Antwort finden.*

Bibliografische Information Der Deutschen Bibliothek

Die Deutsche Bibliothek verzeichnet diese Publikation
in der Deutschen Nationalbibliografie; detaillierte
bibliografische Daten sind im Internet über
http://dnb.ddb.de abrufbar.

ISBN 10: 3-7668-3927-6
ISBN 13: 978-3-7668-3927-5

© 2006 by Calwer Verlag Stuttgart
Alle Rechte vorbehalten
Wiedergabe, auch auszugsweise, nur mit Genehmigung des Verlags
Umschlaggestaltung: Karin Sauerbier, Stuttgart
Satz: NagelSatz, Reutlingen
Druck und Verarbeitung: Gutmann + Co., 74388 Talheim

www.calwer.com

Inhalt

Weihnachten:
Träumen,
hoffen,
vertrauen,
Bilder der
Gegenwart
entwerfen,
in denen die
Zukunft heute
ankommt

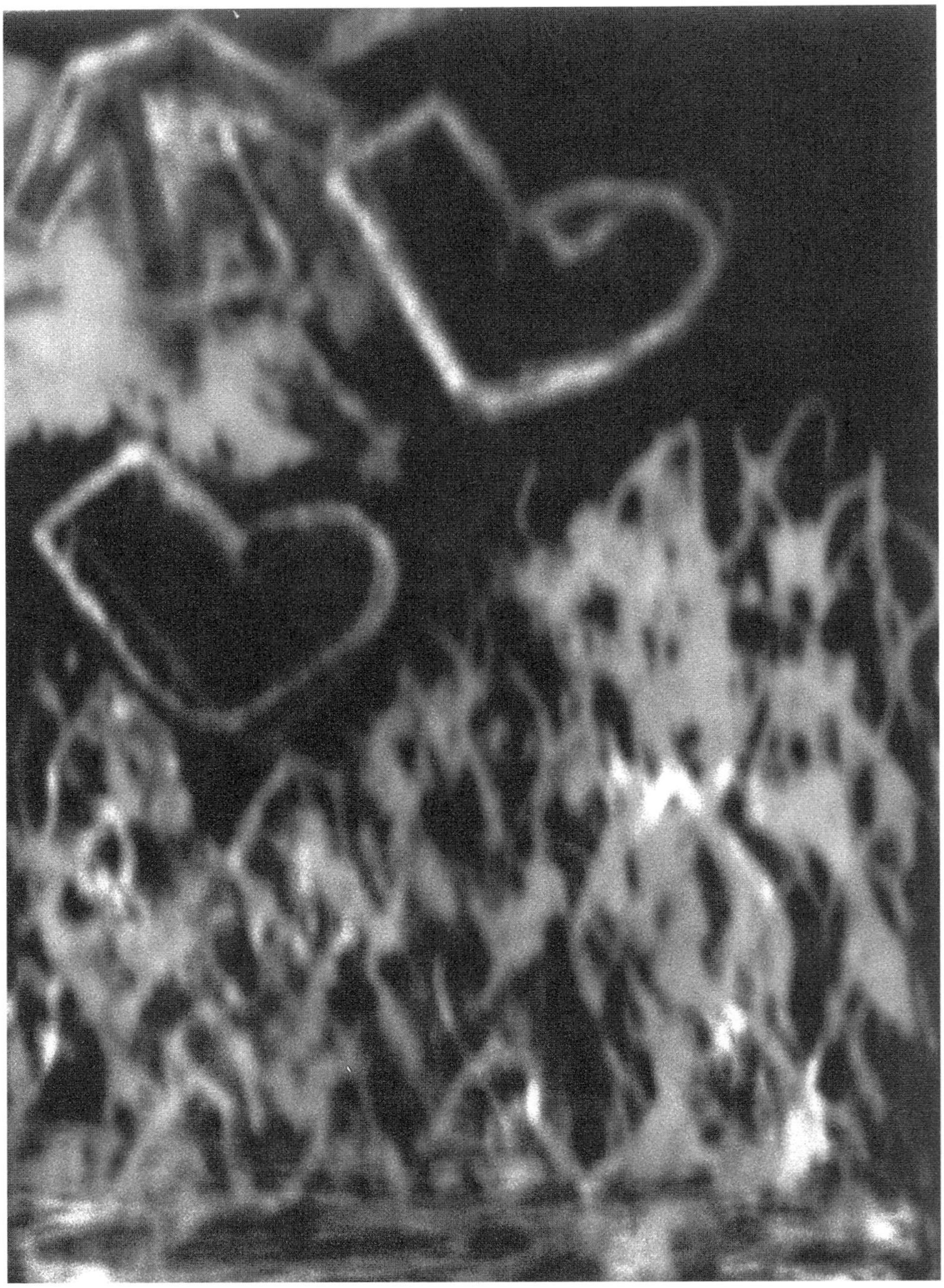

Dieter Stork
Arbeitsbuch Weihnachten

Vorwort

Das *Arbeitsbuch Weihnachten* ist in jeder Hinsicht ein Wagnis.

1. Auslegung der Bibeltexte

Wer will schon als Religionslehrer/in soviel *Exegese* lesen, die darüber hinaus sich in Namensspekulation und jüdischer Symboldeutung zu verlieren scheint?

Andererseits: Dan Brown und andere Autoren flechten in ihre Literatur biblisch-klerikale Bezüge ein, die angeblich ein Bibelgeheimnis nach dem anderen lüften. Darum erscheint es mir angemessen, so genau wie möglich zu exegesieren und den jüdischen Hintergrund der Bibeltexte aufzudecken, die sich mit dem Thema *Weihnachten* auseinandersetzen. Darum werden unter *Zum Text* und unter *Sachinfo* ausführliche Textanalysen geliefert, während *Der Text* eine freie und manchmal erläuternde Übertragung des Bibeltextes abgibt.

2. Projektorientierung und Gruppenarbeit

Wer will so oft, wie in diesem Arbeitsbuch vorgeschlagen, in *Gruppen* arbeiten lassen, die zur Selbsttätigkeit der Schüler/innen anregen und zur Kreativität motivieren?

Andererseits: Demotivation und Frust bei Schüler/innen und Pädagog/innen wachsen im Quadrat. Allüberall wird nach besseren, geeigneteren Methoden gerufen. Die erste Euphorie über die sogenannten Neuen Medien ist in Ernüchterung umgeschlagen, denn die Erfahrungen zeigen, dass diese nur bis zu einem gewissen Grade die Schüler/innenleistung verbessern können. Ratlosigkeit breitet sich allerorten aus! In dieser Situation greift das *Arbeitsbuch Religion* Anregungen der Reformpädagogik auf, variiert diese und entwickelt sie entsprechend dem heutigen Voraussetzungen weiter. Aus unseren eigenen Erfahrungen lernen wir: Schule, jede Schulstufe erhält aus der Projektorientierung, dem gemeinsamen Lernen in Gruppen und aus der gemeinsamen Präsentation der entwickelten Einzelprojekte neue Impulse.

3. Zur Struktur des *Arbeitsbuchs Weihnachten*: Inhalt, Material, Weg, Organisation, Tipps, Weiterarbeit, Beispiele

Jede Lerneinheit wird nach dem gleichen Schema strukturiert: Die Rubriken *Inhalt* ◆, *Material* ✂, *Weg* ⛰, *Organisation* ▮, *Tipps* ☞, *Weiterarbeit* ➡ und *Beispiele* gliedern und geben Auskunft über die Entwicklung des jeweiligen Teilprojekts. Das *Arbeitsbuch Weihnachten* berichtet ausführlich aus der Praxis und bietet zahlreiche Abbildungen, um anhand konkreter Beispiele den Mut zu eigenem gestalterischen Arbeiten zu stärken. Freilich gehören auch Seminare der Lehrer/innenfortbildung dazu, auf denen die beschriebenen Methoden eingeübt werden können. Dazu gehört vor allem auch das gemeinsame Lernen mit den Schülerinnen und Schülern im Unterricht. Die beigefügten *Beispiele* (Schülerberichte, Notizen und Fotos) möchten zur eigenständigen Kreativität motivieren. Einige *Beispiele* können als Text- oder Bildvorlage in den Unterricht direkt übernommen werden. Das *Arbeitsbuch Weihnachten* weist eine Vielzahl von konkreten Text- und Spielvorlagen auf, die ohne großartigen kreativen Anlauf im Unterricht eingesetzt werden können, wie die Auflistung unter *Methoden und Vorschläge zur Unterrichtsgestaltung/Projektarbeit* belegt.

4. Warum das Thema Weihnachten?

Weihnachten ist für viele Menschen – für Lehrende wie für Lernende, für Ältere wie für Jüngere – ein letzter Anknüpfungspunkt in Sachen Christentum. Zu Weihnachten entdeckt sich die christliche Volksseele, die weitestgehend verloren ging, neu. Christen und Nichtchristen, Juden und Muslime sammeln sich gemeinsam, um Jesu Geburt zu feiern und ihn – auf je eigene Weise – zu ehren. Im Kind in der Krippe ist alle Lebenslust und Lebensweisheit, aller Friede, alle Hoffnung! Immerhin wird Jesus im Koran *Das Evangelium* genannt. Alle späteren Christologien, wie sie das Christentum entwickelte, finden ihren ersten Ansatz in der Literatur des Zweiten Testaments, deutlich auch in den Vorgeschichten der Evangelien. Diese Erzählungen zeigen jedoch auch, dass spätere dogmatische Ausprägungen wie *Jesus sei wahrer Mensch und wahrer Gott*, die uns heute soviel Mühe machen, in diesen Vorgeschichten so, d. h. in ihrer spätantiken Ausprägung, nicht vorkommen.

5. Warum Lukas?

Die Weihnachtsgeschichte des *Lukas* bildet den stärksten Pfeiler im Brückenbau zwischen der biblischen Weihnachtsbotschaft und der Gesellschaft. Ihre Kenntnis und ihr Verständnis sollten zu den unverzichtbaren Standards (nicht nur) des schulischen Unterrichts gehören. Deshalb erscheint die Konzentration auf die Weihnachtsgeschichte des Lukas angebracht, ohne die Bedeutung der Weihnachtsberichte der anderen Evangelien damit schmälern zu wollen.

6. Altes und Neues, Erstes und Zweites Testament

Lukas bleibt wie die übrigen Autoren des Zweiten Testaments den Bildern und Hoffnungen des Ersten Testaments verpflichtet. Sein Evangelium, Teil des Zweiten Testaments, stellt einen erzählenden und weiterführenden Kommentar zum Ersten Testament dar. Insofern müsste es immer dort, wo ich die Begriffe *Altes* und *Neues Testament* verwende, *Erstes* und *Zweites Testament* heißen, Erster und Zweiter Bund. Es sind Gründe der Tradition, die mich bestimmten, bei der herkömmlichen Bezeichnung zu bleiben.

7. Projektorientierung und kreativer Alltagsunterricht

Eine bloße Materialsammlung will dieses Arbeitsbuch nicht sein. Vielmehr möchte das *Arbeitsbuch Weihnachten* zu eigenen theologischen und methodischen Ansätzen herausfordern.

Bitte nicht müde abwinken nach dem Motto: *Projektorientierung im RU? – Da gibt es doch nur begrenzte Möglichkeiten!* Sondern bitte weiterlesen, sich einlesen! Das *Arbeitsbuch* ist so aufgebaut, dass die Vorschläge zur *Gestaltung und Kreativität* sowohl im Rahmen des Fünfundvierzig-Minuten-Taktes als auch innerhalb einer großen Projekteinheit ihre Chance erhalten. Alle im Werkbuch vorgestellten Gestaltungsvorschläge können in die Alltagspraxis voneinander getrennter Schulstunden überführt werden, was jeweils unter der Rubrik *Organisation* und *Tipps* dargelegt wird. Auf die Frage, wie die ambitionierte Projektarbeit in den Schulalltag überführt werden kann, wird eine praxisnahe Antwort versucht. Auch der Fünfklang von *Vorbereitung – Einstimmung – Gruppenarbeit – Präsentation – Weiterarbeit*, wie er für die Projektarbeit so wichtig ist, kann, wie im Einzelnen dargelegt, innerhalb des Dreiviertelstundentaktes – cum grano salis – realisiert werden. Ziel des Arbeitsbuches Weihnachten ist es, die vielfältigen inhaltlichen und methodischen Möglichkeiten der Projektarbeit möglichst umfassend in die Alltagspraxis von Schule und Gemeinde zu übertragen.

Dazu gehören

1. *Vorbereitung*: Abstimmung in der Vorbereitungsrunde zur Themenwahl und zur Entwicklung der gegliederten Kleingruppenarbeit zum ausgewählten Thema;
2. *Eröffnung*: Gemeinsame Einstimmung ins Thema;
3. *Gruppenarbeit*: Visualisierung des Themas in der Kleingruppe, verschiedene Nuancen des Themenaspekts;
4. *Präsentation*: Vorstellungsrunde mit gestalterischen Mitteln;
5. *Weiterarbeit*: Nacharbeit, Auswertung, Vertiefung.

Diese Arbeitsschritte sind auch innerhalb des »normalen" Unterrichtsbetriebes von Belang. Ja, die Entwicklung eines derartigen Dreischritts *Eröffnung – Gruppenarbeit – Präsentation* sind für den Erfolg eines lebendigen Unterrichts, der Schülerinnen und Schüler aus der Lethargie herausholt und zu einem gemeinsamen Lernen von Lehrenden und Lernenden führt, grundlegend. Dabei ergänzen Vorbereitung und Nacharbeit das Thema und runden es ab.

8. Altersstufen

Erstaunlicherweise lassen sich Schülerinnen und Schüler der verschiedensten Altersstufen gern auf kreatives Arbeiten ein. Irgendwie scheint im Spielen und Malen das Alter der Lernenden kaum eine Rolle zu spielen! So macht z. B. die Arbeitseinheit *Drucken mit Styropor* Grund- wie Hauptschüler/innen Spaß. Da fühlt sich niemand über-, aber auch nicht unterfordert, wie die Erfahrung lehrt.

Deshalb enthält dieses *Arbeitsbuch* ein weiteres Wagnis: Es möchte Religionslehrerinnen und -lehrer der verschiedenen Lehrsysteme und Schulstufen ansprechen. Natürlich gibt es Unterschiede in den Schwierigkeitsgraden der jeweiligen Altersstufen, sowohl in Bezug auf die Methodik wie auch in Hinblick auf die theologischen Aussagen. Dazu wird unter *Organisation* von Fall zu Fall etwas gesagt. Aber im Grundsätzlichen gilt: Kinder und Jugendliche lassen sich in jeder Altersstufe gern und freudig auf kreative Angebote ein, wie die abgebildeten Beispiele aus der Praxis belegen. Kinder zeigen in den verschiedenen Altersstufen Interesse für nahezu jedwede Kreativität.

9. Kindermund

Kinder haben das, was sie auf Projekttagen erlebten, notiert. Manchmal geben diese einfachen Berichte etwas für die Gestaltung einer Projekteinheit her. Kinder haben einen schonungslosen Drang zur Reduzierung auf die Fakten. Darum sind diese Zeugnisse aus Kindermund lesenswert.

Kinder beweisen darüber hinaus in ihren Schilderungen Humor und haben den Mut, sich selbst ironisch zu hinterfragen. Schule soll Spaß machen, den Schülerinnen und Schülern wie den Lehrerinnen und Lehrern. Die Projektbeschreibungen aus Kindermund können hierzu beitragen.

10. Dank

Ich danke allen, die zur Projektarbeit einluden und mitmachten, Kollegen, Schulen, Gemeinden, Gruppen. Ohne diese Vorarbeit und ohne das Material, das in Projekttagen an Schulen im Münsterland und im Tecklenburger Land und darüber hinaus entstand, hätte das *Arbeitsbuch Weihnachten* nicht entwickelt werden können. Ich danke dem Verlag, dem Lektor Herrn Dr. Berthold Brohm und der Layouterin Frau Birgit Nagel, die mit Geschick und Mut, mit Geduld und Nachsicht das Heranreifen des Werkes begleiteten.

Bünde, im Juli 2006 *Dieter Stork*

Übersicht 1

Übersicht 1:
Einführung in die Projektarbeit

Der Fünfklang innerhalb eines Projekts

1. Vorbereitung

Projektorientierung benötigt eine Vorbereitungsphase, eine Vorbereitungsrunde derer, die an einer Schule ein RU-Projekt planen und durchführen möchten: Lehrer/innen, Jugendreferent/innen, Pfarrer/innen, Schulreferent/innen sowie gegebenenfalls die Eltern vor Ort. Da im Schulalltag Lehrende nur in geringem Umfang aus ihrem Stundenplan für ein Projekt freigestellt werden können, sind Ehrenamtliche willkommen: Mütter (im G-S-Bereich), auch muslimische (!), sowie Mitarbeiter/innen der Kirchengemeinden vor Ort.

Die Projekte sollten nicht konfessionsorientiert gestaltet werden. Eine Jahrgangsstufe, eine Klasse usw. können das Gegenüber der Vorbereitungsrunde sein, die das (biblische) Thema auswählt und sich Gedanken über die möglichen Arbeitsgruppen macht. Wie und wo die Einstimmung auf das Thema geschehen, wie und wo die Präsentation stattfinden soll, das alles muss neben der Ideenentwicklung zu den einzelnen Arbeitsvorhaben in der Vorbereitungsrunde bedacht werden. Falls eine Ganztagsveranstaltung projektiert wird, muss z. B. auch die Gestaltung des Mittagessens usw. geplant werden.

Wichtig ist: Jedes Arbeitsgruppenteam muss sich innerhalb der Planungsphase auf Inhalte und Methoden festlagen – und bei der Vorbereitungssitzung mitteilen:

- Was haben wir in unserer Arbeitsgruppe vor?
- Welche Räumlichkeiten, welche Materialien benötigen wir?
- Welche methodischen Wege möchten wir gehen?

Die Präsentation legt den Rahmen fest, wie viele Schüler/innen teilnehmen können. Zum Beispiel: höchstens 100? Das ergibt, wenn 8 Schüler/innen in einer Gruppe arbeiten, 12 Arbeitsgruppen, die sich alle mit ihren Ergebnissen in der Präsentation zu Wort melden werden. Mehr geht nicht. Deshalb gilt: weniger Teilnehmer/innen sind aufs Ganze gesehen mehr!

Drei Sitzungen zur Vorbereitung reichen nach meiner Erfahrung aus, um das Projekt aufzubauen. Da in der Regel Muslime und Religionslose zum Klassenbestand gehören, müssen diese Eltern von vornherein in die Vorbereitung einbezogen werden: *Es werden biblische, aber keine konfessionell-dogmatischen Werte vermittelt, Lebensgrundlagen kommen zur Sprache, Zukunftsfragen. Eine Einübung ins »Weltethos« geschieht. Wir wollen das Leben einüben, nicht das Dogma.*

2. Einstimmung

Die Einstimmung soll aus einem Guss sein, fetzig, nicht länger als 25 Minuten. In Frage kommen zum Beispiel kurze Theaterszenen, die das Gesamtthema erschließen, ein Song, ein Einmann-Theater oder ähnliches. Immer muss das Thema und die biblische Grundlage des Themas vor Augen gestellt werden, mit klarem Bezug zur Gegenwart. Die Einstimmung soll am gleichen Ort erfolgen, an dem später die Präsentation stattfinden wird, am besten in einer Turnhalle. Die Ortswahl hängt auch von der Anzahl der Teilnehmer/innen und den räumlichen Möglichkeiten der Schule ab.

3. Gruppenarbeit

Ziel dieser Arbeitsphase ist es, dass aus der höchst selbstständigen Gruppenarbeit der Kinder/Jugendlichen ein vorzeigbares, vorspielbares Einzelprojekt entsteht, das im Rahmen der Präsentation allen am Gesamtprojekt Beteiligten vorgestellt wird. Unter den Arbeitseinheiten *Gestaltung & Kreativität* jedes Kapitels sowie unter den Beispielen werden verschiedene Möglichkeiten zur Durchführung und Ergebnissicherung eines Projektes angeboten. Auch zum Zeitrahmen und Materialbedarf finden sich dort die entsprechenden Angaben.

Hinweis: Keine Arbeitsgruppe zu groß anlegen!

4. Präsentation

Gemeint ist das Miteinander in der Gesamtgruppe, bei dem sich alle Einzelgruppen mit ihrem Produkt vorstellen. So beliebt althergebrachte Aulen bei Rektoren sein mögen, geeigneter ist eine Turnhalle, in der wir uns im großen Rundkreis versammeln können. Wir sitzen nebeneinander, nicht hintereinander. Aktionen und Vorstellungen nehmen unter uns Gestalt an. Keine Gruppe darf sich aufs bloße Berichten nach dem Motto »Wir stellen euch das Erarbeitete jetzt einmal in einem Thesenpapier vor!« zurückziehen.

Vielmehr muss in den Gruppen gemalt, gespielt, gesungen, getanzt worden sein. In der Präsentation vor der Gesamtgruppe wird das bunte Kaleidoskop der Ideen dann lebendig entfaltet. Jede Gruppe verpflichtet sich, ihren Präsentationsbeitrag innerhalb von 8 Minuten vorzustellen. Das ergibt zum Beispiel bei 12 Gruppen etwa 100 Minuten! Wenn alles spannend abläuft, ohne langatmige Lehrer/innenkommentare und umständliche Stellproben mitten in der Präsentation, mag es noch angehen. Die Reihenfolge der Vorführungen legt das Leitungsteam gemeinsam fest.

5. Weiterarbeit, Nacharbeit, Vertiefung

Die Präsentation sollte auf Vertiefung und Reflektion des Gelernten und Erlebten drängen, je nach den Möglichkeiten, die sich aus der noch offenen Zeiteinheit und aus der Stimmung der Gesamtgruppe ergeben. Auch in der Kleinarbeitsgruppe wird ein meditativer Abschluss, eine gemeinsame Auswertung sinnvoll, wenn Reserven an Zeit und Konzentration vorhanden sind. Wichtig wurde mir in meiner Praxis ein Auswertungsgespräch mit den beteiligten Gruppenleiter/innen, unabhängig vom Präsentationstag, was enorm viel brachte.

Der Zeitrahmen

Der Zeitrahmen eines Großprojekts

Mir scheint der Zeitrahmen von einer Woche, wie er für Schulprojekte üblich ist, zu lang. Alles an einem Tag abzunudeln, erscheint mir hingegen zu kurz. Aus der Erfahrung bei 70 RU-Schulprojekten, die ich während meiner Dienstzeit als Schulreferent durchführte, erscheint mir folgender Rahmen angemessen zu sein:

- 1. Tag: Einstimmung: 25 Minuten, anschließend: Gruppenarbeit, entweder bis zur Mittagspause – oder darüber hinaus!
- 2. Tag: Bis zur Großen Pause: Weiterarbeit in den Gruppen, Vorbereitung der Präsentation!
- Nach der Pause: Präsentation, die nicht länger als 100 Minuten dauern darf (siehe oben)! Auch hier hängt viel von der Stimmung, den gebotenen Inhalten und der Gesamtteilnehmerzahl ab. Bewährt hat sich auch ein Klassenprojekt: Eine Klasse entwickelt das Thema in soeben genannten Zeitrahmen.

Der Zeitrahmen im Schulalltag

Unter *Organisation* versuche ich für den jeweiligen Zeitrahmen, den der Schulalltag bietet (die 45-Minuten-Schulstunde), Vorschläge für die Gliederung der einzelnen Arbeitseinheiten innerhalb des Schulstundentaktes zu entwickeln. Bei einiger Übung wird vieles machbar. Jedenfalls ist diese Aufgliederung einen Versuch wert. Vielleicht kann man auch durch die Zusammenarbeit mit Kollegen ein Arrangement für eine Doppelstunde usw. erreichen.

Übersicht 2

Übersicht 2:
Kreative Methoden im RU

Übersicht 2

Übersicht 2

Übersicht 3:
Methoden und Vorschläge zur Unterrichtsgestaltung / Projektarbeit

Übersicht 4

Übersicht 4:
Stichworte zur Theologie

Weihnachten:
Gemeinsam erleben,
Menschen, Völker,
Kulturen,
ich,
wie Menschen sich zum
Guten verwandeln,
zum Frieden auf Erden,
zum Licht,
ich und alle
gemeinsam!

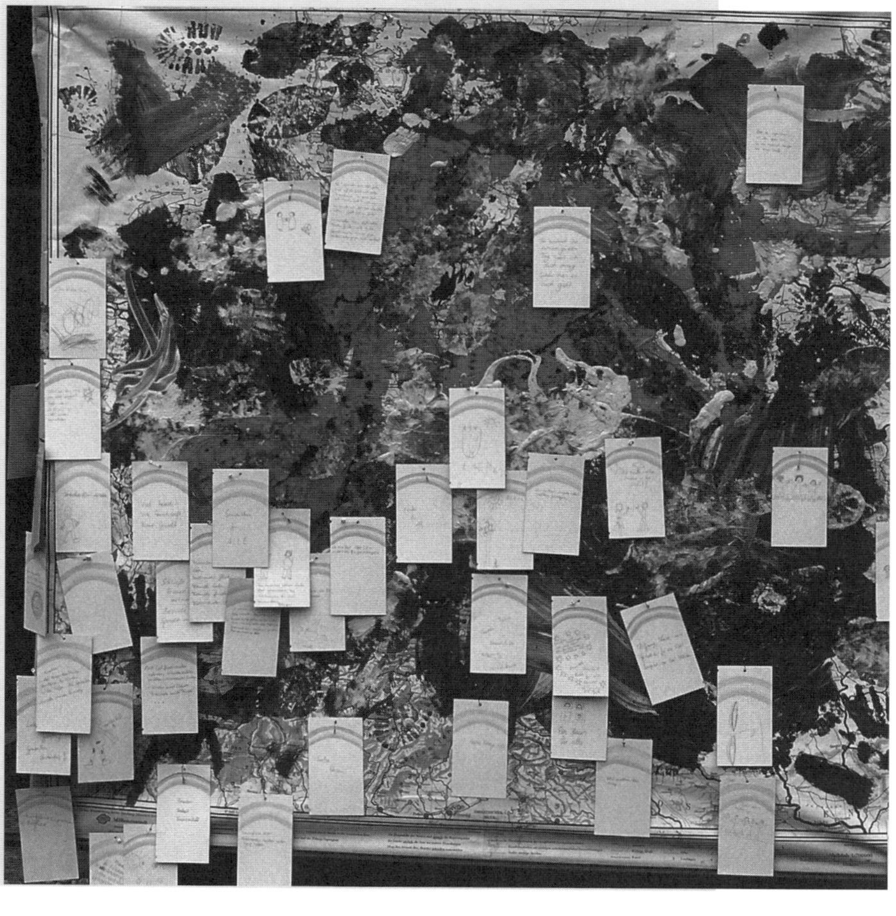

Abkürzungen und Zeichenerklärung

Neben die üblichen Abkürzungen der biblischen Bücher und sonstige bekannte Abkürzungen treten folgende Abkürzungen:

Lk	Lukas
Mt	Matthäus
V.	Vers
RU	Religionsunterricht
LXX	Septuaginta (= Übersetzung des AT ins Griechische)
hebr.	hebräisch
griech.	griechisch
lat.	lateinisch
SI	Sachinformation
G&KLk	Gestaltung und Kreativität im Lukasevangelium
BLk	Beispiel zu einer didaktischen Einheit nach dem Lukasevangelium
◆	Inhalt
✂	Material
⛲	Weg
▮	Organisation
☞	Tipps
➡	Weiterarbeit

Lieder

Aus der CD Christus ist geboren, halleluja!
Musik: Siegfried Fietz; Texte: Dieter Stork, Abakus Musik Barbara Fietz, 35753 Greifenstein, Bestellnummer CD 91-034; www. abakus-musik.de

Bildnachweis

Fotomaterial aus den jeweiligen Arbeitsbereichen:

A. *Ev. Kirchengemeinde Borghorst-Horstmar*: 40, 88,89 (Fotos: Middel).
B. *Amt für Jugendarbeit Herford*: 2 (Foto: Scholz-Sewoester), 6, 13, 116, 153 unten (Fotos: Stork).
C. *Projekte des Schulereferates Steinfurt-Coesfeld-Borken*: 5 (Bismarck-GS Steinfurt); 24, 35 unten, 74, 77, 92, 96, 99, 103 oben, 110, 111, 138, 139 (GS Raesfeld); 27 (HS Lienen), 29 oben (Foto: Stork); 29 unten, 39 (GS-Seminar Rheine, Fotos: Terbrüggen); 44 (Foto: Stork); 48 (Foto: Olbrich); 51, 109, 115, 167 (GS Gronau-Epe, Fotos: Krabbe), 53 (GS Ladbergen/GS Regenbogenschule Steinfurt); 56 links (GS Ledde/GS Altenberge); 56 rechts (HS Lienen, HS Tecklenburg); 81 (RS/HS Westerkappeln); 69, 70, 85,117 (GS Gescher); 100 (HS Rhede); 87, 101, 103, 152 (Ausstellung und Aktion Wort im Bild Rheine, Kloster Bentlage 1998, Fotos: Stork und Kallerhoff); 109, 125 (Paul-Gerhardt-GS Dülmen); 142 (HS Tecklenburg, HS Lienen, HS Mettingen); 146 (Gesamtschule Nordwalde); 153 (GS Lengerich-Intrup).
D. *Lehrerfortbildungen des Schulreferates Steinfurt-Coesfeld-Borken*: 80 (FB-Gronau, GS Schillerschule, Foto: Stork); 113, 129, 130 (FB-AG Mettingen, Fotos: Steinmeier).
E. *Lehrerfortbildungen des Pädagogischen Instituts Schwerte-Villigst*: 16, 59 (Fotos: Scholz-Sewoester).
F. *Kirchengemeinde Tecklenburg / Friedrich-Adolf-Krummacher GS*: 157–163 (Fotos: Frieling).
G. *Fortbildungsseminaren des Schulreferates des Kirchenkreises Herford*: 12 (Fotos: Ostermann).
H. *Projektarbeit des Freundeskreises Iwanowo e. V. in Iwanowo, Gebiet und Stadt, Schulen und Universitäten, Russland*: 2, 33, 35 oben, 46,57,58,77 oben, 95 (Fotos: Lena Scheubinina, Maria Asarowa, Sergej Nasonov).

Literatur

Quellen, Lexika, Zeitschriften

Calwer Bibelatlas, erarbeitet von Wolfgang Zwickel, Stuttgart 2000.

Calwer Bibelkunde, erarbeitet von Claus Westermann und Ferdinand Ahuis unter Mitwirkung von Jürgen Wehnert, Stuttgart 2001

Calwer Bibellexikon, hg. von Otto Betz, Beate Ego, Werner Grimm in Zusammenarbeit mit Wolfgang Zwickel, 2 Bände, Stuttgart 2003

Die Religion in Geschichte und Gegenwart (RGG), hg. von K. Galling, Bände 1–6, Tübingen 1957/62

Herder-Lexikon Symbole, Freiburg 1978

Jerusalemer Bibel, hg. von Diego Arenhövel, Alfons Deissler und Anton Vögtle, Freiburg/Basel/Wien 1968

Kleines Bibellexikon, Konstanz 1991 (1961)

Grollenberg, L. H.: Kleiner Bildatlas zur Bibel, Gütersloh 1960

Mohr, Gerd Heinz: Lexikon der Symbole, Freiburg 1991

Schmoldt, Hans (Hg.): Kleines Lexikon der biblischen Eigennamen, Stuttgart 1990

Schmoller, Alfred: Handkonkordanz zum griechischen Neuen Testament, Stuttgart, o. J.

Texte und Kontexte, Exegetische Zeitschrift, Hg.: Lehrhaus e.V. Berlin, ab 1978, Schriftleitung A. Bedenbender

The International Standard Bible Encyclopedia, Bände 1–4, Fully Revised, 1979ff, hg. von Geoffrey W. Bromiley (ISBE)

Theologisches Wörterbuch zum Neuen Testament (THWBNT), begr. von G. Kittel, fortgeführt von G. Friedrich, 1933/1979

Urech, Edouard: Lexikon christlicher Symbole, Konstanz (61989)

Einleitungen, Exegesen

Baumann, Arnulf (Hg.): Was jeder vom Judentum wissen muss, Gütersloh 1990

Beck, Eleonore: Gottes Sohn kam in die Welt, Sachbuch zu den Weihnachtstexten, Stuttgart 1977

Bedenbender, Andreas: Der Gott der Welt tritt auf den Sinai, Berlin 2000

Bomann, Thorleif: Das hebräische Denken im Vergleich mit dem griechischen, Göttingen 1959

Ceming, Katharina und Werlitz, Jürgen: Die verbotenen Evangelien, Apokryphe Schriften, Wiesbaden 2004

Gollwiltzer, Helmut: Erfahrungen mit Weihnachten, München 1972

Gollwitzer, Helmut und Lapide, Pinchas: Ein Flüchtlingskind, Auslegungen zu Lukas 2, München 1981

Grundmann, Walter: Das Evangelium nach Lukas 1963, 2. Aufl. (o.J.)

Gutbrod, Karl: Die *Weihnachtsgeschichten* des Neuen Testaments, Biblisches Seminar, Stutgart 1971

Josephus, Flavius: Jüdische Altertümer, Wiesbaden 2002

Käsemann, Ernst: Exegetische Versuche und Besinnungen, Göttingen, Bd. 1 (1960); Bd. 2 (1965)

Marxsen, Willi: Einleitung in das Neue Testament, Gütersloh 1964 (3. Aufl.)

Ratzinger, Josef: Einführung in das Christentum, Vorlesungen über das Apostolische Glaubensbekenntnis, München 1968

Schneider, Gerhard: Das Evangelium nach Lukas,, Kapitel 1–10, Gütersloh 1977

Schneider, Gerhard: Das Evangelium nach Lukas, Kapitel 11–24, Gütersloh 1977

Sider, Ronald: Jesus und die Gewalt, Witten 1982

Stork, Dieter: Zukunft, die heute beginnt. Die Psalmen – neu gelesen, Bd. 1, Stuttgart 1992

Stork, Dieter: Mein Lachen in der Angst. Die Psalmen – neu gelesen, Bd. 2, Stuttgart 1992

Stork, Dieter: Ich glaube. Auslegung des Apostolischen Glaubensbekenntnisses, Konstanz 1994

Stork, Dieter: Die Macht der Ohnmacht. Passion und Ostern gestalten und erleben, Bd. 1, Stuttgart 1994

Stork, Dieter: Ins Leben rufen. Passion und Ostern gestalten und erleben, Bd. 2, Stuttgart 1995

Stuhlmacher, Peter: Die Geburt des Immanuel, Die Weihnachtsgeschichten aus dem Lukas- und Matthäusevangelium, Göttingen 2005

Vergil: Sämtliche Werke, München 1972

Yoder, J.: Die Politik Jesu – Der Weg des Kreuzes, Maxdorf 1981 (1972)

Transformationen, Werkbücher

Clotz, Paul Martin, Fischer, Gerlinde und Roher, Fritz: Weihnachten suchen, Gelnhausen/Berlin/Stein 1981

Fietkau, Wolfgang (Hg.): thema weihnachten. gedichte der gegenwart, Wuppertal 1973

Nitschke, Horst (Hg.): Was fällt ihnen zu Weihnachten ein, Gütersloh 1978

Reding, Josef: Krippenrede für die 70er Jahre. Skandal um ein Gedicht, Neukirchen 1978

Weihnachten: Gottes unüberbietbare Kreativität, uns Menschen in ein neues Zeitalter zu bringen, Kreativität der Liebe und des Friedens!

Zur Konzeption des Lukas

Gott wirkt bereits in den Vorgeschichten

Für Lk werden die von ihm zusammengestellten Vorgeschichten (Lk 1,5–2,52) zum konkreten Hinweis darauf, wie sich in der *Mitte der Zeit* (Conzelmann), *als die Zeit erfüllt war,* der Gottessohn auf der Erde und für sie geboren wird. Für Lk ist dieses Ereignis ein Akt der Entscheidung Gottes für den Menschen: Das neue Zeitalter bricht herein. Das Heil kommt zu uns, umfassend und neu.

Die messianische Perspektive ist mit der des Mt verwandt: Gott wirkt bereits in den Vorgeschichten. Er macht von den Anfängen an sein Heil in Jesus aus Nazareth fest. Der ist der Kyrios Gottes, der Sohn Gottes (↗*Welthorizont,* S. 60; ↗*Ursprüngliche Bilder und ihre Weiterverwertung im NT,* S. 121; ↗*Das göttliche Muss,* griech. *dei,* S. 133). Es werden Bilder aus der jüdischen Bibel übernommen. Diese stehen für eine Beziehung, ein Charisma, eine neue Erfahrung. Eine substanzielle Göttlichkeit des Menschen Jesus ist auch bei Lk nicht gemeint.

Im Überblick

Sachinfo

Lk schreibt ein Doppelwerk, Evangelium und Apostelgeschichte. Die Einleitung bezieht sich auf beide Werke, die eine Einheit bilden. Das Doppelwerk meint die ganze Menschheit, die zur Erkenntnis des Evangeliums eingeladen ist. Das Werk des Lk entwickelt sich aus der Bibel des Ersten Bundes als ein Schriftwerk des Zweiten Bundes. Den schließt Gott nun nicht nur mit Israel, sondern mit allen Völkern, mit der ganzen Menschheit. Die Einleitung deutet diesen Anspruch des Lk an (Lk 1,1–4). Er wird auch in der Vorgeschichte des Lk, in der Weihnachtsgeschichte z. B. in der Engelankündigung, entfaltet (Lk 2,14). Überhaupt ist in den Vorgeschichten Lk 1–2 die Intention des Lukaswerkes keimhaft angelegt. Werk, Leben und Bedeutung des Messias Jesus werden vorausgespiegelt: Lk deutet z. B. die Unter- und Nachordnung Johannes des Täufers unter und nach Jesus an, indem er diese Situation in die Vorgeschichte verlegt Lk 1,5–25.26–37.39–56.57–66.67–80. In narrativer Theologie, im Erzählstil, sagt er an:

- Beide, Johannes und Jesus, haben die gleichen Intentionen.
- Die Vorgeschichten beider spielen in der revolutionär-messianischen Atmosphäre der Zeit vor Jesus.
- In den Vorgeschichten wird Jesus zum Retter und Kyrios, Johannes zum Wegbereiter erklärt.

Die in die Vorgeschichten eingestreuten *Befreiungslieder* (Lk 1,46–55; 1,67–79; 2,29–32) verstärken den ›revolutionären Hauch‹: Gott selbst wird im kommenden Messias die Welt verändern. Gerechtigkeit kommt zum Zuge. In den Liedern der Maria (1,46–55), des Zacharias (1,68–79), des Simeon (2,29–32) spiegelt sich der Traum vom messianischen Zeitalter. Lk hat diese Texte entweder aus der vorchristlichen Szene aufgesammelt oder gefundenen Liedern nachgestaltet. In Wort- und Bildwahl haben diese Lieder eine große Nähe zu atl. Texten. Sie werden von Lk eindeutig auf Jesus bzw. Johannes den Täufer fixiert. Für Lk spiegeln sie atl. Hoffnung wider, die sich in Jesus erfüllt.

Das Christuskind ist zugleich *Gottessohn* und *Krippenkind.* In dieser Doppelfunktion deutet sich das Thema des leidenden Messias, des auferstehenden Herrn an (Lk 2,1–20).

Die Verknüpfung mit der Welthistorie, wie sie in den Namen *Augustus* und *Quirinius* anklingt, macht den weltumfassenden Anspruch des Evangeliums deutlich: von Bethlehem nach Galiläa, von Galiläa nach Rom! Es ist ein Evangelium des messianischen Friedens, der mehr bringt als die PAX ROMANA, der Herrscherfriede der Römer. Auch wird gleich in den Vorgeschichten das soziale Evangelium des Lukas sichtbar. Die Hirten, eine verachtete und bestrafte Menschenklasse in Israel, sind die ersten, die die Messiasbotschaft erfahren! Lukas predigt den Messias der griech. *ptochoi,* der Armen, den Messias *der kleinen Leute*! Hier wird der wahre Friede geschenkt!

Sachinfo

Die Vorgeburts- und Geburtsgeschichten finden ihre Fortsetzung in zwei Tempelgeschichten: Jesus wird im Tempel dargestellt, als Jude beschnitten (2,21–40). Die zweite Geschichte, Jesus lehrt als Zwölfjähriger im Tempel (Lk 2,41–52), symbolisiert den Anspruch Jesu gegenüber dem Rabbinat, verrät aber auch etwas von dem Konflikt Jesu mit seiner Familie, der auch anderwärts berichtet wird (Mk 3,31–35). Selbst in der Tempelszene wird noch der Vergleich von Johannes zu Jesus geübt: Johannes entstammt einem alten Priestergeschlecht, das am Tempel dient. Jesus bezeugt seine aktuelle Vollmacht, im Tempel lehren zu dürfen.

Drei Geschichtenpaare also bauen sich gegenseitig auf:

1. Die *Vorgeburtsgeschichten des Johannes und Jesu* stellen dar: Johannes und Jesus gehören zusammen.
2. Die *Geburtsgeschichten des Johannes und Jesu* verstärken die beschriebene Tendenz: Der eine ist der Wegbereiter, der andere der Erfüller (Lk 1,5–56).
3. Die *Tempelgeschichten* (Lk 2,21–52) verankern Jesus in seiner jüdischen Geschichte, machen aber auch auf die Überlegenheit des Rabbi Jesus gegenüber jüdischem Rabbinat und Priestertum aufmerksam. Auch diese Erzählungen vertiefen: Das Krippenkind ist der Befreier, der griech. soter, nicht etwa andere Mächtige dieser Erde retten die Welt. Auf seinem Weg jedoch gerät der Befreier in Bedrängnis und Sterben – und bleibt doch der österliche Sieger. Ein Sieger ohne Waffengewalt. Passion und Ostern deuten sich an.

*Kreativität in Schule und Gemeinde? Auf ganz verschiedene Weise kann sie sich entfalten. Aus einer Idee können hundert neue wachsen. Hier StudentInnen der Staatlichen Universität Iwanowo/Russland, die eine selbstentwickelte Szene vorstellen. Wie aus einem Text ein Theaterspiel werden kann, wird unter **G&KLk3**, **G&KLk4** und unter **G&KLk6.1** vorgestellt.*

Vorwort
Lukas 1,1–4

Lk1 – Eine weitere Stimme

Für dich, Theophilus

Der Text

Schon viele verfassten einen Bericht, wie sich alles mitten unter uns ereignete. Diese Leute haben alles mit eigenen Augen gesehen und mit eigenen Ohren gehört. Jetzt habe auch ich mich entschlossen, alles noch einmal zu notieren. Ich forschte nach und schrieb die Geschehnisse von Anfang an und in der richtigen Reihenfolge auf. Ich tat das für dich, lieber Theophilos, ein Mensch, der am Gott der Bibel seine Freude hat und ihm vertraut. Du sollst doch erkennen: Die Lehre, in der man dich unterrichtete, ist durch und durch zuverlässig.

Die lukanische Sicht

Keine objektivierende Geschichtsschreibung

Zum Text

Die Tendenz des Geschichtswerkes des Lk, das dieser in zwei großen Abteilungen vorstellt, Evangelium und Apostelgeschichte, wird angezeigt. Das Gesamtwerk des Lk wird also angekündigt und eingeleitet. In der Manier eines antiken Schriftstellers sammelt und sichtet Lk, stellt zusammen. *Die Zuverlässigkeit der Dinge* soll der angeredete Theophilus erkennen (V. 4). Was Lk als Geschichte notiert, ist keineswegs objektivierende Geschichtsschreibung. Es wird in Geschichten zeichenhaft der Charakter des Geschehens um und mit dem Kyrios Jesus und seiner Gemeinde vorgestellt. Diese Geschichten meinen also für Lk keine historische Genauigkeit im Sinne moderner Geschichtsforschung, obwohl er durchaus historisierend schreibt. Vielmehr soll aus seinen Berichten und seiner von ihm neu gefügten Zusammenstellung des bisher schriftlich vorliegenden Textgutes um und mit Jesus und seiner Gemeinde eine bestimmte theologische Sicht vorgestellt werden. Am Bezug zum AT und zur jüdischen Geschichte wie auch zur aktuellen Lebenswelt der Menschen, für die Lk seine Werke verfasst, liegt dem Verfasser viel. Dabei leuchtet aus den historisierenden Berichten eine Zeichenhaftigkeit heraus, die wir uns von Geschichte zu Geschichte erschließen müssen (↗*Das göttliche Muss,* griech. *dei,* S. 133).

An wen gerichtet?

Allein damit, wie Lk kunstvoll seine Einleitung im Stil griech. Geschichtsschreiber verfasst, deutet er an, an welchen Leserkreis er sich wendet: an die Gebildeten, die in das Wissen um die Botschaft einbezogen werden sollen. Freilich sind alle gemeint, die sich für die biblische Botschaft interessieren. Griech. *Theophilos* heißt schließlich *Gottesfreund,* ein Hinweis darauf, dass die Sympathisanten des Judentums, von denen es nach der Zerstörung Jerusalems trotz des Judäischen Krieges viele im Römischen Reich gab, angesprochen werden sollen: fromme Juden, den Juden nahestehende Personen und schließlich auch Römer, die eine Aufklärung erhalten sollten: *Nicht alle Juden sind wie jene Fanatiker, die sich in diesem schrecklichen Krieg hervortaten.* Das Evangelium vom Messias Jesus, wie es Lukas erzählt, ist die konkrete jüdische Botschaft an die Juden selbst wie auch die mit dem Judentum sympathisierenden hebr. *gojim,* die Völker dieser Erde.

Messianische Hoffnung heute

Ein Vorwort entwerfen, Schreibwerkstatt
Gestaltung und Kreativität G&KLk1

Inhalt

Lukas verfasst eine neue Berichtsschrift, nachdem schon Einiges über Jesus, den Messias ›auf dem Markt‹ ist. Warum tut Lukas das? Und, wenn er ein neues Jesusevangelium schreiben kann, können wir es nicht auch? Wir entwerfen als Einzelne, zu zweit, in der Gruppe *Vorworte* für ein Evangelium heute. Wir stellen unsere Vorworte einander vor, vergleichen sie, ziehen unsere Schlüsse daraus.

Material

- Wir brauchen einen abgeschlossenen Raum, in dem wir gemütlich sitzen und schreiben können
- dazu schwarzes oder farbiges Tonpapier
- Uhu
- weiße DIN A4-Bögen

Weg

1. Wir lesen die Einleitung des Lk, heben die Absichten des Evangelisten hervor, diskutieren eine kurz bemessene Gesprächsrunde lang, was uns motivieren könnte, ein neues Evangelium zu schreiben. *Zeitgemäßheit? Moderne Sprache? Neue Inhalte? Aktualisierte Inhalte?*
2. Wir brechen die Gesprächsrunde ab, bilden ›Schreibnester‹ zu zweit oder dritt, ↗***BLk1.1***.
3. Die entstandenen Texte in der Arbeitsgruppe vortragen, ohne sie auf Plakate zu notieren.
4. Rundgespräch: *Warum so und nicht anders? Welche Intention hast du in deinem, welche habe ich in meinem Text?*
5. Anschließend in der Partner- oder Dreierarbeit: Möglichkeiten zur Umformulierung, Pointierung! ↗***BLk1.2***
6. Nun werden die Texte in Reinschrift auf die DIN A4-Bögen geschrieben und auf die Tonpapierbögen geklebt, sodass Plakatwände entstehen.
7. Abschlussgesprächsrunde, Vorbereitung der Präsentation: Jede Geschichte wird vorgelesen. Dazu wird der Weg der Arbeitsgruppe erläutert und in Überleitungen von einer Geschichte zur anderen kommentiert.

Organisation

Altersstufe: Ab 5. Schuljahr aufwärts;
Struktur: geeignet für einen Projektmorgen. Falls die Aufgabe innerhalb von Schulstunden gelöst werden soll, bieten sich 3 Schritte in 3 Schulstunden an: *Wege, Schritte 1. bis 4.* in der ersten, *Schritte 5. bis 6.* in der zweiten Stunde. Die dritte Stunde könnte eine Präsentationsstunde sein (vgl. Tipp 3).

Tipps:

1. Damit auch die Mitglieder der anderen Arbeitsgruppen unsere Texte lesen können, schreiben wir sie oder kleben sie als vergrößerte Kopie auf große DIN A1-Tonpapierbögen.
2. Wenn die Präsentationsrunde Klassenstärke nicht übersteigt, bietet sich ein freies Gespräch mit der Gesamtgruppe an: Wir tragen unsere Geschichten im Plenum vor und reden über die entstandenen Texte.
3. Für den Fall, dass diese Arbeit in der RU-Gruppe und nicht innerhalb eines Projekttages startet, beginnt man ebenfalls in Partnerarbeit, die dann in der RU-Gruppe vorgestellt und besprochen wird.
4. Wenn kein Projekttag stattfindet, den verschiedene Gruppen gestalten, sondern die RU-Gruppe unter sich bleibt, kann man zur Präsentation eine Parallelklasse einladen,

um dieser das Ergebnis vorzustellen. Es ist gut, wenn auch die eingeladene Klasse ein Projekt vorzustellen hat.

Weiterarbeit
Die Wandzeitungen mit den Texten werden zusammen mit den übrigen Arbeiten im Foyer der Schule aufgehängt, am besten ordentlich auf Pappe aufgezogen (wirkt besser!).

BLk1.1
Schreibnester bilden

Beispiel: Schreiben in der Gruppe

›Schreibneste‹r zu bilden meint: Wir bleiben in einem Raum, der deutlich größer als ein üblicher Klassenraum sein muss, falls die Gruppe Klassenstärke erreicht. Die Schüler/innen setzen sich in Partnergruppen zusammen, die auch auf 3 bis 4 Personen erweitert werden können. Es ist schwerer, zu viert oder zu fünft gemeinsam einen Text zu entwickeln. Wichtig ist, dass diese Kleinst- bzw. Partnergruppen allein an einem Tisch oder in einer Ecke sitzen, wo sie sich gegen die anderen Gruppen, die auch im Raum bleiben, abschirmen. Durch den gemeinsamen Arbeitsraum signalisieren die Schüler/innen, dass alle an einer gemeinsamen Aufgabe arbeiten, die in Einzelteams zur gleichen Zeit bewältigt wird. Es wird geflüstert, leise Meditationsmusik, eine brennende Kerze auf dem Tisch erzeugen eine Atmosphäre des friedlichen, glückhaften Arbeitens miteinander. Es muss garantiert sein, dass die Gruppe ohne Geräusche und ohne Stühlerücken aus den Schreibnestern in den bereits vorhandenen Stuhlkreis zurückkehren kann.

BLk1.2
Mein Vorwort

Beispiel: Ein Vorwort schreiben

Ich will dir mal was sagen, Theophilus (also, wie kann man nur so heißen, *Gottesfreund*, was für altmodische Eltern musst du haben), ich sag dir also, Theo (hört sich schon besser an, ist aber immer noch 'n Oldtimername), diese ganze Gesellschaft ist krank, ich will ja nicht moralisieren, das nicht, hat ja sowieso keinen Zweck, aber diese kaputten Leute heutzutage, lauter ausgelaugte Typen, die nur noch ans Geld und an die Macht glauben und dann in den nächsten Krieg reingezogen werden, ohne es selbst zu merken. Wer das ist, willst du wissen, die Leute? Fangen wir ruhig bei deinen Eltern an, aber du kannst auch an die Regierung denken, vielleicht auch an dich selbst? Also, die Leute brauchen was Neues.

Dieses Neue steckt in den Alten Schriften, die die Leute die Bibel nennen, ausgerechnet in diesem Buch, eher eine Büchersammlung. Da steht 'ne Menge drin. Wir, die messianischen Typen, legen diese Bibel auf besondere Weise aus. Wir meinen, dass die Bibel, die wir später das *Alte Testament* nennen werden, viele versteckte Hinweise enthält, dass Jesus, der gekreuzigte Rabbi, der Messias, der von Gott geschickte Bote und Retter, ist. Diese Prophezeiung hat sich zu unserer Zeit erfüllt.

Korruption, Bestechung, Machtbesessenheit, immer neue Kriege und Kriegsgewinnler, das alles sind Auslaufmodelle, es kommt ein neues Zeitalter, eine radikale Änderung ist fällig, und davon will ich dir erzählen. Das geht nicht aus heiterem Himmel los. Das Ganze hat seinen Grund in der Bibel, was ich oben bereits andeutete.

Auch andere haben das erkannt und berichten davon. Ich will für dich und dein Zeitalter alles noch einmal zusammenstellen und notieren, damit dein Name, *Gottesfreund*, doch noch zu seinem Recht kommt. Das Evangelium Gottes ist zu den Menschen unterwegs, die Gottes Freunde sein möchten, und ich erzähle das Ganze aus meinem Blickwinkel, wie du verstehen wirst. Ich stelle die berühmte lukanische Sicht vor, sieh alles durch meine Brille, o.k.?

Ankündigungen
Lukas 1,5–56

Auf kunstvolle Weise

Auf kunstvolle Weise verbindet der Schriftsteller Lukas Ankündigungen der Geburt des Johannes mit der Ankündigung der Geburt Jesu. Es springt ins Auge: Beide Ankündigungen laufen einerseits parallel. Auch tragen beide Ankündigungen wunderhafte Züge in sich. Es ist auch der gleiche Engel, der beide Geburten ankündigt. Aber ungleich wunderhafter werden die Vorgänge zur Ankündigung der Geburt Jesu geschildert als die bei der Vorankündigung der Geburt des Johannes. Der gleiche Vorgang wiederholt sich bei den Schilderungen der Geburten: Beide Geburten werden nacheinander, also zusammenhängend, erzählt. Aber bei der Geburt Jesu ist einfach ›mehr los‹ als bei der Geburt des Johannes. Das ist die Intention des Schriftstellers Lukas: Beide, Johannes und Jesus, gehören zusammen. Der eine ist nicht ohne den anderen zu verstehen. Aber die entscheidende Wende zur messianischen Zeit kam durch Jesus, so lautet die Auffassung der Urgemeinde. Freilich, wenn wir die Johannestradition ohne das Vorverständnis des Lk lesen, entdecken wir, dass auch in der Johannesbotschaft ein erhebliches Endzeitpotential steckt. Johannes möchte die Menschen darauf vorbereiten, dass Gott kommt und mit seinem Volk neu beginnen kann.

Es macht Spaß, ein großes Bild gemeinsam zu malen. Großbildmalerei verbindet! Unter **G&KLk5.1** *wird eine solche Aktion vorgestellt.*

Lk2 – Eine Geburt wird angesagt, das verändert die Lage
Lukas 1,5–25

Neues kündigt sich an

Der Text

Herodes war König von Judäa. In dieser Zeit lebte ein Priester namens Zacharias. Das ist griechisch, auf hebräisch heißt der Mann Sacharja, und das bedeutet: *Gott erinnert sich*. Er stammte aus der Priesterklasse, von der ein gewisser Abija der Stammvater war. Das war eine Sippe, deren Angehörige seit der Zeit der Rückkehr aus dem Exil ununterbrochen Gott dienten. Seine Frau hieß Elisabeth und kam aus dem uralten Priestergeschlecht des Aaron, einem Bruder des Mose. Elisabeth heißt: *Gott ist Fülle und Glück!*

Beide Eheleute waren gerecht, hielten sich an Gottes Gebote und lebten einwandfrei nach der Tora. Sie hatten keine Kinder, Elisabeth konnte keine Kinder kriegen, und beide waren schon alt. Nun war Zacharias nach der Ordnung seiner Priestergruppe mit dem Tempeldienst an der Reihe. Wie es die Priestergemeinschaft hielt, warfen sie das Los. Es traf Zacharias. Er musste in den Tempel eintreten und das Rauchopfer darbringen. Das war ein bedeutender Dienst. Nur einmal im Leben wurde ein Priester dazu berufen. Das Volk stand draußen vor dem Tempel und betete. Da erschien dem Zacharias ein Engel Gottes, der stand auf der rechten Seite des Rauchaltars. Zacharias erschrak, als er ihn sah. Er fürchtete sich. Doch der Engel rief ihm zu: »Fürchte dich nicht, Zacharias! Dein Gebet wurde erhört. Deine Frau Elisabeth wird einen Sohn zur Welt bringen. Nenne ihn Johannes! Du weißt, was der Name bedeutet? *Gott schenkt Gnade!* Du wirst tatsächlich deine reinste Freude an ihm haben. Viele werden sich mitfreuen, wenn er geboren wird. Denn er wird groß vor Gott werden. Wein wird er nicht trinken, auch keine anderen Rauschmittel zu sich nehmen. Schon im Mutterleib wird ihn heilige Inspiration erfüllen. Viele Menschen aus dem Volke Israel wird er zu Gott, ihrem Herrn, rufen. Er wird vor dem Herrn hergehen, Geist und Kraft des Propheten Elia werden in ihm sein. Ja, er wird es schaffen, dass gleichgültige Väter sich nach dem Glauben ihrer Kinder richten, und dass Menschen, die sich von Gott abwandten, aufhorchen und neu nach dem Gottesrecht fragen.«

Zacharias fragte den Engel: »Woran soll ich das erkennen? Gibt's ein Zeichen? Ich bin doch alt, meine Frau ist auch alt.«

Der Engel antwortete: »Ich bin Gabriel, ich stehe vor Gott. Er schickt mich, ich soll mit dir reden, um dir die frohe Botschaft zu bringen. Das Zeichen? Du wirst ab sofort kein Wort mehr reden können. Bis zu dem Tag, an dem alles eintrifft, wirst du stumm bleiben. Denn du hast meinen Worten nicht vertraut. Die werden sich erfüllen, wenn die Zeit kommt.«

Das Volk wartete draußen auf Zacharias. Die Menschen wunderten sich: »Warum bleibt er so lange im Tempel? Da kommt er! Aber er kann nicht sprechen.« Da merkten die Leute: »Der hat eine Erscheinung im Heiligtum gehabt!« Zacharias konnte der Menge nur Handzeichen geben.

Nach dem Dienst kehrte Zacharias nach Hause zurück. Elisabeth wurde tatsächlich schwanger. Fünf Monate zog sie sich zurück. Sie sagte: »Gott hat mein Elend bemerkt, dass ich keine Kinder habe. Er will diese Schande von mir wegnehmen.« Denn damals galt es als Unglück und Schande, wenn eine Frau keine Kinder kriegen konnte.

Nur ein Vorläufer?

Nicht ohne Vorbild

Zum Text

Die Geburt des Täufers wird durch einen Engel angekündigt (Lk 1,5–25). *Zacharias* ist die griech. Form von hebr. *Sacharja*. Allein der Name ist bereits eine Ankündigung.

Zwar hat der ntl. Sacharja-Zacharias, was die Abstammung anbetrifft, nichts mit dem atl. Propheten Sacharja zu tun. Dennoch ergeben sich inhaltliche Bezüge. Insgesamt pflegt Lk in diesem Abschnitt eine archaisierende Sprache, die er eng an die Sprache der LXX anlehnt, die ja voller Semitismen steckt. Sowohl durch die Übernahme zahlloser Zitate und durch semitisierende Stilelemente wie auch durch die Nachgestaltung atl. Erzählmotive schafft Lk unübersehbar eine Bildebene von *Verheißung und Erfüllung*: In dem, was und wie er aus den Vorgeburtsszenen des Johannes und Jesus erzählt, deutet Lk die beginnende Erfüllung an. Es ist interessant, der Bedeutung des Namens Sacharja im AT nachzugehen.

Sachinfo

Sacharja, Zacharias

Hebr. *Sacharja* (der Herr gedenkt, der Herr erinnert sich), war wie Ezechiel und Zacharias ein *Priestersohn*. Sacharja setzt die Mahnungen des Haggai zum Wiederaufbau des Tempels eifrig fort. Er enthüllt die Kräfte im Hintergrund, die die Gegenwart so schlimm gestalten. Er prangert an. Dagegen steht eine Hoffnung auf, dass aus und nach der absoluten, apokalyptisch anmutenden Krise *die beiden Gesalbten, die vor dem Herrn der Erde stehen* (Sach 4,14), Israel befreien werden. Dies ist eine unübersehbare Analogie zu den Lehren aus Qumran, wo eben auch zwei Gesalbte erwartet werden. Sacharja zeigt eine gewisse Nähe zu Daniel. Auch übrige Motive aus Sacharja klingen im NT an, Beispiel: Tempelreinigung (Sach 14,21). Sacharja enthält vor allem die Vision eines sanftmütigen Messias, eines Messias der Armen, der in Frieden regiert (Sach 9,9f).

Sacharja schwelgt in prophetischen, apokalyptisch anmutenden Bildern der nachprophetischen Zeit, in der die Gerechten (hebr. *zaddikim*), fromme Juden, nach Qumran ausweichen, weil sie von der eigenen Regierung enttäuscht sind und von dieser verfolgt werden. Die Hoffnung auf Erneuerung Israels wird mit der Bitte um die Vernichtung der fremden und eigenen Machthaber in Israel und Juda, vor allem in Jerusalem, verbunden. Es sind die Armen, die Rechtlosen, die unter dem Druck katastrophaler Verhältnisse in nachexilischer Zeit im Lande leiden. Sie hoffen auf eine radikale Erneuerung Israels, aus dessen davidischen und Jerusalemer Traditionen (Sach 13,1; ↗*Die Gerechten, hebr. zaddikim*, S. 32: auch ↗*Hebräer, hebr. iwrim*, S. 33).

Nochmals: Der Prophet Sacharja des AT und der Priester Zacharias am herodianischen Tempel haben, was ihre verwandtschaftlichen Verhältnisse anbetrifft, wenig miteinander zu tun. Inhaltlich ergeben sich Beziehungen: Es herrscht revolutionäre Aufbruchstimmung sowohl in den Prophezeiungen des atl. Sacharja wie in den Liedern, die die Menschen in den Vorgeburts- und Geburtsgeschichten des Lk singen. Die Kritik am bestehenden System ist beiden gemeinsam. Die Verheißung des Neuen ist mit der Prophezeiung verbunden, Gott werde die Mächtigen aus ihrer Macht herausdrängen. Was bei Lk die verschiedenen ›Revolutionslieder‹ besingen, findet sich inhaltlich z. B. in Sach 11,4–17 wieder.

Einmal im Leben

Zacharias ist kein Priester aus dem Priesteradel Jerusalems. Im Gegenteil, er ist ein Priester vom Lande, einer, der sich mit der Macht nicht verbündet hat, sondern unter ihr leidet. Am Räucheraltar zu stehen, war einem Priester einmal im Leben vorbehalten. Zacharias steht also auf dem Höhepunkt seiner Priesterlaufbahn. Wie schon David die Vorfahren des Zacharias durch das Los bestimmte (1. Chr 24,10), so wird auch Zacharias durchs Los ausgewählt, um am Altar räuchern zu dürfen (Lk 1,5–25, hier: V. 5).

Zacharias ist mit Elisabeth verheiratet, einer Frau aus dem Aaronsgeschlecht, ebenfalls zur Priesterkaste gehörig. Elisabeth ist die griech. LXX-Form des hebr. Namens *Eliseba*, »Mein Gott ist mein Eidschwur«. Eliseba war die Frau des Aaron, des bedeutenden Priesterpropheten neben Mose, wie die Tradition berichtet. So potenzieren die Namen,

Zacharias und Elisabeth, obwohl aus einem Priestergeschlecht vom Lande stammend, die israelitische Hoffnung auf die revolutionäre Erneuerung des Volkes aus prophetisch-priesterlichem Geist.

Nach atl. Sitte steht der Räucheraltar vor dem Vorhang, der das Allerheiligste vom Heiligen im Tempel trennt (Ex 30,1–6; ↗*Tempel*, S. 134). Zwischen dem Heiligen und dem inneren Vorhof, in dem die Männer standen, wird nochmals eine Wand gezogen. Zwar kann der Priester vom Tor des Heiligen zum inneren Vorhof das Volk überschauen. Aber das Volk bekommt nichts von der heiligen Handlung mit, die Zacharias vollzieht. Es wartet, getrennt vom Priester, im Vorhof, die Frauen übrigens in einem eigenen Frauenvorhof.

Was am Räucheraltar geschieht, sollte doch die Aufhebung bisheriger abtrennender Verhältnisse, die Wiedervereinigung des Volkes mit seinem Gott bedeuten? Das auf- und niedersteigende Rauchwerk zeigte doch die Kommunikation Gottes mit seinem Volke an? Aber dergleichen geschieht nicht! Das Volk bleibt unwissend, bleibt vom Heiligen getrennt, der Priester bleibt stumm.

Dass Zacharias sich der Engelsbotschaft verweigert, ist ebenfalls Symbol: Der Priester, der in der intensivsten Gottesnähe stand, hat dem Volk nichts mitzuteilen. Weder der Dienst am Räucheraltar, der im Leben einmalig ist, noch die Nähe Gottes, die durch die Engelerscheinung symbolisiert wird, lösen die Zunge. Im Gegenteil, die Priesterkaste hält den Mund, bleibt stumm, versagt. Erst muss Elia wiederkommen, der Vorläufer geboren werden, der dem Herrn den Weg bereitet.

Wie schon für Mt symbolisieren auch für Lk Engel und ihre Botschaften wichtige Ereignisse, die die Geschichte vorwärtstreiben. Wo der Mensch in Sackgassen gerät, bemüht sich Gott um ihn, schickt ihm Engel, Berater, Helfer, die ihm durch Weisung und Gespräch Hinweise für die positive Weiterentwicklung der Menschengeschichte geben. Und hier tritt Gabriel auf, der die Äonenwende, die neue Zeit mit Gott einleitet.

Sachinfo

Weitere versteckte Bezüge zum AT und zum Sirachbuch

Zacharias und Elisabeth sind *alt* (V. 5) wie Abraham und Sara (Gen 18,11). Sie sind *unfruchtbar* wie Abraham und Sara, aber auch wie die Eltern Simsons (Ri 13,2–5) und Samuels (1. Sam 1,5–6). In den verdeckten Zitaten (V. 7) steckt auch die andere Analogie: Johannes wird wie ein *Naziräer* aufwachsen, ein Gottgeweihter wie Simson und Samuel (Ri 13,4f). Eine Erinnerung an die Berufung Jeremias steckt in der Prophezeiung, das verheißene Kind werde bereits *im Mutterschoße* mit heiliger Inspiration begabt werden (V. 16; Jer 1,5) und *der Väter Herzen zu den Kindern wenden*, eine Formulierung, die in einer weiteren Eliahymne auftaucht (V. 17; Sir 48,10–11, insgesamt Sir 48,1–11; ↗*Elia*, S. 10). Wie Sara gegenüber der Gottesbotschaft *Zweifel* hegt, so auch Zacharias (V. 18; Gen 15,8). Analog zum Danielbuch tritt *Gabriel* als Verkündigungs- und Deuteengel auf, der vor Gott steht (V. 19.26; Dan 8,16; Tob 12,15; zu Lk 1,5–25; zu Lk 1 und 2 insgesamt vgl. Jerusalemer Bibel, S. 1443f).

Auffallend ist …

Auffallend ist, dass auch Lk wie Mt auf die Nasiräertradition anspielt, diesmal nicht auf Jesus, sondern auf Johannes bezogen. Johannes wird also in der Tradition der Nasiräer erzogen (Lk 1,15). Auffallend sind auch weitere Namensassoziationen. Der Engelname, hebr. *Gabriel*, Gott ist stark, deutet an, dass nun eine entscheidende Epoche beginnt, in der Gott selbst intensiv wirkt. »Das Reich Gottes ist nahe herbeigekommen!« wird Jesus ausrufen (Mk 1,14f). Und Johannes wird in den Spuren des Deuterojesaja verkünden, *alles Fleisch werde das Heil Gottes schauen* (Lk 3,6; Jes 40,3–5). Auch der Name des angekündigten Kindes, griech. *Johannes*, hebr. *Jochanan*, ist Programm: *Gott ist gnädig*. Ist Johannes der Täufer der wiederkehrende Elias? Diese Idee klingt in unserem Text an, das neu geborene Kind werde *in dem Geist und der Kraft Elias vor dem Herrn hergehen* (V. 17).

Sachinfo

Elia

Hebr. *Elia,* »Gott ist Jahwe«, ist ein Prophet, der in schwerster Krise, nämlich in einer Bedrohung durch die Baalsreligion, treu zu Jahwe steht, dabei aber auch vor Gräueltaten nicht zurückschreckt, was ihn in Depression und Ausweglosigkeit treibt. Gott rettet, ermutigt und sendet neu. Aber es ist *ein Gott des stillen, sanften Sausens,* der sich Elia offenbart. Elia und mit ihm ganz Israel muss offensichtlich von einem Streit- und Blutgott zu einem Gott der Sanftmut, des Wirkens in der Stille umkehren (1. Kön 19,1 ff).

Elia fährt nach der biblischen Legende in einem feurigen Wagen im Sturm zum Himmel (2. Kön 2,11). Der Prophet Maleachi lehrt, dass Gott den Propheten Elia senden werde, *ehe der große und schreckliche Tag des Herrn komme* (Mal 3,23 f). Einen weiteren Eliabezug finden wir in einer pseudepigrafischen Schrift, die in einem Hymnus das Leben des Elia überhöht und ihn zu einem den Zorn Gottes besänftigenden Helfer macht (Jes Sir 48,1–11).

Aus diesen Zusammenhängen erklärt sich der Glaube, Elia sei gar nicht gestorben, sondern kehre unerkannt auf die Erde zurück, um den Treuen im Lande (↗*Die Gerechten, hebr. zaddikim,* S. 32; vgl. auch ↗*Ein Text der Geschichte macht,* in: D. Stork, Ins Leben rufen, Stuttgart 1994, S. 64 f) beizustehen und sie zu retten. Unter diesen Voraussetzungen wird auch der Hinweis der Leute verständlich, die bei der Kreuzigung Jesu äußern, der sterbende Jesus rufe den Elia (Mt 24,47; Mk 15,35). Dass Johannes der Täufer als wiederkehrender Elia gedeutet (Lk 1,16) und dass Jesus in der Meinung der Leute als wiederkommender Elia angesehen wird (Mt 16,13), hängt eng mit diesen Vorstellungen zusammen. Die an Elia anknüpfende Hoffnung wird im NT auf Johannes den Täufer übertragen (Mk 9,13; Joh 1,21). Jesus wird in seiner Verklärung von Mose und Elia assistiert (Mt 17,3). Jesus ist also nach ntl. Auffassung nicht der wiederkehrende Elia, sondern der griech. Kyrios, der Herr, dem Elia vorausgeht (Kleines Bibellexikon, Konstanz 1991, S. 94).

Nur ein Vorläufer

Die Lukastexte sind klar gegliedert, finden zu einer klaren Aussage: *Johannes ist der Vorläufer des Herrn.* Aber doch ist mit seinem Auftreten klar der Anbruch des Gottesreiches gekennzeichnet, das dann den Mittelpunkt der Jesusverkündigung darstellt. Nur, das Erhoffte zerfließt, das Angekündigte geschieht – und geschieht doch nicht. Schließlich wird Johannes ermordet wie später auch Jesus. Gerade dieser Umstand wird genial in einem Bonhoefferwort erfasst: *Gott erfüllt nicht alle unsere Wünsche, sondern alle seine Verheißungen.* Advent meint nicht ein blindes Hoffen auf eine wunderhaft einfallende Zeit. Advent meint immer unser Verarbeiten unserer Gegenwart als Umbruchs- und Hoffnungszeit, die unsere aktive Hoffnung, ja, unser aktives Tun herausfordert.

Zu Recht werden die Texte, die von Johannes dem Täufer erzählen, der Adventszeit zugeordnet: Die Menschheit bereitet sich auf die Ankunft von etwas Außerordentlichem vor.

Nur ein Vorläufer?

Ein Leuchttransparent herstellen
Gestaltung und Kreativität G&KLk2

Inhalt
Menschen leben in gespannter und banger Erwartung, auch weil heute vieles sinnlos und leer zu sein scheint, Unrecht und Brutalität herrschen. *Wer führt uns da heraus?* In der biblischen Erzählung werden an die Geburt des erwarteten Kindes große Hoffnungen geknüpft. Aber noch ist das Kind nicht geboren, Johannes. Und welche Erwartungen knüpfen die Menschen der Messiaszeit an dessen Geburt? Welche Erwartungen haben wir heute an ihn?

Die Texte Lk 2 und Lk 6 werden zusammengeschaut. Die Spannung löst sich also. Der Hoffnungsbringer wird geboren. Hoffnung steht mit ihm auf. Was aber ist mit der Geburt eines Kindes gewonnen, auch wenn seine Geburt von besonderen Zeichen begleitet wird? Und warten wir überhaupt auf Johannes den Täufer? Warten wir nicht vielmehr auf Gottes Messias? Wir stellen ein Leuchttransparent her zum Advent, das die Johannes- und Jesustradition umschließt.

Material
- Pergamentpapier in entsprechender Größe, mindestens 50 x 50 cm bis zu 1,00 x 1,00 m
- farbiges Seidenpapier
- Kleber
- Schere
- Hammer
- Nägel
- Leisten
- weiteres Werkzeug zur Herstellung eines Rahmens. Oder: Der Rahmen wird in einer Tischlerwerkstatt angefertigt;
- dazu Lichtquelle, Kerzen oder eine Lampe, die den Leuchtwürfel bzw. die Leuchtwand beleuchtet

Weg
1. Es gibt eine Gesprächsrunde über die Legende von der Geburt des Johannes: *Was ist mit der Geburt eines Kindes gewonnen?* An Johannes knüpfen sich im Leiden Hoffnungen:
   a) *Die Gotteszeit bricht herein,* die Zeiten ändern sich?
   b) Was hoffen wir?
   c) Werden unsere Hoffnungen wahr?
   d) Gott erfüllt nicht alle unsere Sehnsüchte, aber alle seinen Verheißungen (Dietrich Bonhoeffer).
2. Zu den Fragen werden vier Gestaltungsgruppen gebildet, die je eine Transparentseite füllen:
   a) Sehnsüchte, Hoffnungen
   b) Gottes Verheißungen
   c) Erfüllung, aber wie?
   d) Freude und Fragen
3. Die Transparente werden aufgeklebt, ihre Inhalte werden in der Gruppe diskutiert und geordnet; eine schriftlich fixierte Meditation entsteht. ↗***BLk2.1*** und ***BLk2.2***
4. Transparent und der Meditationstext werden im Plenum vorgestellt.

Organisation
Altersstufe: Je nach *Alter* wird die Legende von der Geburt des Johannes – oder deren Abstraktion – als Transparent entwickelt. In der GS steht die biblische Erzählung, in Sek 1 und 2 eher das Thema *Gebrochenheit von Sehnsucht und Hoffnung, von Verheißung und Erfüllung* im Vordergrund.

Zeitrahmen, Struktur: Ein Projektvormittag oder drei Schulstunden, Schritte 1, 2, 3 und 4 als je eine Einheit.
Hinweis: Der Rahmen wird vorher vom Fachmann hergestellt, alles Übrige geschieht in der Gruppe.

Tipps

☞ 1. Den Text und das Thema besprechen, an Malstationen gestalten und aufkleben; nochmals das Transparent besprechen, Texte entwickeln und vortragen; Textarbeit und
2. Jedem vorschnellen Harmoniebedürfnis sollten wir entgegenwirken, bitte keine heile Adventswelt zaubern! Die Vorläufigkeit und Gebrochenheit der Verheißung auch in der GS hervorheben.

BLk2.1
Einen Leuchtrahmen herstellen, Wände und Gestell

Beispiel: Leuchtrahmen und Bilder

1. Es werden vier gleich große Rahmenleisten aus Holz benötigt, die entweder schon fest zu einem Rahmen verbunden wurden oder sich zusammenschrauben lassen.
2. Wir bespannen die vier Leisten mit Zeichentransparentpapier. Wegen seines grauen Farbtons bildet es einen neutralen Hintergrund. Auch Pergamin kann verwendet werden.
3. Bitte bei der Herstellung des Rahmens die Papiergrößen bedenken, die käuflich im Handel zu erwerben sind.
4. Das Papier wird in Rahmengröße zugeschnitten und auf den Rahmen von der Innenseite her aufgeheftet.
5. Die auf die Transparentfläche aufgeklebten *Motive* werden aus Seidenpapier, Pergamin oder Transparentpapier gerissen oder geschnitten und aufgeklebt, verschiedene Farbtöne verwenden. Sparsam mit dem Kleber umgehen, da die Klebeflecken leicht durchscheinen.
6. Der Leuchtrahmen wird vorgefertigt, mit Scharnieren versehen, sodass er als Kubus oder als verkantete Transparentlinie aufgestellt werden kann.
7. In bzw. hinter das Transparent, das als Kubus oder als Transparentlinie aufgebaut wird, werden Kerzen oder Lampen gestellt.

Vielfältig können die Themen sein, die zu einem Leuchtrahmen/Leuchtkubus verarbeitet werden. Die unter BLk2.2 aufgenommenen Bildmotive und Texte stellen nur eine Möglichkeit unter vielen dar, wie diese weitere Anfertigung beweist.

BLk2.2
Texte und Zeichen – Ein Leuchtwürfel redet zu uns

Beispiel: Leuchtrahmenideen, ausgeführt

Erwartung
Wir sind oft im Dunkel, allein, vereinsamt,
stehen zusammen, und gehören doch nicht zusammen:
Unrecht und Verleumdung,
Gewalt und Hunger beherrschen die Erde.
Einer ist der Feind des anderen.
Wann kommt Gerechtigkeit?
Es gibt niemanden, der uns schenkt, was wir brauchen.

Verheißung
Ein Bote wird angekündigt,
ein Mensch, mit ihm soll etwas Neues anfangen.
Unsere Sehnsüchte und Hoffnungen
werden in diesem Menschen erfüllt, den Gott uns schickt?

Erfüllung
Gott erfüllt nicht alle unsere Sehnsüchte,
aber alle seine Verheißungen, sagt Dietrich Bonhoeffer,
ein bedeutender Christ des 20. Jahrhunderts.
Was heißt das für mich?

Freude
Wir entdecken einander als Menschen,
als Freunde, als Menschengeschwister.
Aber es bleibt unsere Aufgabe,
Gerechtigkeit und Frieden zu entwickeln,
in Gottes Namen. Amen.

Weiterarbeit

Vielfache Verwendung in Gottesdiensten und Feiern. Die vier Seiten des Leuchtkubus und ihre Inhalte ergeben eine vierfache Gliederung des Gottesdienstes, der Feier, der Ansprache, der Meditation. 1

Das Transparent kann in Kindergottes- und Familiengottesdiensten gut verwendet werden. Es bildet einen wertvollen Meditationspunkt im Altarraum. Ich denke an verschiedene Möglichkeiten des Einsatzes: Entweder wird das ganze Transparent in einem Gottesdienst vorgestellt oder es wird jedem Adventssonntag eine Seite vorbehalten. Bei genügender Vorarbeit durch das Leitungsteam ist eine freie Besprechung der Transparente durch die Gottesdienstbesucher möglich. Spontane Äußerungen kommen oft besser an als gefeilte, ausformulierte Sätze. 2

Dieses Werkbuch enthält einiges Liedgut der CD »Christus ist geboren. Halleluja!« (vgl. S. 14). Die Lieder *Eine wunderbare Zeit* (S. 14) und *Tausend Ängste lasten auf allen* (S. 25) eignen sich zur Ausgestaltung eines Adventsgottesdienstes, in dem die Leuchtrahmen verwertet werden. 3

Lied

Eine wundersame Zeit

Text: Dieter Stork
Musik: Siegfried Fietz

© ABAKUS Musik Barbara Fietz, 35753 Greifenstein

Auf der CD von Abakus Musik Barbara Fietz, 35753 Greifenstein, erscheint unter der Nummer CD 91-034 / MC 95-034 / Noten mit Klavierbegleitung 034 *Christus ist geboren, halleluja!* Einige Lieder dieser CD werden in »Arbeitsbuch Weihnachten – Informationen, Praxistipps und Projektideen für Schule und Gemeinde« aufgenommen. Sie sind vor allem im Rahmen der Weiterarbeit in Gottesdienst und Feier einsetzbar. Text und Noten dieser CD werden in diesem Werkbuch mitgeliefert, soweit sie sich in die jeweilige Thematik einfügen.

Lk3 – Gegenüberstellungen
Lukas 1,26–33; 34–38

Fürchte dich nicht!

Der Text

Als Elisabeth im sechsten Monat schwanger war, wurde der Engel Gabriel von Gott in eine Stadt geschickt, die heißt Nazareth. Er kam zu einer jungen Frau mit Namen *Maria*. Sie hieß wie die erste Prophetin in Israel, eine Schwester des Moses, *Mirjam*. Diesen jüdischen Namen spricht man auf griechisch *Maria* aus. *Mirjam* kann heißen: *Gott hat dich lieb*, aber auch *Ich bin wütend, verbittert*. Maria war Josef versprochen, einem Nachkommen Davids. Josef würde Maria bald heiraten.

Der Engel redete Maria an: »Gegrüßest seist du, Maria, voll der Gnaden. Der Herr sei mit dir!« Die junge Frau erschrak. Sie dachte: »Was ist das für ein Gruß?« Der Engel erklärte ihr: »Fürchte dich nicht, Maria. Gott meint es gut mit dir. Du wirst schwanger werden und einen Sohn zur Welt bringen. Er soll *Jesus* heißen. Er wird einen großen Namen bekommen, *Sohn des Höchsten* wird man ihn nennen. Gott wird ihn auf den Thron setzen, der David gehörte. David ist ja sein Vorfahre. Und er wird über alle, die vom Stammvater Jakob abstammen, herrschen. So wie es in der Bibel steht. Und diese Königsherrschaft wird nicht aufhören oder zusammenbrechen.«

Maria widersprach: »Wie kann das sein? Ich war ja noch nie mit einem Mann zusammen.« Der Engel antwortete: »Heiliger Geist wird über dich kommen. Die Kraft des Höchsten wird dich überschatten, so wie damals Mose von Gottes Wolke überschattet wurde, als er Gott begegnete. Dein Kind wird man *heilig* nennen, *Sohn Gottes*. Deine Verwandte, Elisabeth, ist ebenfalls schwanger, bereits im sechsten Monat, und das in ihrem Alter, und wo man doch sagte: ›Die kriegt keine Kinder mehr!‹ Bei Gott ist kein Ding unmöglich.«

Da antwortete Maria: »Siehe, ich bin Gottes Magd, wie es Knechte Gottes gibt, Menschen, die Gott dienen und Gott auf dieser Erde bekannt machen. Was du sagst, soll geschehen.« Da trennte sich der Engel von ihr.

Gegenüberstellungen

Die Steigerung ist unübersehbar

Zum Text

Der Ankündigung der Geburt des Johannes wird die Ankündigung der Geburt Jesu gegenübergestellt (Lk 1,26–38). In dieser Gegenüberstellung wird die Beziehung zwischen Johannes und Jesus klar: Stünde die Ankündigung der Johannesgeburt für sich allein, müsste man aus dem Text (Lk 1,14–17) herauslesen, dass der angekündigte Johannes der letzte große Prophet vor der Heilswende dem Gottesvolk den Weg zu Gott zurück zeige. Jetzt, in der Einbindung in die Jesusgeschichte, wird Johannes zum Vorläufer, der dem Herrn den Weg bereitet. Und doch ist auch bei Johannes eschatologische Fülle zu spüren. Sie kündigt sich an, was der Name Mutter des Johannes, Elisabeth, unterstreicht:, hebr. *Elischeba* heißt »Gott ist Fülle«. Aber Fülle liegt vor allem in Jesus, dem *Kyrios* Gottes.

Die Steigerung der Erzählmotive von Johannes zu Jesus ist unübersehbar. Wird in der Johannesgeschichte dem Vater die Engelankündigung gemacht, die dieser innerlich verweigert, so ist es nun die Mutter, die als »jungfräulich« begrüßt wird. Sie, die Mutter, findet Gnade bei Gott, nicht erst ihr Sohn, der ihr angekündigt wird, wie dies bei Johannes der Fall ist. Der Engel, der die Geburt des Johannes ansagt, kündigt auch die Geburt des Jesuskindes an. Auch hier die Steigerung: dort wird jemand *in der Kraft des Elia* (V. 17), hier *der Sohn des Höchsten*, der *den Thron seines Vaters David einnimmt* (V. 33), angesagt, wobei mit dem verheißenen Kind weitere Prädikationen verbunden werden, die auf die endzeitliche Erfüllung des messianischen Davidsegens weisen. Veschiedene atl. Hoffnungsbilder werden berührt (2. Sam 7,12–17; Jes 7,14; 9,6). Auch hier wird das Schema von Verheißung und Erfüllung angewendet, wie bei der Ankündigung der Geburt des Johannes (Lk 1,15–17) nun zur Ankündigung der Geburt Jesu (VV. 30–34). Dabei bildet die Nathansweissagung (1. Sam 7,12–17) für die Engelbotschaft eine genaue Folie für den Engelsgruß, die Lk nur geringfügig verändert (VV. 32f).

Eine weitere Steigerung: Während sich Zacharias zunächst der Engelbotschaft verweigert, sagt Maria zu ihr »ja«.

Das unüberbietbare Bild

Im Gegensatz zu Mt baut Lk das LXX-Zitat aus Jes 7,14 zu einer folgerichtigen Geschichte aus, entfaltet die Botschaft zu einem spannenden Dialog, der in ein unüberbietbares Bild der Gottesnähe, der Gottesgegenwart unter den Menschen führen will: Heiliger Geist *werde über* Maria *kommen*, die Kraft des Höchsten werde sie *überschatten* (V. 35).

*Theater zu spielen und zu tanzen, Aktionen, wie sie unter **G&KLk3** und unter **G&KLk4** wie auch unter **G&KLK7.1** vorgestellt werden, geben Kindern und Erwachsenen Erfüllung! Im Folgenden wird eine Tanzpantomime vorgestellt, die auf einer Lehrer/innentagung entwickelt wurde.*

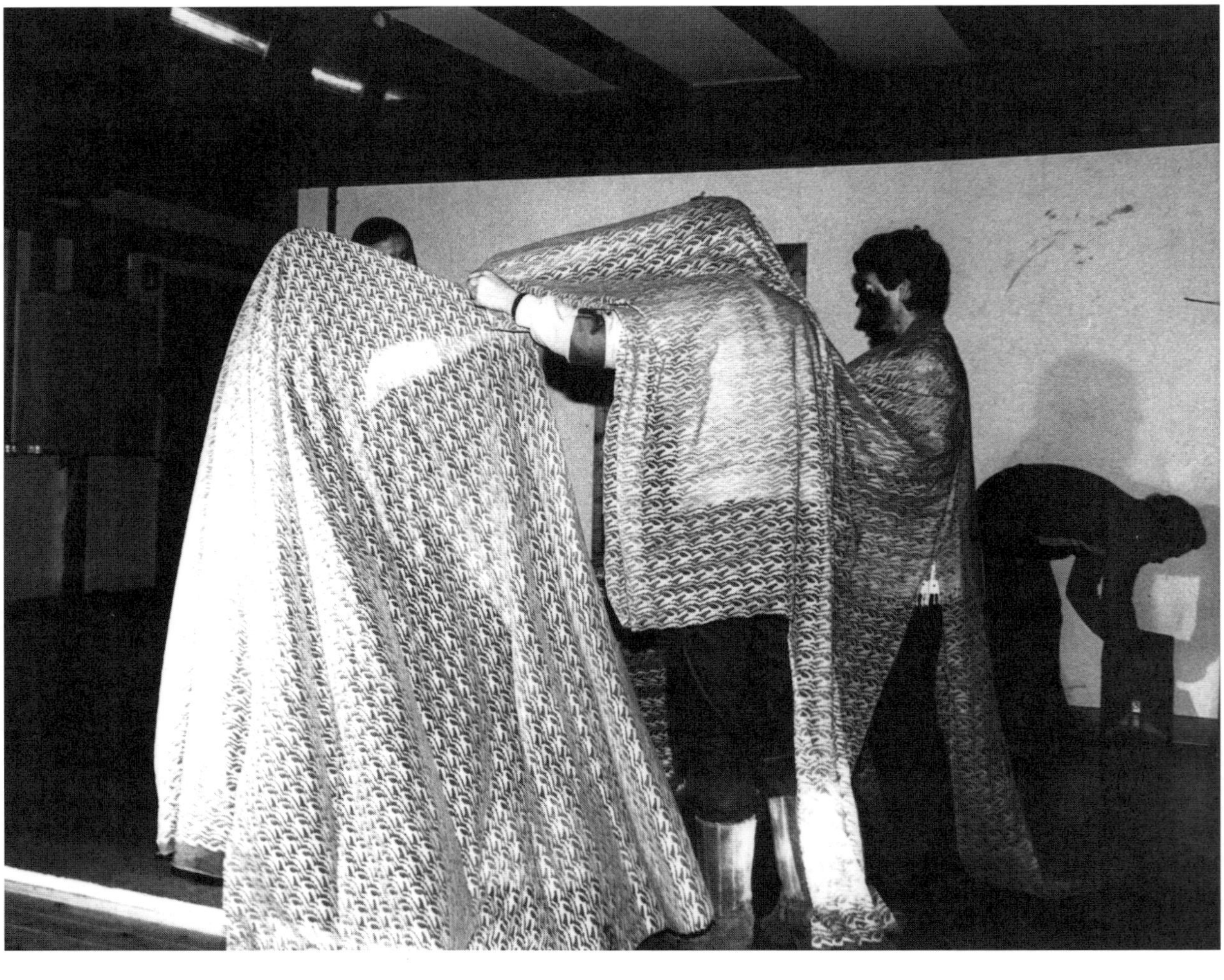

Sachinfo

Was für Verben?
Was für Verben sind das: griech. *eperchestai*, »über jemanden kommen«; griech. *episkiadsein*, »überschatten«? – Griech. *eperchestai* wird fast nur bei Lk gebraucht, außer in Eph und Jak. In der Bildrede Jesu über Dämonen wird es als *überwinden* aufgenommen (Lk 11,22), in der Endzeitrede Jesu wird geweissagt, *es kämen schwere Erschütterungen über die Erde*, ehe *des Menschen Sohn komme* (Lk 22,26f); in der Abschiedsrede des erhöhten Herrn wird versprochen, dass *Heiliger Geist über die Jünger kommen werde* (Apg 1,8); Simon Magus bittet die Gemeinde um Verzeihung, dass *das Gericht nicht über ihn kommen möge*, was ihm geweissagt wurde (Apg 8,24); Paulus redet so die jüdische Gemeinde an, das *Gericht Gottes möge nicht über sie, die Gemeinde, kommen* (Apg 13,40). Als Paulus gesteinigt wird und alle meinen, er sei bereits tot, wird eben dieses Wort gebraucht: Es *kommen* Menschen, Juden, aus Antiochien und Ikonium *und machen sich über Paulus her*, die das Volk zum versuchten Tötungsakt überreden (Apg 14,19); in Eph wird in einem apokalyptischen Nachhauch von den *über uns kommenden Zeiten* gesprochen, in denen wir an dem Reich der Gnade teilhaben werden (Eph 2,7); in Jak sind es die apokalyptischen Drangsale, die über die Gemeinde *hereinbrechen werden*, die Jak ansagt (Jak 1,5).

• *Apokalyptische Bedrohung*
Griech. *eperchestai* wird also im NT bewusst eingesetzt, um die apokalyptische Bedrängung, bis hin zum Tode, aber auch den endzeitlichen Jubel, die endzeitliche Ergriffenheit aus dem Geiste anzusagen. Es ist eine Erfahrung, die *über* einen einzelnen Menschen wie *über* die gesamte Gemeinde *kommen kann*. Diese Erfahrung meint die unabdingbare, unübersehbare endzeitliche Ankunft Gottes in seiner Gemeinde.

• *Gottes Hütte bei den Menschen*
Griech. *episkiadsein*, »überschatten«, wird dreimal im NT gebraucht. Zunächst in der Verklärungsgeschichte: *eine Wolke überschattet Jesus, Elia, Mose, dazu die drei erwählten Jünger* (Mk 9,7; Mt 17,5; Lk 9,34); Menschen bringen, so erzählt Lk in der Apg, die Kranken auf ihren Bahren auf die Straße, damit des Petrus Schatten *sie überschatte* und sie so gesunden (Apg 5,15). Das Verb meint also keineswegs die Berührung mit göttlicher Materie, wohl aber die eschatologische Ankunft Gottes in dieser Welt, die Menschen überschattet, sie zu seinem Herrschaftsbereich erklärt. In beiden Fällen wird keine Substanzialität gelehrt, keine göttliche Materie, die in der Maria die Zeugung des Göttersohnes verursacht hätte. Gott berührt Menschen durch Menschen, um sie in seine Herrschaft zurückzuholen.

• *Über jemanden kommen in der LXX*
Interessant ist ein Blick auf den Gebrauch beider Verben in der LXX: Griech. *eperchestai*, »über jemanden kommen«, das ist in LXX zunächst vom Unglück gemeint, das *über jemanden kommen kann*, das Gott *über jemanden*, in diesem Fall über die Ägypter, *bringt* (Gen 42,21). Vor allem im kultischen Bereich gilt das Verb als Unheilbringer (Lev 11,34; 14,43), auch im Zusammenhang mit dem Sühne- oder Sündenbock kommt das Verb vor: Der Bock, *über* den das Los *kommt*, soll als Sühnopfer geschlachtet werden (Lev 16,9). Die Wahl dieses Verbs wird von Lk mit Bedacht gewählt: Der Gottesgeist kommt über Maria wie ein Unheil, keineswegs, wie wir vermuten möchten, als freundliche, problemlose Gnadenwahl usw. Maria übernimmt ein schweres Amt: Diskriminierung, üble Nachrede, Verfolgung, Verstoßung drohen ihr.

• *Überschatten in der LXX*
Das Verb griech. *episkiadsein*, »überschatten«, wird in LXX für die Ankunft Gottes in der Wolke gebraucht: Diese lagert auf dem Heiligen Zelt. Darum kann Mose das Zelt nicht betreten (Ex 40,35). In den Psalmen wird das Verb verwendet, um anzusagen, *jemand finde unter dem Schatten der Flügel Gottes* Schutz (Ps 91,4). Während des Kampfes überschattet Gott den für Gottes Sache kämpfenden Krieger (Ps 140,8). *Überschatten* hat eine schutzbringende Funktion, während *jemanden überkommen* eine magische, den Menschen in Bann schlagende, gefährliche, kaum beglückende Berührung mit dem Göttlichen meint.

• *Bedrohend und befreiend zugleich*
Lk hat den Gebrauch dieser Verben nicht frei erfunden. Er nutzt Möglichkeiten, die die LXX bietet, wie auch andere ntl. Autoren beide Verben nutzen, um die apokalyptisch-bedrohliche, aber auch die eschatologisch-befreiende Ankunft Gottes zu charakterisieren: Passion und Ostern auch in diesem Bild. Eine substantiell-materielle Niederkunft Gottes auf der Maria ist nicht gemeint, weil es eine solche (oder ähnliche Vorstellung) in der Bibel nicht gibt.

Nicht einmal griech. *gignoskein*, »erkennen«, griech. Übersetzung für das atl. *jada*,

Sachinfo

»erkennen«, wird von Lk angewendet. Hebr. *jada*, griech. *gignoskein*, ist ein Verb, das im Hebr. geistige Erkenntnis, Gotteserkenntnis sowie den Liebes- und Geschlechtsakt meint. Es ist ein Verb, das im AT und NT wie auch in der griech. Gnosis, *Erkenntnis*, eine gewaltige Rolle spielt. Ankommende Gegenwart Gottes, aus atl. Bezügen entwickelt, ist gemeint, die in Jesus, Gott hilft, dem Sohn der Maria, ihren Ausgang nimmt, was Maria, kämpferisch und demütig zugleich, bejaht. Dass griech. *gignoskein* trotz der reichen atl. und zeitgenössischen Tradition nicht verwendet wird, zeigt die Scheu des Verfassers vor einem Wortbild, das zwar durch und durch vergeistigt wurde, aber auch deutlich immer noch den Geschlechtsakt bezeichnet. Ein solches Verb kommt für Lk auf keinen Fall in Frage, um die Gottesbegegnung der Maria zu charakterisieren.

Mittelpunkt Maria

Maria wird, im Gegensatz zu Mt, wo aus der Sicht des Josef erzählt wird, zur Mitte unserer Erzählung (Lk 1,26–38). Folgerichtig führt alles zu ihrer Erwählung hin, der Maria demütig zustimmt (V. 38). Aber ihre Demut zeigt sich zugleich als Löwenmut. Schließlich ist sie eine Frau, die von Gott angesprochen wird, direkt sozusagen, durch seinen obersten Engel. Wo wäre das schon einmal in der Geschichte Gottes mit den Menschen geschehen? Sie, die Frau, die von der Welt mit Fragen, Verdächtigungen, Unterdrückungen, Vergewaltigungen überhäuft wird, ist die erwählte, nicht etwa Josef, der Mann. Darauf liegt alle Betonung, wie eine nachfolgende Sentenz erweisen wird (Lk 1,46–56).

Dass der oberste Engel Gottes Maria die Erwählung mitteilt, verstärkt dies nur. Sind es nicht die Boten Gottes, die Gottes Macht und Liebe zu den Menschen (Frauen) bringen, wenn die Menschen (Männer) mit ihrem Denken und Handeln die Menschheit ins Aus manövriert haben durch Machtgehabe, Kriege und Versklavung der Schwächeren, auch der Frauen?

Typos Frau mit revolutionärer Grundhaltung

Lk bildet in Maria einen Typos von Frau mit revolutionärer Grundhaltung heraus: Sie, die Demütige, ist von Gott erwählt. Sie, die erwählte, bleibt demütig vor ihrem Gott – und ist doch der Prototyp aller befreiten Frauen dieser Erde. Nicht umsonst beteten und beten Milliarden Frauen stolz, klagend und doch in einer Ahnung, in einem Wissen um ihre Befreiung den Engelgruß: »Gegrüßet seist du Maria ...« (V. 28). Sie beten ihn, indem sie zu Maria aus ihrem eigenen Elend aufblicken. Sie beten diesen Gruß aber auch im Glauben, dass mit Maria die Befreiung aller Frauen dieser Erde begann, auch die Befreiung derer, die jetzt noch unter der Macht des Todes, auch unter der Herrschaft des Mannes leiden.

Kein göttlicher Zeugungsort

Für Lk ist alle Diskussion über göttliche Zeugung müßig. Die untersuchten Verben, die Marias Berührung mit dem Göttlichen beschreiben, meinen einen endzeitlichen Ausnahmezustand, begründet aus atl. Bildern: Gott kommt unter die Menschen und ändert alles, verändert diese Welt zu seinem Herrschaftsbereich!

Das weiß auch die Theologie: »Die Empfängnis Jesu ist Neuschöpfung, nicht Zeugung durch Gott. Gott wird dadurch nicht etwa zum biologischen Vater Jesu, und das Neue Testament wie die kirchliche Theologie haben grundsätzlich nie in diesem Bericht bzw. in dem darin mitgeteilten Ereignis den Grund für das wahre Gottsein Jesu, für seine ›Gottessohnschaft‹ gesehen« (J. Ratzinger, Einführung in das Christentum, München 1968, S. 225).

Befreiung aus dem Geist

Was Maria widerfährt, widerfährt gemäß der biblischen Verkündigung allen Menschen, über die der Geist kommt, die in den eschatologischen Wirkungsbereich des ankommenden Gottes geraten. Sie, die Erwählte, ist eben Prototyp aller Erwählung, aller Befreiung durch Gott. Was Lk erzählt, erzählt er eben nicht um einer gewissen Wundersucht, um einer gewissen christlichen Sensationslüsternheit willen. Lk verkündigt die Befreiung der Frau aus dem und durch den Geist. Darin unterscheidet sich Lk von aller Histörchenmalerei der frühen Christen, die die skeptische Heidenwelt und die den Messias Jesus ablehnende Judenwelt mit Wundersamem traktierten. Obwohl in diesen Christuslegenden in immer neuen Nachdichtungen und Weiterentwicklungen auch verkündigt wird und obwohl in ihnen manche gute Weisheit aufleuchtet, zeigen sich doch Unterschiede: Krippe und Kreuz werden auseinander dividiert, das Wundersame überwiegt gegenüber der Verkündigung, die Überredung zum Glauben tritt an die Stelle der Entscheidung für ihn. So wird z. B. die Jungfrauengeburt zum Nonplusultra göttlicher Offenbarung, die Reinheit und Jungfräulichkeit der Maria zum absoluten Gegenpol zum befleckenden Dreck der Welt. Die Ankunft des neuen Äon wird aus der Heilsgeschichte ›bewiesen‹.

Sachinfo

Apokryphes Evangelium

An einem Beispiel wird entwickelt, wie in *apokryphen Evangelien* Schilderungen auftauchen, die die Tendenz haben, die Ereignisse vor, in und nach der Geburt Jesu wundersam auszumalen. Eines dieser Evangelien, die die Kirche aus den Schriften des NT ausschied und in den Bereich der unkanonischen Schriften verbannte, ist das *Evangelium nach Jakobus*, auch *Protevangelium des Jakobus* genannt, das mit einem Bericht der Großeltern Jesu mütterlicherseits beginnt, dem Leben von Joachim und Anna. Anna bringt Maria zur Welt. Auch Josef und natürlich Jesus selbst kommen in diesem Evangelium vor.

- *Vorhandenes vernetzt und Lücken phantasievoll gefüllt*

Das Protevangelium des Jakobus schildert die Vorgänge in Aufarbeitungen ntl. Sachverhalte aus dem Protevangelium des Mt und des Lk und webt daraus eine lebhafte, sich logisch entwickelnde Story, die gern auf biblische Berichte zurückgreift, sie ausmalt, miteinander vernetzt und die Lücken ausfüllt. Widersprüche zum NT sind nur bei genauem Lesen zu entdecken, da die ntl. Berichte geschickt benutzt und eingearbeitet werden. Lücken werden mit Motiven aus atl. Legenden aufgefüllt, die auf die ntl. Szenerie übertragen und weitergesponnen werden.

Es ergibt sich aus dem Gesamtzusammenhang ein schwülstiges und bigottes Bild einer Familie, in der es immer noch frömmer, noch besser, noch gerechter, noch reiner zugeht, während die böse Welt in Unkenntnis und Schuld erstarrt. Ein erbauliches Bild wird da mit wohlüberlegtem Pinsel gemalt, das Neugier befriedigt, aber auch Ressentiments gegen die böse, böse Welt geweckt, während doch die Heilige Familie den reinsten Himmel abbildet: Die Heiligenlegende entwickelt sich.

- *Die Story I: Maria in Nöten*

Joachim, ein aufrechter jüdischer Hirte, und seine Frau Anna sind sehr alt und haben keine Kinder. Doch Gott erbarmt sich ihrer und verheißt ein Kind. Annas Same soll in aller Welt *gerühmt werden*, heißt es in Analogie zu anderen biblischen Texten (Ri 13,3; Lk 1,28–33). Joachim und Anna kommen trotz ihres hohen Alters noch einmal zusammen. Maria wird gezeugt und geboren und dem Tempel als Weihegabe, ein unberührtes Kind, überstellt. Rein und unbefleckt bleibt Maria, wird im Tempel erzogen. Maria spinnt die königlichen Farben, auserwählt aus den sieben Jungfrauen im Tempel, zu denen Maria gehört. Gott selbst sucht ihren Gatten aus, den alternden Josef. Jesu Geburt wird verkündigt, wie wir es bereits kennen. Maria besucht Elisabeth, die auch ein Kind erwartet, den Johannes. Aber nun zweifelt Josef an Maria. Wieso ist sie schwanger? Im Traum wird Josef der Zweifel ausgeredet. Nun aber zweifelt der böse Schriftgelehrte Hannas an Marias Unschuld, aber auch an Josefs Eheverzicht. Maria und Josef schlucken auf Befehl des Hohenpriesters ein Fluchwasser ohne Schaden, was ihre Unschuld beweist. Beide reisen daraufhin nach Bethlehem. Maria gebiert ihr Kind unter wunderbaren Umständen. Eine gewisse Salome, eine Hebamme, untersucht Marias Unschuld, bestätigt diese und betet das Kind an. Maria ist also Jungfrau, auch nach der Geburt. Der Hebamme, die zunächst die bleibende Jungfernschaft Marias nach der Geburt des Herrn

Sachinfo

bezweifelt hatte, fällt die Hand, mit der sie untersuchte, ab. Die Hebamme wird aber vom Jesuskind wieder geheilt.

• *Die Story II: Die Weisen kommen und weitere Neuigkeiten*
Die Weisen aus dem Morgenlande kommen, beten an und ziehen, ohne bei Herodes nochmals vorzusprechen, in ihre Heimat zurück. Herodes befiehlt den Kindermord. Maria versteckt ihr Kind in einer Ochsenkrippe. Auch Johannes, der zukünftige Täufer, soll ermordet werden. Aber längst ist Elisabeth mit ihm in die Berge geflüchtet, wobei der Berg sich öffnet und Mutter und Kind aufnimmt. Herodes will Zacharias zwingen, das Versteck der beiden Kinder und ihrer Mütter zu verraten. Zacharias weigert sich und wird von den Schergen des Herodes im Vorraum des Tempels, sozusagen am Altar, ermordet.

• *Die Story III: Zacharias wird ermordet*
Als die Priester in den Tempel einziehen, wundern sie sich, dass Zacharias, der inzwischen auf wundersame Weise zum Hohenpriester wurde, ihnen nicht segnend entgegenkommt. Sie entdecken das Blut des Ermordeten, zu Stein geronnen. Der Leichnam Zacharias ist verschwunden. Nun wird gewählt, und das Los zur Hohenpriesterwahl fällt auf Simeon, dem ja der Heilige Geist offenbart hatte, er werde nicht eher sterben, als er den Christus im Fleische gesehen habe.

• *Propaganda und Antipropganda*
Hier wurden Biblisches und Unbiblisches vermischt. Das so genannte *Protevangelium des Jakobus* ist frühestens um 150 n. Chr. entstanden. Es wird dem Herrenbruder Jakobus zugeschrieben, vor allem, um Maria als Mutter des Herrn herauszustellen und um ihre Jungfräulichkeit zu betonen. Damit wird der Behauptung, die in jüdischen Rabbinenkreisen verbreitet war, dann aber auch in antichristlicher Agitation von anderen antiken Autoren übernommen wurde, entgegengetreten: Jesus sei der uneheliche Sohn der Maria aus der Verbindung mit einem römischen Hauptmann namens Panthera.

• *Verbannt und doch bekannt*
Die frühchristliche Kirche verurteilte derartige Schriften und verbot ihre Verbreitung und ihre Lektüre. Dennoch wurden sie weiterverbreitet. Künstlerische Darstellungen, z. B. die der *Heiligen Anna selbdritt*, zeugen von der Beliebtheit derartiger Legenden.

Aus: K. Ceming, J. Werlitz, Die verbotenen Evangelien – Apokryphe Schriften, Wiesbaden 2004, S. 67–92

Gottes Geschichte mit seinen Menschen

Die Vorgeschichte bei Lk erzählt Gottes Geschichte mit seiner Menschheit in einer Geschichte, die aus dem bewussten LXX-Zitat entwickelt wurde (Jes 7,14 LXX). Diese Geschichten machen auf ihre Weise das tiefe, unumstößliche, unauflösliche, unumkehrbare Eingehen Gottes in die Weltgeschichte in dem Menschen Jesus deutlich.

Sachinfo

Familienverhältnisse
Die bei Lk und den übrigen Evangelisten vorhandenen Hinweise auf die natürliche Vaterschaft des Josef müssen berücksichtigt werden (Lk 4,22; Joh 6,42; vgl. auch Lk 1,4f, dazu ↗*Nochmals: Jungfrau oder jung vermählte Frau?* S. 65). Bemerkenswert ist auch die Selbstverständlichkeit, mit der Josef in einer weiteren Kindheitsgeschichte als Vater Jesu angesehen wird, die Lk auch in sein Kindheitsevangelium integriert (Lk 2,48). Auch die Hinweise auf die Existenz von Brüdern Jesu, die in der Urgemeinde eine herausragende Rolle spielen (1. Kor 15,7; Gal 1,19; 2,9; Apg 12,17; 15,13; 1. Kor 9,5), müssen wir erwähnen. In den Evangelien wird unbefangen von Jesu Brüdern, von Jakobus, Joses, Judas und Simon, erzählt. Berichtet wird auch von Schwestern, deren Namen unbekannt bleiben (Mk 6,3).

Es muss auch gesehen werden, wie Jesus und die Urgemeinde Familientraditionen abwehren. Wieso dies, wenn Jesus keiner Familie zugehörte oder diese nur sehr klein war? Jesus selbst stellt den Glauben höher als Verwandtschaftsgrade (Mk 3,31–35; vgl. Mt 16,46–50; Lk 8,19–21). Mk spitzt zu: Die Familie Jesu zieht aus, *um sich seiner zu bemächtigen.* Sie möchte Jesus für verrückt erklären lassen (Mk 3,20f), vielleicht eine Maßnahme, um das Leben Jesu vor der Verfolgung durch Pharisäer und Herodianer zu schützen.

Lukas und Matthäus im Vergleich
Lukas spinnt das Zitat von der Jungfrauengeburt, das bei Mt noch locker und wenig stimmig angefügt wird, zu einer kleinen Legende aus. Er steht dabei im Konflikt, dem doppelten Erbe treu zu bleiben. *Das erste Erbe* besteht in der vorhandenen Erzähltradition, die von Josef, dem Vater Jesu, unbekümmert berichtet. *Zweites Erbe* ist sicher das AT-Zitat aus Jes 7,14 in der LXX-Fassung. Es lastet wie eine Hypothek auf einem Juden, der in seiner LXX zu Hause ist und doch messianisch denken möchte: Eine *Jungfrau*, das heißt eben griech. *parthenos*, bringt den Immanuel, den Verheißungsträger Gottes, zur Welt.

Lk, der große Harmonisierer, möchte beiden Traditionssträngen gerecht werden. Er nimmt die Anschauung aus Jes 7,14 LXX auf, wie übrige Traditoren es auch tun, zum Beispiel Matthäus. Er fügt aber auch die erste, sicher ursprünglichere Tradition in sein Weihnachtsevangelium ein, die unbefangen von Josef als dem Vater Jesu spricht. Eine Meisterleistung der Vermittlung gelingt ihm mit dem Bericht der Engelankündigung (Lk 1,26–38). Hier gebraucht Lk Verben, die auch in der LXX-Fassung eindeutig die geistige Einflussnahme Gottes auf den Menschen – in verschiedenen Bildern dargestellt – bezeichnen (↗ *Was für Verben?*, S. 17). Hier arbeitet also Lk das bereits bestehende *Bild von der Jungfrauengeburt* mit Verben auf, die durch und durch hebräischen Geist atmen. Maria wird so vom Geist Gottes berührt und durchdrungen, wie auch Mose von diesem berührt und durchdrungen wird. Von einer substanziellen Einfließung göttlichen Spermas, und sei es auch in einer noch so durchgeistigten Form, kann keine Rede sein. Es geht Lk, auch im folgenden Lobgesang der Maria, darum, dass aus und mit der Gottestat an Maria ein neues Frauenzeitalter anbricht, Maria ist, um es etwas salopp auszudrücken, die erste Gleichstellungsbeauftragte Gottes, die andere, zur Freiheit verwandelte Eva.

Neuer Typos Frau

Maria ist ein neuer Typos von Frau, eine Anti-Eva, die befreite Frau. Während Eva noch unterliegt – und doch siegt, dies aber in Abhängigkeit vom Mann –, bleibt Maria der neue Typ einer Frau, die unabhängig vom Manne ihren Weg geht. In Eva verkörpern sich Milliarden Frauen bis auf Maria hin. Von Maria her bis heute ist die Frau frei und unabhängig, gottunmittelbar, wie der Mann. Kein Mannweib, sondern eben der neue Typos von Frau: die nicht erst durchs Heiraten und Kinderkriegen selig würde. Dabei wird keine Männerfeindschaft geboren. Mit Maria wird Jesus, der Befreier, zur Freiheit befreit, der Sohn der Maria. Das meint wiederum nicht, ohne Männer ginge es nicht. Aber es wird doch die Gleichwertigkeit von Mann und Frau symbolisiert, der gemeinsame Aufbruch zu einem befreiten Leben. Die Befreiung der Frau, wie sie die Jesusbewegung auszeichnet (und wie Lk sie nachzeichnet), wird in dieser Geschichte vorweggenommen.

Eine Frau allein – Engelbotschaft an Maria

Theaterspiel
Gestaltung und Kreativität G&KLk3

Inhalt

Maria ist erschrocken. Was ist los mit ihr? Bis sie verstanden hat, welche Rolle sie übernehmen soll, muss erst ein Engel mit ihr ins Gespräch kommen. Als sie verstanden hat, sagt sie zu ihrem Weg, auf den Gott sie einlädt, ja. Ein Engel bringt Maria die Botschaft von Gott, dass sie ein Kind bekommen und ihm den Namen Jesus geben soll: *Diese Erzählung aus der Bibel wollen wir spielen und mit Musik und Kostümen aus den Ideen, die ihr selbst habt, unserer Gruppe und anderen Kindern vorführen.*

Material

- Umziehsachen, Anziehsachen, Hüte, Gewänder, Geräte, was uns so einfällt,
- Utensilien zum Theaterspielen

Weg

1. Wie unter ***BLk3.1***, Methode »Lehrhaus«, beschrieben, wächst der Spieltext aus dem Hörtext, in einem besonderen Gruppenprozess, in den wir die Gruppe vorher einüben müssen. Insofern werden in dieser Phase die üblichen Anzieh- und Umkleidesachen noch nicht benötigt. Die Erarbeitung des Stückes geschieht zunächst also aus dem Text und in der Gruppe, ohne die so genannte Verkleidung.
2. Der Text, wie er erarbeitet wurde, wird in Partnerarbeit verschriftlicht. Die Partner/innen schreiben auf, was sie erlebt und behalten haben.
3. Die verschriftlichten Texte werden vorgetragen und zu einem Hörspiel, noch immer im Sitzen entwickelt, zusammengefügt. Also keine Bewegungs- und Spielabläufe! Die einzelnen Teile werden im Tafelbild / auf dem TGL zusammengefügt.
4. Erst jetzt kommt es zur Rollenübernahme Einzelner.
5. Dazu ist das Anziehen und Verkleiden umso wichtiger, da so der Schritt vom Text zum Spiel erleichtert wird.
6. Anschließend Spiel! ↗***BLk3.2***
7. Aussprache über das Spiel!

Organisation

Altersstufe: Ab 3. Schuljahr. Die Einzelnen Arbeitsschritte, wie sie unter Weg geschildert wurden, lassen sich an einem Projektvormittag bewältigen. Es ist gut, wenn die *Lehrhaus-Methode* vorher eingeübt wurde. Der Schritt vom Lehrhaus-Spiel zum Aufführungsspiel muss bewusst vollzogen werden, am besten durch das Einführen der vorher mitgebrachten Anziehsachen.

Struktur: Sollen die einzelnen Schritte in Schulstunden entwickelt werden, so benötigen wir zwei Schulstunden. Es lassen sich folgende Schritte *Weg* zusammenfassen: 1 und 2, dabei 2 als Hausaufgabe; die Schritte 3 bis 7 sind Inhalt der zweiten Schulstunde.

Weiterarbeit

Das erarbeitete *szenische Spiel* eignet sich hervorragend zur Aufführung in der Adventszeit während einer Schulfeier oder eines Gottesdienstes, in der Gemeinde oder in der Schule. Das übrige Gottesdienstgeschehen sollte sich um diese Aufführung herum entwickeln. Das Lied *Ein kleines Mädchen aus der Provinz* wird in den Gottesdienst integriert (↗S. 36).

Beispiel: Ins Lehrhaus eingeladen – ein Bericht

BLk3.1
Methode Lehrhaus

1. Wir haben die Geschichte einmal laut, im Stuhlkreis sitzend, gelesen.
2. Dann hat sich jeder im Stillen ein Wort oder einen Satz aus der Geschichte ausgedacht, das oder den er laut vortragen möchte. Es musste unbedingt ein Satz aus der vorgelesenen Geschichte sein. Jeder hat natürlich schon dieses Wort oder diesen Satz auswendig gewusst.
3. Nun haben wir gewartet und sind ganz still gesessen. Einer hat vorsichtig angefangen und seinen Satz gesagt. Er hat gemeint, dieser Satz müsse am Anfang stehen.
4. Dann ist der eine oder die andere, nach einer Stille, mit seinem Satz oder Wort gefolgt.
5. So ergibt sich ein richtiges Drama, sozusagen ein Hörspiel aus unseren eigenen Worten und Sätzen, die aber doch alle aus der vorgelesenen Geschichte kommen.
6. Anschließend haben wir im Stuhlkreis darüber gesprochen, welchen Sinn unser *Hörspiel* gekriegt hat.
7. Und haben beschlossen: *Wir wollen es so auch aufführen – oder ein bisschen zur Endaufführung verändern?* Darüber entscheidet die Gruppe.

Beispiel: Spielplan, Rollen, sich verkleiden

BLk3.2
Sich verkleiden und spielen

Das, was die Kinder Verkleiden nennen, ist seit Urtagen der Menschheit ein höchst wichtiger und oft zeremonieller Akt. In allen Religionen spielen Verkleidungen eine Rolle: Ich ziehe ein heiliges usw. Gewand an – und werde ein anderer Mensch? Jedenfalls schlüpfe ich in eine andere, mir neue Rolle. Das Verkleiden wird als Gruppenprozess begriffen, in dem jeder Einzelne auch seine Rolle auswählt, in die er hineinschlüpft.

- **Am Anfang der Aktion?**

Wir können den Verkleidungsprozess in den Anfang unserer Aktion setzen, das ist natürlich möglich. So kommt es von vornherein zu einem freien Spiel. Das Ganze hat etwas vom Karneval. Dieses Vorgehen hat auch große Nachteile. Es wird alles ziellos turbulent.

- **Einen Spielplan erstellen, dann sich verkleiden**

Besser ist es, zunächst den Spielplan zu erstellen und die einzelnen Rollen in der Gruppe zu definieren. Jedes Kind soll mit einer Rolle, zumindest mit einer Aufgabe, im Spiel bedacht werden. Erst anschießend wird mit der Verkleidung begonnen. Jeder zieht sich selbst an und/oder wird angezogen. Wir helfen einander in der Gruppe: *Welche Rolle hast du? Ich spiele …!* Dann wird gespielt, wie es vorher besprochen worden war.

- **Rollenspiel wiederholen – Rollentausch**

Nachdem sich alle verkleidet haben, darf es ruhig etwas turbulent und bewegt zugehen. Jeder will sich zwanglos in seiner Rolle produzieren. Dann setzen wir uns in den Stuhlkreis, jeder in seinem Kostüm. Wir versuchen einzelne Szenen nach dem von der Gruppe erstellten Spielplan zu entwickeln. Es soll ein flüssiges Spiel entstehen. Die Gesprächsleitung hat darauf zu achten, dass alles im Fluss bleibt. Szenen werden wiederholt, Rollentausch wird angeraten. Die Verkleidungen lassen meistens einen Rollenwechsel zu. Zum Spiel treten die entsprechenden Spieler in die Stuhlkreismitte, die, die nicht dran sind, setzen sich wieder. Aus dem Stuhlkreisspiel muss es zum Gespräch kommen, Änderungsvorschläge, neues Spiel! Irgendwann verfestigen sich die Rollen, aber nicht so sehr, dass daraus ein starrer Spiel- und Gesprächsablauf würde. Jedes neue Spiel in der Gruppe produziert wieder neue Einfälle der Mitwirkenden.

BLk3.3
Aus der Kleiderkiste

Beispiel: Kleiderkiste heißt nicht Mottenkiste

Es ist gut, in der Klasse / Gruppe eine Kleiderkiste zur Verfügung zu haben. Hier finden sich nicht nur Kleider und Anziehsachen, Hüte, Schals, Umhänge wieder, sondern auch einzelne Bettlaken, große Stoffbahnen, Gardinentüll und kleine, bunte Stofffetzen. Es ist wichtig, Sicherheitsnadeln, Kordeln, Riemen, Gurte, Bindfaden, Litze und evtl. Nadel und Faden zur Hand zu haben, um alles richtig befestigen zu können! Wenn Zuhause alte Sachen herumliegen oder in die Kleidersammlung gebracht werden sollen, darf man vielleicht das eine oder andere für die Schulgemeinschaft/ Gruppe »abstauben«.

Sich zu verkleiden regt die Phantasie an. Irgendwie ist jeder von uns immer auch ein »Anderer«. Wenn wir uns verkleiden, merken wir das sehr deutlich.

Lied

Tausend Ängste lasten auf allen

Text: Dieter Stork
Musik: Siegfried Fietz

© ABAKUS Musik Barbara Fietz, 35753 Greifenstein

Lk4 – Mittelpunkt Maria
Lk 1,39–45

Allein – und doch nicht einsam

Der Text

Maria eilte in jenen Tagen ins Gebirge, in eine Gebirgsstadt im Gebirge Juda. Sie kam in das Haus des Zacharias und begrüßte Elisabeth. Elisabeth hörte den Gruß der Maria und das Kind hüpfte in ihrem Leibe. Elisabeth, von heiligem Geist erfüllt, rief laut: »Du bist unter allen Frauen hervorgehoben, hervorgehoben ist auch das Kind in deinem Bauch. Wie kommt es, dass die Mutter meines Herrn zu mir kommt? Verstehst du, als dein Gruß meine Ohren traf, freute sich das Kind in meinem Bauche. Du vertraust dem Wort, das Gott zu dir spricht. So ein Vertrauen bringt dir und allen Frauen nach dir Glück.«

Die neue Eva

Zwei Frauen

Zum Text

Zwei Frauen begegnen sich. Dabei wird zugeordnet und darin die Unterordnung beschrieben (Lk 1,39–45): Elisabeth verbirgt sich fünf Monate, nachdem ihre Schwangerschaft begann (Lk 1,24f). Gleich im sechsten Monat wird Gabriel zu Maria geschickt, um ihr, während der Schwangerschaft der Elisabeth, die Geburt ihres Sohnes anzukündigen, den sie griech. *Jesus*, hebr. *Joschua*, »Gott hilft«, nennen soll (Lk 1,31). Eben in diesen Tagen macht sich Maria auf, um Elisabeth im Bergland zu besuchen (V. 39; vgl. 1. Sam 1,1) und bleibt drei Monate bei ihr (Lk 1,56). So erfüllt sich die Zeit von neun Monaten bis zur Geburt.

Elisabeth setzt den Engelgruß fort, wie ihn die Christenheit seither betet, das *Ave Maria* (V. 42). Elisabeth wird vom Geist erfüllt (V. 41). Im Heiligen Geist ruft sie Maria als die Mutter ihres Herrn an, weil das Kind in ihrem Leibe, Johannes, vor Freude hüpfte, sozusagen den griech. *Kyrios* begrüßte (V. 43f). Insgesamt wird diejenige glücklich gepriesen, die vertraut, dass Gottes Verheißungen sich erfüllen (V. 45). Lk entwickelt wieder aus einer atl. Vorlage: Judith, die das Volk vor dem Untergang, einem geplanten Pogrom, rettete, wird mit ähnlichen Worten gepriesen (Judith 13,18).

Deutlich sind Jesus- und Johannestradition miteinander verzahnt (Lk 1,39–45). Lk macht auch durch den Hinweis auf die Verwandtschaft von Johannes und Jesus diese Verzahnung sichtbar (Lk 1,36). Die Zu- und Unterordnungen werden in die Vorgeburtserfahrungen verlegt.

Zu- und Unterordnungen

Zum Text

In diesen Zu- und Unterordnungen will Lk erzählen: Jesus, der von Johannes getauft wird, sozusagen sein Schüler ist, übernimmt dennoch nicht die Aufgabe, dessen Nachfolger zu werden, als dieser im Gefängnis sitzt und dann getötet wird (Lk 3,1–20; 21f; Mk 6,17–29). Die Christenheit entscheidet sich, in Jesus den Kyrios, den endzeitlichen Erfüller zu glauben. Weder ist Jesus einer wie Johannes, einer, der die Ankunft Gottes ansagt, dass Gott selbst komme, noch ist er dessen Nachfolger in dessen Jüngerschaft. Er ist der Messias, der die Verheißungen Gottes erfüllt. So sieht es die Urgemeinde, die der Auferstehungsbotschaft traut (➚*Das göttliche Muss*, griech. *dei*, S. 133).

Die neue Rolle der Frau

Neues kündigt sich an: Es sind Frauen, die sich gegenseitig in ihrer Heilserwartung bestätigen, nicht irgendwelche Frauen, sondern die Mütter von Heilsträgern, die Gott angekündigt hat. Wichtig bleibt, trotz aller Zu- und Unterordnung: Ein neues Zeitalter kündigt sich an, in dem Frauen sich ihrer Rolle bewusst werden: Sie sind Geburtshelferinnen der neuen Gotteszeit, in der die Gleichheit der Menschen, aus Gottes Befreiungstat begründet, wiederhergestellt wird: Mann und Frau werden zu gleichberechtigten Wesen. Indem diese beiden Frauen, Elisabeth und Maria, ihr Amt annehmen, Mütter der beiden Menschen zu werden, die die neue Gotteszeit eröffnen, rücken alle Frauen mit und nach ihnen neu ins Blickfeld der Geschichte.

Das Besondere an dieser Geschichte

Das Besondere an dieser Geschichte ist, neben der Engelsbotschaft, die Solidarität der beiden Frauen, Maria und Elisabeth. Beide treffen sich im Gebirge, wo sie sich verstecken, wo sie sich aber auch begegnen, finden und solidarisieren. *Gebirge* meint auch den revolutionären Charakter, Gott braust vom Gebirge Seïr heran (Dtn 33,2; Ri 4,5), im Gebirge entsteht Gottes neue Ordnung seit alters her (Num 14,40.44; 27,12; Dtn 1,7 ff; Jos 10,6; 11,3): Im Gebirge entsteht das Neue, das von Gott kommt. Hat nicht Mose die befreiende Gottesordnung im Gebirge, auf dem Sinai, empfangen?

Wer ist Elisabeth, wer Maria? Und was reden die Leute über diese beiden Frauen? In einem selbstentwickelten Spiel mit Masken können derartige Fragen gut herausgearbeitet werden.

Nicht allein

Aus einem Text eine Szene entwickeln
Gestaltung und Kreativität G&KLk4

Inhalt

Maria ist allein – und doch nicht einsam. Ein Engel ist bei ihr. Aber unsere Geschichte erzählt auch, dass Maria eine Freundin bekommt, Elisabeth, die Ältere, die auch schwanger ist. Die beiden Frauen helfen sich untereinander. Vielleicht kommen noch andere Frauen hinzu? Das wollen wir spielen.
Hinweis: Ein Rückbezug auf die 3. Erzähleinheit bei Lk wird notwendig.

Weg – Schülerbericht

1. Zuerst wird die Geschichte erzählt.
2. Folgende Fragen werden geklärt: *Welche Rollen und Szenen brauchen wir?* Das ist unter ***BLk4.2*** nachzulesen. Wir legen also Rollen und Szenen im Stuhlkreis fest.
3. Stuhlkreisgespräch: *Was meint diese Geschichte?*
4. Die Schülergruppe denkt sich in die Rollen durch ein Rollenspiel mit Doppeln ein; vgl. ***BLk4.1*** *Rollenspiel mit Doppeln.*
5. Alle übernehmen eine Rolle!
6. Die Dialoge werden nun notiert!
7. Anschließend wird die komplette Szene nochmals gespielt!

Organisation

Altersstufen: Ab 2., durchgehend bis zum 10. Schuljahr; Inhalte und Gesprächsstil ändern sich. Das Thema *Eine Frau allein – und doch nicht einsam* wird im Rollenspiel mit Doppeln erarbeitet, siehe unter Beispiel.

Struktur: Ein Projektvormittag oder zwei Schulstunden, die Schritte unter Weg 1 bis 4 werden zusammen entwickelt. Zum Ende dieser ersten Schulstunde werden die Dialoge schon einmal notiert. Erweiterungen werden in der zweiten Schulstunde entwickelt: Diese beginnt mit der Wiederaufführung des erarbeiteten Stückes, das wahrscheinlich zunächst mühsam aufgelesen und bruchstückhaft zusammengeflickt werden muss. Evtl. muss das Rollenspiel mit Doppeln die Dialoge in die Erinnerung zurückrufen. Anschließend ausführliches Nachgespräch im Stuhlkreis; dabei Schülerorientierung beachten.

Tipps

1. Verschiedene Wege führen vom Text zur Theaterszene (***BLk4.1***, ***BLk4.2***, auch: ***BLk3.1*** bis ***3.3***).
2. Auch das Maskenbilden – Maskenspiel – gehört dazu.
3. Gipsbinden werden übereinandergeschichtet auf das vorher gut eingecremte Gesicht gelegt und befeuchtet.
4. Von Anfang an stelle ich mir vor, welche Gestalt/Rolle ich mit meiner Maske entwickeln will.
5. Nach einer Trocknungsphase, bei der die Gipsbinden afu dem Gesicht liegen bleiben, dem Gesicht angepasst, werden Augen- und Mundhöhlen geschnitten und die Maske bemalt.
6. So schlüpfe ich leicht in die vorgestellte Rolle hinein.

Weiterarbeit

Die erarbeitete Szene eignet sich gut, um in einer Schulfeier oder in einem Gottesdienst der Gemeinde oder Schule vorgestellt zu werden. Der Gottesdienst könnte das Thema »Maria und ihre Freund/innen« haben, damals und heute. Liedgut auf den S. 14, 25, 36 dieses Werkbuches eignet sich zur Gestaltung.

BLk4.1
Rollenspiel mit Doppeln

Beispiel: Doppeltes Lottchen

Die Gruppe sitzt im Stuhlkreis. Je ein Rollenspielpaar wird gebildet, die beiden Rollenträgerinnen setzen sich in die Stuhlkreismitte. Ein Gespräch beginnt, nachdem die beiden Rollen noch einmal im Gruppengespräch charakterisiert wurden, aber bitte nicht zu deutlich. Es soll ja eine Spannung für die Weiterentwicklung der jeweiligen Rolle im Rollenspiel bleiben. Während des Gespräches tritt jeweils ein Kind hinter einen Rollenträger, den es unterstützt, indem es in seine Rolle eintritt. Es wird also nicht zugeflüstert: »Sag dies, sag das!« Vielmehr übernimmt die/der Unterstützende die Rolle einer der beiden Rollenspieler/innen. Dazu stellt sich das Kreiskind direkt hinter die/den Rollenträger/in und tritt in deren Rolle ein. Nachdem es seinen von ihm erdachten Part sagte, geht die/der Doppler/in bzw. Unterstützer/in wieder in den Stuhlkreis zurück.

BLk4.2
Welche Rollen und Szenen brauchen wir?
Ein Bericht

Beispiel: Vom Text zu Rollen und Szenen

1. Zuerst saßen wir im Stuhlkreis und haben uns über die Geschichte unterhalten: *Welche Rollen und Szenen brauchen wir?* Wir haben das an die Tafel geschrieben.
2. Wir stellten fest: *Eigentlich brauchen wir nur Maria und Elisabeth, zwei Frauen, beide sind schwanger. Dazu kommt ein Engel. Aber wir waren in der Gruppe noch mehr Kinder, und die bekamen alle eine Rolle, Marias Mutter, zum Beispiel. Unsere Lehrerin sagt: »Du heißt Anna!« So heißt nämlich in den Legenden die Mutter der Maria. Dazu kam eine fremde Frau und noch andere Personen.*
3. Dann stellen wir fest, wie viel Szenen wir brauchen:
   - *Maria und der Engel in Nazareth;*
   - Maria allein unterwegs;
   - Maria kommt bei Elisabeth im Gebirge an;
   - Maria und Elisabeth unterhalten sich;
   - Maria singt ein Lied!

   Wir haben also die Rollen und Szenen festgelegt.
4. Dann, noch immer im Stuhlkreis, haben wir uns überlegt, welchen Sinn das Ganze haben soll: *Maria muss sich – ehrlich gesagt – als allein erziehende Mutter fühlen. Josef kommt in dieser Szene ja gar nicht vor. Maria sucht Trost bei Elisabeth. Und die hilft ihr. Und der Engel tröstet sie. Maria hat echt Angst, denn eine werdende Mutter, die zwar einen Mann hat, aber nicht genau weiß, ob der bei ihr bleibt, hat es auch heute noch schwer.* Das haben wir ausführlich im Stuhlkreis besprochen.
5. Dann haben wir überlegt, wer welche Rolle übernehmen möchte.
6. Es sind immer zwei Menschen im Gespräch, *Maria und der Engel, Maria und ihre Mutter Anna; dann Maria unterwegs, redet mit einer unbekannten Frau, die sich mit ihr auf den Weg macht; Maria und Elisabeth im Gespräch, Maria singt, während Elisabeth zuhört und dann antwortet.*
7. Die Rollen entstanden im Rollenspiel mit Doppeln. Das haben wir ziemlich ausgedehnt. Und das macht Spaß, weil einer dem anderen beim Spiel hilft (↗***BLk4.1***).
8. Danach haben wir echt losgelegt. Kein Kind blieb ohne Rolle. Zur Aufführung waren wir aufgeregt.
9. Nun wurden die Dialoge notiert! *Es war für uns wichtig, die Dialoge, die entstanden, aufzuschreiben, aber erst zum Schluss! Jeder hat aus dem Gedächtnis heraus die Texte aufgeschrieben. Das haben wir zu zweit gemacht, immer die Paare, die im Rollenspiel mit Doppeln miteinander gespielt und dann diese Rollen beim Theaterspiel übernommen haben.* In den Paargruppen wurden die Dialoge auf Zetteln notiert.

Lk5 – Die Zeiten ändern sich
Lukas 1,46–56

Marias Revolutionslied

Der Text

**Maria sang: »Meine Seele singt für Gott.
Mein Geist freut sich über ihn.
Gott befreit mich. Er hat mitgekriegt:
Mir ging es dreckig.
Von Menschen verspottet und verfolgt,
wie andere Knechte Gottes, bin ich,
seine Magd, auch nicht besser dran.
Aber ab nun werden alle Generationen nach mir
sich mit mir freuen
und mich glücklich nennen.
Denn Gott hat Großes an mir getan.
Er ist mächtig, tut Wunder.
Sein Name ist unaussprechlich heilig.
Und was macht sein Wesen aus?
Von einer Generation zur anderen
ist er barmherzig.
Ja, er ist bei den armen Herzen,
bei denen, die im Elend stecken
und Ehrfurcht vor ihm haben.
Mit starker Hand treibt er
die Hochmütigen auseinander,
die angeben und andere verachten.
Die Mächtigen stößt er vom Thron.
Die unten sind, bringt er nach oben.
Hungrigen füllt er den Magen.
Die Reichen lässt er leer ausgehen.
Wie ich Gottes Magd bin,
wird ganz Israel neu sein Knecht.
Töchter und Söhne werden wir sein,
weil Gott sich erinnert:
›Ich bin barmherzig‹.
Unseren Vorfahren hat er es versprochen, Abraham
und seinen Nachkommen,
für immer und ewig.«
Maria blieb drei Monate bei Elisabeth und kehrte dann nach Hause zurück.**

Zeitenwechsel – Rollenwechsel

Revolutionslied

Zum Text

Vom Revolutionslied (Lk 1,46–56) wird allgemein angenommen, dass Lk es anderen verbreiteten Texten entnommen oder solchen nachgeschaffen habe (wie auch Lk 1,67–79 und Lk 2,29,32). Es ist ein Revolutionslied aus dem Milieu nachexilischer Psalmen. Wies nicht die Tora die Gläubigen an die Urbotschaft der hebr. *iwrim*, »Hebräer«, zurück? War nicht auch Judas Makkabäus diesen Weg gegangen und hatte ihn Gott nicht durch die gelungene Befreiung des Volkes bestätigt? Dann ging in Mord und Totschlag alle Freiheit unter. So wird im Rückblick auf jüdische Geschichte gedichtet und gesungen. Das Lied hat Anklänge an das Lied der Hanna, das in makkabäischer Zeit entstand (1. Sam 1,9–17; 2,1–10). In Hinblick auf die in der Hannaszene anklingende Nasiräertradition (1. Sam 1,11), die in der Täufertradition aufgenommen wird (Lk 1,16), könnte das Lied ins Täufermilieu gehört haben. Lk bindet also eine bereits vorhandene Vorlage in die Jesusszene ein. Er zeichnet Maria als Trägerin einer von Gott gewollten Frauenemanzipation. Es werden bewusst Zitate aus Frauengeschichen des AT aufgenommen: Hanna, Judith.

Verschränkung mit der Täufertradition

Diese Position wird durch die Verschränkung mit der Täufertradition verstärkt: Die Botschaft des Täufers zielt auf den notwendigen Ausgleich der Gerechtigkeit in politischen und sozialen Fragen (Lk 3,7–14). Dass Maria ihr Lied mit den Worten Hannas singt, einer kinderlosen Frau, verstärkt die sozialpolitischen Tendenzen. Denn eine kinderlose Frau hatte ihre Rechte als Lebensgefährtin eines Ehemannes fast schon verloren. Dass Elisabeth Maria mit Worten begrüßt, die im AT bei einer blutigen Revolutionärin, Judith, anklingen, verstärkt die politische Note dieser Szene (V. 42; Jdt 13,18).

Sachinfo

Kinderlose Frau
Was ist eine kinderlose Frau im AT und im NT? Eine Rechtloseste der Rechtlosen, ein Schandmal, das sich selbst sowie die gesamte Familie ins Elend stürzte. Keine Kinder zu haben bedeutet nicht nur das Ende einer vielleicht langen und ruhmreichen Familiengeschichte. Es bringt die Frau und ihren Mann in soziales Elend. Denn Kinder zu haben bedeutet die Garantie einer Altersversorgung, keine Kinder zu haben bringt den Absturz in Unversorgtheit und Zukunftslosigkeit. Darum eben bedeutet Kinderlosigkeit, vor allem für die Frau, das gesellschaftliche Aus. Der Mann kann sich eine neue Frau nehmen und mit dieser dann Kinder und damit Nachkommenschaft und soziale Sicherheit bekommen. Umso schlimmer war es, dass Kinderlosigkeit auch theologisch gedeutet wurde: Wer kinderlos blieb, galt als von Gott gestraft. Sozial, kulturell und religiös war eine kinderlose Frau eine Frau ohne Zukunft.

Kindersegen dagegen wird im AT als Segen, Glück und Geschenk verstanden (Ps 127,3ff; 128,3; Ex 1,21; 23,26). Die Verheißung eines Kindes, besonders bei längerer Kinderlosigkeit, wird als Zeichen besonderer Erwählung angesehen (Gen 15,5; 22,17).

Das Ende aller Frauenversklavung

Wenn Maria mit Elementen des Hannaliedes ihren Jubel ansingt, dann singt sie vor allem davon, dass ihr soziales Elend und ihre soziale Unterdrückung aufhören. Diese Aussage wird durch die bewusste Verzahnung von 1. Sam 1,11 mit 1. Sam 2,1ff unterstrichen: Gott habe das Elend seiner *Magd* angesehen. Mit diesem Begriff wählen sowohl die atl. wie die ntl. Autoren (1. Sam 1,11; Lk 1,48) gezielt ein Äquivalent zum Bild vom *Knecht*, einem theologisch hoch entwickelten Begriff. Auf keinen Fall ist ein »Knecht Gottes« ein unterwürfiger Sklave seines Herrn, der katzbuckelnd servil göttliche Befehle ausführt. Ein *Knecht Gottes* ist ein tief im Glauben und im Gottesgehorsam verwurzelter Mann. Er ist Beauftragter mit tiefer Überzeugungskraft und geistgewirkter Vollmacht. *Nun gilt*: Nicht nur Knechte Gottes wie Hiob, Jeremia und der unbekannte Knecht Gottes bei Deuterojesaja bringen Gottes Werk auf dieser Erde weiter, sondern eben auch Mägde Jahwes (1. Sam 1,11). Maria, die Magd des griech. *Kyrios* (Lk 1,48), Gottes Magd, besingt das Ende aller Frauenversklavung. Sie besingt es nicht nur. In ihr selbst beginnt das Ende aller Unterdrückung von Frauen und Männern.

Magd Gottes – dies ist kein Bild einer Sklavenmoral, eines blinden Kadavergehorsams, sondern der Anfang dessen, dass Frauen ihr Haupt erheben dürfen, weil Gott mit einer von ihnen, Maria, Mirjam, der Geliebten Gottes, sprach und sie erwählte. Maria ist der Gegentyp Evas, der Beginn der Freiheit aus dem Geist. Während Eva in den Staub und den Schmerz eingebunden wird, wird Maria zur *Geliebten* des Gottes, der die Freiheit der Menschen will. Ihr Prototyp ist die Mirjam des AT (Ex 15,20f; Num 12,1–15; 20,1).

Endzeitlicher Jubel, endzeitliche Radikalität

Das Lied der Hanna schwingt in Ideen der theologischen Weisheit: »Jahwe macht tot und lebendig, er stürzt in die Scheol und führt herauf. Jahwe macht arm, er macht reich, er erniedrigt und erhöht« (1. Sam 2,6f). Das sind Töne des Ausgleichs zwischen Arm und Reich. Alle müssen schließlich sterben. Im Tod sind alle gleich. Diese pessimistischen Töne klingen im Hannalied auf. Die Revolution ist ein Anhängsel zur Idee von einer ausgleichenden Gerechtigkeit Gottes, zumindest im Tod. Von diesem Kulturpessimismus bleibt im Lied der Maria nichts übrig. Es heißt hier auch nicht, die Armen müssten endlich durch das Teilen des Reichtums mit an der Freude, an der Zukunft, an der Macht beteiligt werden. Von ausgleichender Gerechtigkeit ist die Rede. Aber der Ausgleich erfolgt nicht durch den Tod. Es werden auch nicht irgendwie die Armen mit den Reichen an einen Tisch geladen. Eine solche bürgerliche Auslegung, der wir gern den Vorzug geben, finde ich im Lobgesang nicht.

Zunächst höre ich den endzeitlichen Jubel über die Befreiung der Maria selbst. In diesem Jubel klingt aber der Befreiungsjubel aller Frauen nach hebr. *Mirjam*, griech. *Maria* mit (V. 47). Es ist ein grundsätzlicher Jubel wie damals bei der ersten Mirjam, die auch die befreiende Revolution ausrief (Ex 15,20f), wie damals bei Judith, die mutig handelnd für ihr Volk eintrat und es vor dem Untergang rettete (Lk 1,42; Judith 13,18). Dieser Jubel Israels wird in Maria, der Mutter Jesu, zum Weltenjubel. Der Jubel wird begründet: Gott ist gegenüber denen barmherzig, die ihn in ihr Leben einbeziehen (V. 50). Diese Barmherzigkeit Gottes wird in geschichtliche Fakten umgesetzt werden: Gott übt befreiend Macht aus, zerstreut die Hochmütigen, stößt die Gewalttätigen vom Thron, erhöht die Niedrigen, erfüllt Hungrige mit Gütern, lässt Reiche ins Leere laufen (VV. 51–53). In Israel wird dieser Befreiungsjubel ausbrechen. Aber in Abraham, dessen Segen der ganzen Menschheit gilt, ist alle Welt mit gemeint (V. 55).

Sachinfo

Die Gerechten, hebr. zaddikim

Das Lied der Maria nimmt Elemente aus dem Hannalied (1. Sam 1,11; 2,1 und 1,11) und weitere Bilder aus dem AT, vor allem aus den Propheten und aus den Psalmen, auf. Verschiedene Anklänge sollen notiert werden:

VV. 46f: 1.Sam 1,11; 2,1–11; Jes 29,19; Jes 61,10; 1.Sam 1,2; Hab 3,18
VV. 48–50: Gen 30,13; Ps 126,3; Ps 111,9; 103,17
VV. 51f: Ps 89,11; 138,6; Sir 33,12; Hes 17,24
V. 52: Hi 5,11; 12,19
V. 53: Ps 107,9
V. 54: Ps 98,3; Jes 41,8f
V. 55: Gen 12,3; 13,15; 22,18

Vor allem in den Psalmen, die ja als letzte Schrift des AT einer Redaktion unterworfen wurden, klingen in den Überarbeitungen diese Töne an: Israel hat sich in *Gerechte* und *Gottlose* gespaltet. Die Gerechten, das sind Rückkehrer aus Babylon, die sich, enttäuscht von den Tendenzen, die sich seit der Rückkehr bemerkbar machen, zurückziehen und zu den *Stillen im Lande* (Ps 35,20) werden, die mit der Regierung nichts mehr zu tun haben wollen, aber umso mehr auf Gottes alles verändernde Ankunft in seinem Volke warten. Von den Großen in Israel, die nicht besser sind als die ehemaligen Fremd- und Großmächte, setzen sie sich ab. Die Regierung verdächtigt und verfolgt sie ja. Als *Knechte Jahwes* nehmen sie das Leiden und die Verfolgung auf sich, wie seinerzeit die Propheten. Schließlich kommt es von der inneren Emigration zur sichtbaren, zur Neugründung des wahren Israel in der Qumrangemeinde.

Auch die Pharisäer des NT gehören dieser Richtung an. Sie sind eifrige, gerechte Juden, die sich um eine exakte Einhaltung der atl. Gesetze bemühen, peinlich auf Reinhaltung bedacht, während die Masse Israels kulturelle und politische Kompromisse schließt.

In einem Zweig werden die hebr. *zaddikim,* »die Gerechten«, zu Trägern einer Hoffnung, die sich auf die Grundbekenntnisse des AT bezieht: Gott ist ein Gott der Armen, der Hebräer, der sich seiner Armen erbarmen wird. Er selbst wird erscheinen und auf dieser Erde Ordnung schaffen. Es wird eine Revolutionsordnung, die radikal Neues schafft, angedacht, die Ablösung der bisherigen Unrechtsverhältnisse durch eine heilige, gerechte Gottesherrschaft. Mit der soll das Versprechen der Sozialgesetzgebung des alten Israel endlich eingelöst werden (*➚Hebräer, hebr. iwrim,* S. 33). Diese Bewegung, die in Qumran ein Zentrum hatte, war zu großen Teilen apokalyptisch durchsetzt, wie Belege aus Qumran und den Pseudepigraphen beweisen.

Der Lobgesang der Maria könnte, abgesehen von der generellen Nähe zum Lied der Hanna (1. Sam 2,1–11), in makkabäischer Zeit, in aufrührerischer Befreiungszeit, im anthologischen Stil entworfen worden sein, wie das Loblied des Zacharias (*➚Anthologischer Stil,* S. 49), falls nicht doch Lk die Lieder selbst aus atl. Material entwickelt hat. Im Lied der Maria werden atl. Gedanken, Gottes Gerechtigkeit erscheine, Gott selbst komme an und ordne die Verhältnisse radikal neu, aufgenommen und zu einem Lied aus und mit dem AT verdichtet.

Und warum heißt das Loblied der Maria in der Fachsprache der Kirche *Magnifikat,* das des Zacharias *Benediktus,* warum das Lied des Simeon *Nunc dimittis?* Mit diesen lateinischen Wörtern beginnen diese Lieder, Marias Lied mit Magnifikat (Lk 1,44–56), Meine Seele *erhebe* den Herrn, das des Zacharias *Benedictus, Gepriesen sei* (Lk 1,67–79), das des Simeon mit *Nunc dimittis* (Lk 2,29–32), *Nun entlässt* du.

Sachinfo

Hebräer, hebr. iwrim
Hebräer, hebr. *iwrim*, heißt *Gesetzlose, Landlose, Flüchtlinge, Rechtlose, Sklaven*. Das Wort meint keineswegs einen Volks-, sondern einen Sozialbegriff (vgl. D. Stork, Zuflucht in Deutschland, Neukirchen/Vluyn 1993, S. 55ff; 65ff). Es bezeichnet eine Klasse von Menschen aus Unterschichten. Die Sinti und Roma der Antike sind gemeint, aus allen Rassen und Nationen zusammengewürfelt. Der Gott der Bibel ist ein Gott der Hebräer. Iwrit, *Hebräisch* ist heute die Landesspache Israels. Auch wenn sich die Gruppe der Hebräer zu einem Volk weiterentwickelte, immer bleibt Gott auf der Seite der Schwachen und Ausgestoßenen. Er stellt sich sogar gegen Abraham, wird zum Helfer der Hagar und ihres Sohnes Ismael, als Abraham die beiden aus seiner Familie verstößt und in den sicheren Wüstentod schickt (Gen 21,8–21). Das ist nur ein Beispiel, wie die hebräische Religion den Volksbegriff entgrenzt und den Gott der Bibel immer neu zum Gott aller Schwachen und Elenden erklärt.

Die prophetische Verkündigung steht unter diesem Leitstern. Jesus selbst wäre ohne dieses Gottesbild, der Gott der Bibel sei ein Gott aller Geknechteten und Entrechteten, nicht zu verstehen. Alle seine Zeichen an Kranken, Blinden, Lahmen, Schuldigen, alle seine eschatologischen Mahlzeiten mit den Ausgestoßenen, alle seine Hinwendung zu gebrandmarkten Frauen sind auf diesem Hintergrund zu deuten: Gott erbarmt sich seiner Elenden, seiner Erniedrigten. In Wort und Tat Jesu kommt das Reich Gottes zu ihnen (Mk 1,14f; ↗*Volk vom Lande*, S. 83).

Wenn Lk diese Botschaft der Maria in den Mund legt, bezieht er die Vorjesuszeit und alle Zeit in diese Hoffnung ein. Alle die sollen mitsingen, die sich vom Schicksal betrogen und unterdrückt fühlen, alle, die noch hoffen, dass Gott kommen wird, um zu befreien. Das Land ist voll von solchen Menschen.

Alternative Zukunft

Maria ist nicht der Typ der angepassten Kirchenfrau, die mild lächelnd unter der Kanzel sitzt und den Pfarrer bewundernd anstarrt. Ist sie daneben eine kämpferische Emanze, die keine Männer akzeptiert? Weder noch. Sie ist die selbstbewusste Frau, die selbstkritisch, aber auch kritisch gegen eine tollwütige, kriegslüsterne, machtbesessene, sexsüchtige Männerwelt angeht. Sie ist die Repräsentantin der Befreiung der Frauen und aller Unterdrückten, die Leitfigur eines neuen Lebensstils.

*Auf großem Stoff malen! Alles läuft nach Plan, alle arbeiten eifrig zusammen. In **G&KLk5.1** und **BLk5.2** werden Großbildaktionen vorgestellt.*

Maria freut sich

Auf großem Stoff malen und singen
Gestaltung und Kreativität G&KLk5.1

Inhalt
Maria singt ein schönes Revolutionslied, das bis heute berühmt ist. Sie lobt Gott. Sie hofft, mit ihrem Sohn werde sich die Welt zum Guten verändern. Wir wünschen uns Kindern und Erwachsenen eine Welt, in der wir glücklich und friedlich miteinander leben. Darauf hofft Maria und wir mit ihr. Wir werden das Lied betrachten, die einzelnen Aussagen herausschälen und ein Bild zum Lied auf eine Stoffbahn malen. Wir wollen zu unserem Hoffnungsbild singen und musizieren. Wenn wir ein Lied ausmalen, müssen wir auch selbst singen, oder? Es wird im Lied die Zukunft ausgemalt. Darum malen auch wir.

Material
- Stoffbahn
- Dispersionsfarbe
- Pinsel
- Farbrolle
- Folie zum Unterlegen
- ein großer Raum, in dem die Stoffbahn auf dem Boden ausliegt, mit Folie unterlegt

Weg
Zwei Methoden werden verbunden:
- Es soll das Lied *Ein kleines Mädchen aus der Provinz* gesungen werden.
- Es soll in der Gruppe ein Großbild entstehen.

1. Wir sitzen im Stuhlkreis, in der Mitte liegt die unbemalte Stoffbahn, vielleicht ein altes Bettlaken. Farben, Pinsel und Roller liegen bereit, ebenso Kohlestifte zum Vormalen.
2. Wir lernen das Lied *Ein kleines Mädchen aus der Provinz.*
3. Wir unterhalten uns über das Lied.
4. Die biblische Situation, in die Lk das Lied hineinstellt, wird bekannt gemacht, gleichzeitig lernen wir die biblische Fassung unseres Textes kennen.
5. Fragen und Bemerkungen, Abklärungen im Gespräch, werden zunächst in der Lern- und Spielgruppe versucht: *Was hofft Maria? Was wir? Wie werden Marias Hoffnungen heute wahr?*
6. Nun malen wir Bilder aus unserem Inneren, zu denen uns Lied, Bibeltext und Gespräch anregen. Die Bilder malen wir mit Kohlestiften vor, vgl. ***BLk5.1***.
7. Gespräch.
8. Wir malen mit Farbe aus. Alte Zeitungen oder Folie unterlegen!
9. Gespräch in der Mal- und Singgruppe: *Was haben wir gemalt?*
10. *Wie stellen wir Lied und Bildinhalt der Großgruppe vor?* Überlegungen zur Präsentation.

Organisation
Altersstufen: Ab 3. Schuljahr, fortlaufend bis zum 12. Schuljahr.
Dauer, Struktur: Ein Projekttag, ein Vormittag; für den RU gilt: 3 Schulstunden, erste Schulstunde: Weg 1 bis 5: *Wie können Marias Hoffnungen heute wahr werden? Zweite Schulstunde*: Weg 6 bis 8; dritte Schulstunde: Weg 9 bis 10.

Tipps
1. Es ist gut, zuerst den Untergrund zu malen, auf den wir die Figuren auftragen.
2. Ab dem 7. Schuljahr wird das Lied *Ein kleines Mädchen* per CD vorgespielt oder in der Gruppe gesungen, ansonsten Bibeltext!
3. Das Bild malt unsere und Marias Utopien aus, vgl. ***BLk5.2*** und ***5.3***.
4. Zur Methode *Ein Großbild malen* Malkittel anziehen!
5. Gesprächsinhalte und Arbeitsformen entwickeln sich mit der Altersstufe weiter.

Weiterarbeit
Maria und Elisabeth können zu Zentralfiguren eines Gottesdienstes werden. Mehrere Bausteine, aus der Projektarbeit gewonnen, fließen zusammen, Aufgabenstellungen evtl. aus *G&K5.2 bis 5.3 gewinnen.*

Beispiel: Auf dem Weg nach Bethlehem I

BLk5.1
Kohlezeichnung,
Vorentwurf

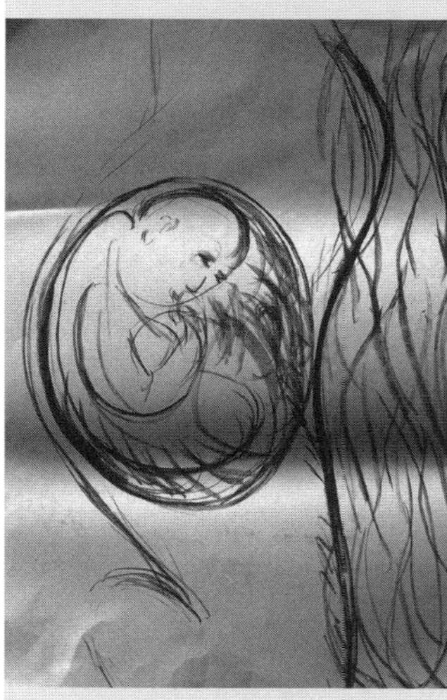

Im Bauche deiner Mutter,
Augen, Nase und Mund
sind schon so klar ausgebildet,
du Mensch aller Menschen,
Mensch im Bauch
deiner Mutter,
aus dem Bauch heraus
wirst du die Welt
verändern.

Beispiel: Auf dem Weg nach Bethlehem II

BLk5.2
Kindermund
und
Unsere Marienaktion
Bericht 1
und 2

In unserer Gruppe haben wir mit bunten Farben auf großen Stoffen gemalt. Am Freitag um 10.15 Uhr war es dann so weit. Alle Gruppen haben ihre Sachen, die sie in den zwei Tagen gemalt, geschrieben und gelernt haben, vorgeführt.
Ich habe gelernt, dass man sich immer wieder vertragen soll, und dass einer, wenn einer viel hat, teilen soll. Ich fand es sehr schön!

Auf unserem Bild ist allerhand zu sehen. Im Hintergrund gibt's gleich zwei große Bilder. Das Bild links zeigt die Welt, in der Maria lebt, in der wir leben: Häuser, Bäume, ein Garten, die Sonne lacht über allem. Das Bild rechts daneben zeigt eine große Frau, in Rot gemalt, sie hat einen dicken Bauch, darin ist das Kind, das geboren wird. Die Frau ist natürlich Maria. Der Himmel ist knallblau. Er zeigt durch seine Farbe, dass Gott Maria nicht im Stich lässt. Denn Blau ist die Farbe der Treue. Rechts die Gruppe singt gerade das Lied, das sie eingeübt hat: »Ein kleines Mädchen aus der Provinz«.

Beispiel: Normale Frau in einer normalen Welt

BLk5.3
In einer normalen Welt
Bildmeditation

Maria lebte, so haben wir uns gedacht, in einer normalen Welt: Häuser, Blumen, Gärten, Bäume, die Sonne. Dazu viele Adventslichter. Wir Vorschulkinder haben das Bild gemalt. Wir wollten damit ausdrücken: Gottes Licht kommt bestimmt in unsere Welt.

Lied

Ein kleines Mädchen aus der Provinz

Meine Seele erhebt den Herren

Text: Dieter Stork
Musik: Siegfried Fietz

© ABAKUS Musik Barbara Fietz, 35753 Greifenstein

Maria – und Milliarden Frauen nach ihr

Hinterglasmalerei und Texte
Gestaltung und Kreativität G&KLk5.2

Inhalt

Der *Lobgesang* der Maria und dessen überlieferte Überschrift. Die Überschrift *Lobgesang*, die sich betulich anhört, ist ein deutlicher Aufschrei der Frauenwelt, ein Protest gegen die Männerwelt, aus dem Glauben an Gottes Gerechtigkeit und Barmherzigkeit gegründet. Die Hoffnungen und Erfahrungen dieses Revolutionsliedes sollen in Hinterglasmalereien zum Ausdruck kommen. Anschließend wachsen aus dem Gruppengespräch Meditationen zu unseren Bildern.

Material

Einfache Glashalterrahmen, im Kaufhaus preisgünstig zu erwerben, im DIN A4-Format, Dispersionsfarben, leuchtender wirken Acrylfarben. Unterlegfolie, dazu grobe und feine Pinsel, Mischnäpfe, Kratzwerkzeuge.

Weg

1. Wir sitzen um einen großen Tisch herum, sodass eine Gesprächssituation entstehen kann. Malutensilien usw. liegen bereit. Das Ziel, unter *Inhalt* formuliert, wird bekannt gegeben.
2. Wir hören den Text, nach der *Methode Lehrhaus*, ***BLk3.1***. Jeder/jedem Teilnehmer/in steht ein Textblatt des biblischen Liedes zur Verfügung. Der Rahmen, in den Lk das Lied stellt, wird mitgeteilt.
3. Kurzes Rundgespräch: *Für welches Motiv entscheide ich mich? In Partnerarbeit? In Einzelarbeit?*
4. Wir malen unsere Hinterglasmalbilder, Partner- oder Einzelarbeit.
5. In den Trocknungsphasen machen sich die Partner an die Textgestaltung: *Welchen Meditationstext schreiben wir zu unserem Bild? Oder wollen wir die Kommentare der anderen abwarten?*
6. Fertigstellung der Bilder.
7. Gesprächsrunde zu unseren Bildern in der Arbeitsgruppe die Bilder liegen in der Stuhlkreismitte.
8. Weiterarbeit, Entwicklung der Meditationstexte; Vorlesen der Texte in der Arbeitsrunde. ↗***BLk5.4***; besser ist es, wenn eigene Texte entstehen.
9. Vorbereitung der Präsentation: *Wie stellen wir unsere Bilder vor?*

Organisation

Altersstufen: Ab 8. Schuljahr, bis hin zur Erwachsenenarbeit.
Dauer, Struktur: An einem Projektvormittag wird gemalt, die Meditationstexte werden geschrieben. Im schulischen Rahmen verteilt sich die Arbeit auf zwei Schulstunden. Weg 1 bis 6 werden in der ersten Schulstunde erledigt, evtl. mit 9 gekoppelt; 7 schließt in diesem Fall ab. Langes Gespräch über Bilder und Hoffnungen, in der zweiten Schulstunde!

Tipps

1. Es ist ein Vorteil der Glasmalerei, dass wir zunächst Figuren einmalen können.
2. Allerdings muss die Farbe anschließend trocknen.
3. Erst dann übermalen wir die gesamte Fläche mit den Farbwerten, die wir uns vorstellen.
4. Bitte wieder trocknen lassen – keine Fläche beim Übermalen auslassen!
5. Ritzungen und weitere Übermalungen sind möglich!
6. Das Glas wird mit der bemalten Seite in den Rahmenhalter zurückgefügt und verklammert.
7. Bitte etwaige Farbspuren auf der Oberfläche des Glases wegwischen. Das Bild ist fertig!

Weiterarbeit

Maria wird zur Zentralfigur eines Gottesdienstes. Die Hinterglasmalereien mit dem Lobgesang der Maria stehen im Mittelpunkt. Um die Hinterglasbilder im Gottesdienst einsetzen zu können, werden die Bilder als Dia fotografiert. Stille für Eigengedanken in der Fürbitte einplanen, die das Thema noch einmal bündeln, das Lied »Ein kleines Mädchen aus der Provinz«, S. 36 integrieren!

BLk5.4
Kein Krieg mehr zwischen Mann und Frau – Hoffnung auf ein Frauenzeitalter

Beispiel: Nicht Traum, reale Hoffnung!

Es herrscht ein Krieg der Geschlechter, der unbewusst auch in der Bibel mit erzählt wird. Wer die Urtexte zur Entstehungsgeschichte der Bibel in den ersten Kapiteln der Bibel untersucht, wird Spuren dieses Kampfes entdecken. Aber diese Berichte von der Vorherrschaft des Mannes, die viele Erzählschichten der Bibel bewusst darstellen oder unbewusst ausdrücken, tragen auch Spuren einer Frauenemanzipation: Eva wird Mutter alles Lebendigen genannt (Gen 3,21), was aus ihrem Mutterleibe hervorkommt, trägt Spuren der Befreiung in die Geschichte ein (Gen 3,14). Die Prophetin Mirjam singt das erste biblische Befreiungslied (Gen 15,21). Ihre Nachfolgerin, die Mirjam des Neuen Bundes, Maria, singt ein Loblied, das im Lied der Hanna, einer anderen großen Frau des Alten Testaments, sein Vorbild hat (1.Sam 2,1–10). Und unter dem Kreuz und am Grabe bleiben Frauen dem Gekreuzigten treu (Mk 15,1ff und 16,1ff).

I

Ich bin Maria, die Begnadete, eine Frau,
die Gott in eine Führungsrolle stellt?
Aus Schmach und Ignoranz, zur Ehre und Ansehen?
Mutter des Messias! Im Augenblick sieht es anders aus.
Sie verdächtigen mich, von wem das Kind
in meinem Bauche wohl sei? Gott, du machst mich stark:
Mein Bauch gehört mir, das Kind in ihm dir.
So einfach ist dieses Vertrauen: Ich, eine Schwangere, bin unantastbar, frei.
Gott kennt mein Sklavenelend, weiß um den Strudel,
in den ich als Schwangere ohne sichere Eheexistenz geraten bin.
Er weiß, in welcher Rolle ich stecke.
Er tritt an meine Seite, befreit mich von dem Druck und Misstrauen.
Gottes Engel umgibt mich, seine Flügel berühren mich,
Gottes Glanz und Ehre hüllen mich ein,
machen mich unverwundbar, damit ab jetzt alle Frauen befreit leben.

II

Gott, der Arme reich macht und Niedrige erhöht,
Gott, der Mächtige entmachtet
und Reiche leer ausgehen lässt,
ist auf meiner Seite. Ein Engel gießt Güte
und Liebe über mir aus,
berührt mich und schenkt mir Zukunft,
mir, einer verachteten Frau.
Güte, Liebe, Sanftmut werden meine Zeichen sein.
Ihr Männer setzt euren Fuß weiterhin auf Herd und Haus,
stellt eure Stiefel auf fremdes Eigentum,
marschiert durch die Weltgeschichte
und zieht eine Blutspur hinter euch her.
Ich, Maria, eine schwache Frau, werde stark sein aus Gott,
ich eine Arme, werde reich sein, in der Liebe stark.
Die Macht der Ohnmacht wird in mir aufstehen:
Wir Frauen, die ersten Befreiten der Schöpfung, Befreierinnen.

III

Ich Mirjam, ein hilfloses Wesen,
der gewalttätigen Männerwelt ausgesetzt,
und doch eine Powerfrau,
ermächtigt, ermutigt, erkoren.
Strahlenglanz umgibt mich, Strahlenglanz erfüllt mich.
Ich bin Mirjam,
die aus dem Dreck kam und Geschichte machte,
nicht die Geschichte der Mächtigen,
eher der Hungrigen und Armen.
Umkehr der Verhältnisse kündige ich an:
Wir unterdrückten Frauen sind im Kommen.

IV

Sie machten mich zur Hure,
zum Model, zum Markenzeichen, zur Reklamefigur.
Ich sollte jemand werden,
den sie benutzen und ausbeuten.
Gottes Engel berührt mich.
Gottes Engel spricht mit mir,
Gottes Engel macht mich zur Partnerin
von Mensch und Gott. Gott, ich danke dir.
Du gibst mir meine Würde zurück,
mein innerstes Wesen, mein Herz,
mir und allen Frauen dieser Erde.
Der Krieg gegen uns Frauen ist noch nicht
zu Ende, kommt aber an sein Ende, gewiss.

IV

Ich, Maria, bin eine einfältige Frau,
jemand mit wenig Chancen.
Und doch wehre ich mich:
Ihr Männer werdet euch wundern.
Ich, Maria, bekam ein Zeichen geschenkt.
Gott gab mir Kraft.
Der Kreis schließt sich, ihr Männer,
ich leuchte euch entgegen.
Früher habt ihr mich als Hexe verbrannt,
jetzt schließe ich euch eure Lebenskreise auf.

D. Stork, im Rahmen einer Projekt-FB des Grundschulseminars Rheine

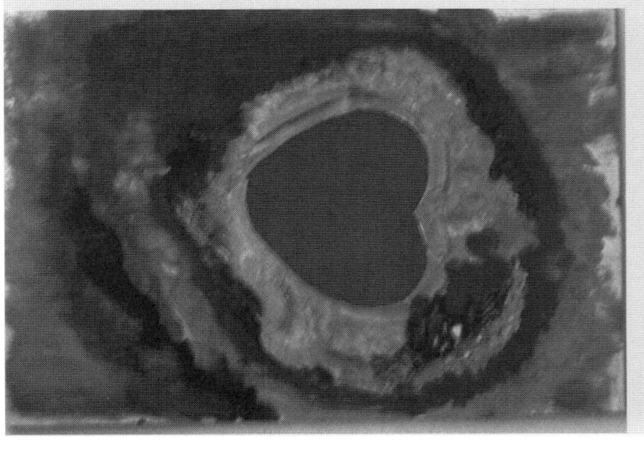

Geburten
Lukas 1,57–2,20

Zweiter Geschichtenkranz

Es folgt ein zweiter Geschichtenkranz. Den Ankündigungen folgen die Geburten. Auch hier wirkt der Vergleich überwältigend und überzeugend. Von der Geburt des Johannes wird kurz berichtet (Lk 1,57f), von der Geburt Jesu wird eine Geschichte erzählt, die in die Weltgeschichte einging (Lk 2,1–20). Übrigens werden beide Geburtsberichte – der des Johannes (Lk 1,57) und der Jesu (Lk 2,6) – fast gleich lautend erzählt.

Auch wenn wir den Bericht über die Beschneidung des Johannes einbeziehen (Lk 1,59–66) und den Lobgesang des Zacharias hinzunehmen (Lk 1,67–79), dazu den Abschlussvers über den Kindheitsbericht des Täufers (Lk 1,80), so bleibt in Bezug auf Jesus eine überwältigende Zahl von Berichten und Liedern, wie dies auch die Geschichten, die auf den Tempelbezug Jesu anspielen (Lk 2,21–38) – eine dritte Textgruppe –, zeigen werden.

Der Umfang des Erzählten nimmt sich gegenüber den Berichten der Täufererzählungen voluminös aus. Alles dreht sich um Jesus, Johannes ist und bleibt der Vorläufer.

*Unrecht, Krieg,
Hunger, Vernichtung
breiten sich aus.
Und doch warten
wir auf dich, du
Befreier aus Not
und Elend, der du
Frieden stiftest, weil
du der Friede bist.*

Lk6 – Namensgebung
Lukas 1,57–66

Ein Hoffnungsname

Der Text

Für Elisabeth kommt die Zeit der Geburt. Sie bringt einen Sohn zur Welt. Ihre Nachbarn und Verwandten freuen sich mit ihr, dass Gott so gut ist. Am achten Tage nach der Geburt wird ein Israelit nach der Sitte seines Glaubens beschnitten. Vom Penis wird die Vorhaut entfernt. Und gleichzeitig wird dem Kind an diesem Tage der Name gegeben. Das neu geborene Kind soll, so wollen es die Gäste, wie sein Vater Zacharias heißen. Die Mutter mischt sich ein: »Er soll Johannes heißen!« – »Es gibt überhaupt niemanden in deiner Verwandtschaft, der diesen Namen hat!« widersprechen die Gäste. Sie winken den Vater herbei, der noch immer stumm ist: »Was meinst du, wie soll er heißen?« Er bittet um ein Wachstäfelchen und um einen Griffel. Er schreibt die Worte: »Er heißt Johannes!«
Da wundern sich alle. Im gleichen Augenblick löst sich des Zacharias Zunge. Er kann wieder reden und singt ein Lied für Gott. Freunde und Nachbarn sind ganz schön geschockt. Im ganzen Gebirgsland von Juda spricht man von diesem Ereignis. Alle, die davon hören, fragen sich: »Was wird aus diesem Kind noch werden?«
Ja, Gott hält seine Hand über Johannes. Kein Wunder, wo *Johannes* doch heißt *Gott zeigt seine große Gnade!* Und wo so viele berühmte Männer, die für Israels Befreiung kämpften, vor diesem Kinde auch schon *Johannes* hießen. Das ist wirklich ein Hoffnungsname.

Der Name ist ein Programm

Der Jude Johannes

Zum Text

Johannes wird geboren und beschnitten (Lk 1,57–66). Beschneidung meint: Johannes gehört mit seinem Leben und seiner Verkündigung ins Judentum hinein, wie Jesus, der auch beschnitten wird (Lk 2,21). Beide, Johannes und Jesus, sind also Juden, gehören eindeutig zu diesem von Gott erwählten Volk.

Dreifaches Symbol

Die Johanneserzählung wird entfaltet: Mit Namensgebung und Beschneidung wird ein dreifaches Symbol vorgestellt (Lk 1,56–66): *Ein erstes:* Es ist die Mutter, die den von Gott angesagten Namen durchsetzt, während die Verwandtschaft den Vaternamen Zacharias vorschlägt. Wie in der Jesustradition gibt es auch in der des Johannes die Dominanz eines Frauenwillens, und zwar in Bezug auf die Namensgebung, weil der Wille Gottes es so will.

Johannes, *das ist das zweite Symbol,* heißt *Gott ist gnädig.* Während der Name Zacharias auf atl. apokalyptische Theologie zurückgewiesen hätte, wirkt im Namen »Johannes«, hebr. *Jochanan,* die Ankündigung des endzeitlichen Heiles. In dem Augenblick, da der Name, der den Gnadenwillen Gottes ansagt, ausgerufen wird, löst sich die Zunge des Zacharias: Die verstummte Priesterschaft beginnt wieder zu reden. Dieses Reden meint mehr als ein allgemeines Redenkönnen. Es meint den eschatologischen Jubel über den Gott, der sein Volk besucht, befreit und so die Verheißungen seines Bund einlöst, wie es Zacharias in seinem Lied singt (Lk 1,67–79).

Und welches ist das dritte Symbol? Es liegt in der Handlung der Beschneidung selbst. Die Beschneidung des Täufers meint ja nicht nur, dass der Täufer sozusagen als der letzte Prophet in den alten Bund hineingehört (Mt 7,11 ff). Die Beschneidung erinnert jeden Juden auch an den unauflöslichen Gottesbund. Bis heute ist die Beschneidung das Symbol für die Bestätigung des Bundes, den Gott mit seinem Volk unwiderruflich schloss.

Sachinfo

Der Name Johannes, ein Programm

Wenn wir ein Namenslexikon zur Bibel aufschlagen, sind wir über die Fülle der Namensangaben erstaunt. 23 Namen aus dem AT gibt das Kleine Lexikon der biblischen Eigennamen, herausgegeben von H. Schmoldt, Stuttgart 1990, S. 126, an. Es ist interessant und aufschlussreich, sich mit dieser Namenskette bekannt zu machen: 1. jüdischer Offizier, der sich mit Gedalja verbündet (2. Kön 25,23; Jer 40,8–15; 43,2–5); 2. Sohn des Königs Joschia (1. Chr 3,15); 3. Nachkomme des Königs Jojachin (1. Chr 3,24); 4. Priester (1. Chr 5,35f) und 5./6. Mitkämpfer Davids (1. Chr 12,5.13); 7. Torwächter im Tempel (1. Chr 26,3); 8. Offizier unter König Joschafat (2. Chr 17,5); 9. Vater des Offiziers Jischmaels (2. Chr 23,1); 10. Vater des Offiziers Asarja (2. Chr 28,12); 11. Exilsheimkehrer (Esr 8,12); 12. Raumbesitzer im Tempel zu Jerusalem (Esr 10,6); 13. Hoherpriester (Neh 12,11); 14. Israelit, der sich von seiner ausländischen Frau trennt (Esr 10,28); 15. Sohn eines Ammoniters (Neh 6,18); 16./17. Zwei Priester zur Zeit des Nehemia (Neh 12,13.42); 18. Vater des Mattatias, einer der Anführer im makkabäischen Krieg (1. Makk 2,1); 19. ältester Sohn des Mattatias (1. Makk 2,2; 9,35–42); 20. Gesandter zu Lysias, vielleicht gleich mit 19. (2. Makk 11,17); 21. Ein Jude, der im Freiheitskampf gewisse Freiheiten erreicht (1. Makk 8,17; 2. Makk 4,11); 22. Sohn des Simeon (1. Makk 13,53), wurde nach dessen Ermordung Führer der Juden im Befreiungskampf (134–104 v. Chr.) und Hoherpriester (1. Makk 16); 23. ein Ahnherr Jesu (Lk 3,27).

In der Summe bleibt unübersehbar: Fast alle Namensträger haben etwas mit der Befreiung Israels zu tun, kommen aus den Familien berühmter Krieger und Priester, die sich dem Befreiungskampf und der Erneuerung Israels widmen. Der Name Johannes, zumal mit dieser programmatischen Namensgebung verbunden, ist tatsächlich Programm.

Erst wird er stumm, dann singt er

Ein Theaterspiel entsteht
Gestaltung und Kreativität G&KLk6.1

Inhalt

Wir kennen die Geschichte schon, wenigstens ihren Anfang: Zacharias ist ein Priester. Er lebt in Jerusalem. Einmal im Leben darf er ins Heiligste gehen, um Gott zu dienen. Aber Zacharias erlebt ein ziemliches Drama. Er glaubt dem Engel nicht, was der ihm ankündigt: seine Frau Elisabeth, schon ziemlich alt, werde ein Kind zur Welt bringen. Und Zacharias? Erst wird er stumm, dann singt er. Denn das Kind kommt doch zur Welt, wie versprochen, und Zacharias ist der Vater des Kindes, das Johannes heißt. Und Elisabeth ist tatsächlich noch Mutter geworden. Diese Legende, die uns in der Bibel erzählt wird, wollen wir gestalten und spielen.

Material

Utensilien, die wir selbst ausdenken und zur Schule mitbringen. Was braucht ein Priester für ein Gewand? Wie ist das Volk gekleidet?

Weg

1. Lockerungsübungen, die zum Theaterspiel hin- und vielleicht verführen, unter *Beispiel* notiert.
2. Die Geschichte wird einfach unter Einschluss des Erzählabschnitts 2, erzählt; ↗*Tipps 1–3*.
3. *Welche Rollen, welche Spielabschnitte brauchen wir?* Abklärungen in der Arbeitsgruppe.
4. Rollenbesetzungen: *Je zwei von euch übernehmen eine Rolle. Aber wie geht es weiter?*
5. Die beiden Kinder tun sich zusammen, fixieren sich auf ihre Rolle, die sie zu zweit gestalten: *Eine/r von euch wird die/der Bildhauer/in, die/der auch zugleich die/der Sprecher/in ist. Die/der Andere spielt die Puppe, die die Bewegungen macht, die des/der Bildhauer/in lenkt.*
6. Vorstellung in der Gruppe, Gespräch in der Gruppe: *Was haben wir erlebt? Was war wichtig?*
7. Rollenwechsel: *Der Spieler wird zur Puppe, und umgekehrt.* Wieder Spiel, wieder Gespräch in der Gruppe. Spielentwicklung ↗***BLk6.1***.
8. *Wir bilden nun Erzähl- und Spielnester: Je zwei oder vier Kinder setzen sich zusammen, greifen einen Abschnitt der Geschichte heraus, den sie nun – in ihrem Nest – gestalten.*
9. Die verschiedenen Spielinseln fügen sich zu einem Spielgewebe zusammen.
10. Erst jetzt verkleiden wir uns zum Spiel mit den mitgebrachten Anziehsachen.
11. Generalprobe in der Gruppe, dann Spiel im Plenum.

Organisation

Altersstufe: Ab 3. Schuljahr, bis ins 8. Schuljahr. hinauf. Die Dialoge werden u. U. schärfer und witziger, je älter die Kinder sind!
Dauer, Struktur: Ein Projektvormittag reicht aus, um die Ereignisse zu entwickeln.

Tipps

1. Es ist wichtig, die Geschichte, die bei Lk auseinander genommen wird – zwischen der Ankündigung der Geburt des Johannes und dessen Geburtstagsfeier passiert eine Menge – wieder zu vereinen. Der erste Teil der Story, ***Lk2*** *Eine Geburt wird angesagt, das verändert die Lage*, wird in die Arbeitsgruppe zurückgeholt (1. Abschnitt Lk 1,5–25; 2. Abschnitt Lk 1,57–66).
2. Es gibt keinen Rollenspielplan, nichts, was die Kinder schriftlich fixiert hätten. Durch die schrittweise Identifikation mit der Spielgeschichte wächst die Szene aus den Kindern heraus.
3. Zu allen Schritten der Spielentwicklung gibt es unter ***BLk6.1*** konkrete Hinweise.

BLk6.1
Vom Text zum Spiel

Beispiel: Spieleröffnung und Spielentwicklung

1. Spieleröffnung fürs Theaterspielen

Wir beginnen mit dem Spiel: *Mein rechter Platz ist leer*. Alle sitzen im Kreis, ein Stuhl bleibt leer. Ein einfaches Kindergartenspiel eröffnet: Mein rechter Platz ist leer – und wer besetzt ihn, wer? Und kommt als Elefant usw. daher? – Der ...!

Der Genannte mimt einen Elefanten, während er sich auf den leeren Platz setzt. Er macht nun weiter. Wir spielen eine Tierrunde durch. Dann gehen wir zu Menschen über, z. B. ahmt die/der Platzbesetzer/in eine/n Lehrer/in nach usw. Für den Fall, dass die Geschichte schon bekannt ist, kann man das Spiel vorsichtig mit Figuren aus der biblischen Geschichte fortsetzen.

2. Spielentwicklungen

- *Rollen und Szenen – Rundgespräch*

Auf ein eröffnendes Rundgespräch sollte man nicht verzichten: Welche Rollen, welche Szenen brauchen wir? Wer tritt in welcher Szene auf? Am besten fassen wir das Ergebnis in einem Tafelbild zusammen.

- *Doppelbesetzungen*

Die angedachten Rollen doppelt zu besetzen, bringt Sicherheit für die Spieler/innen.

- *Bildhauer/in – Sprecher/in – Puppe*

Die Doppelbesetzung bleibt nicht in der Theorie, bzw. im Stotterdialog stecken. Der Dialog wird durch eine Möglichkeit der Gestalttherapie vorsichtig entwickelt. Eine der beiden Personen wird zur Bildhauerin/zum Bildhauer, die andere zur Puppe. Die/der Bildhauer/in formt und lenkt die Puppe, erfindet auch zugleich die Dialoge und spricht sie, während die Puppe nach den Lenkungsbefehlen der Bildhauerin/des Bildhauers die Bewegungen ausübt. Wichtig bleiben das anschließende Spiel und Gespräch in der Arbeitsgruppe. Dann gibt es den Rollenwechsel, Puppe und Bildhauer/in wechseln ihre Rollen, ebenfalls mit anschließendem Spiel und Gespräch in der Arbeitsgruppe.

- *Nestbildung*

Es werden Spielnester gebildet, in denen, sozusagen auf Inseln, einzelne Abschnitte der Erzählung zu Spielszenen verdichtet werden. Da die Doppelbesetzungen nicht aufgehoben werden, finden sich zumeist jeweils vier Kinder zu einem Nest zusammen. In dieser Nestsicherheit werden nun abschnittweise Spielproben entwickelt, die wir, zusammengefügt zu einem Ganzen, vorspielen. Die Abschnitte wurden vor Beginn der Kleingruppen in der Gesamtarbeitsgruppe festgelegt.

- *Verkleiden*

Erst jetzt werden die »Kostüme« ausgeteilt, die die Kinder selbst mitgebracht haben und unter denen sie zielsicher auswählen. Die Verkleidung bringt einen weiteren Schub innerer Freiheit, sich in die gewählte Rolle einzufühlen.

- *Und die Doppelbesetzung?*

Mit denen darf niemand lieblos umgehen. Bis zum Schluss wird in zwei Rollen gespielt, das erfundene Stück in immer wieder anderer Besetzung mehrmals! Auch können die Rollen von der Generalprobe zur Präsentation gewechselt werden. Es kommt noch zu weiteren Aufführungen, bei denen wieder beide Kinder berücksichtigt werden müssen. Es gibt eben keine Fehlbesetzungen!

Weiterarbeit
Oft geraten spontane Rollenspiele zu kleinen Kunstwerken. In einem solchen Fall ist es sinnvoll, die entwickelte Szene in weitere Zusammenhänge zu übernehmen. Es wäre schade, wenn das Stück in der Versenkung verschwände. Gottesdienste und Schulfeiern bieten sich zur Aufführung an. So kann es in der Adventszeit zu einem Johannes-der-Täufer-Gottesdienst kommen, in dem mehrere Elemente aus der Täufertradition zusammengebunden werden.

Im Fall eines solchen Projektes ist eine Verschriftlichung des Spieltextes sinnvoll. Die Schüler/innen bilden wieder ihre erprobten Nester, notieren ihren in der Spielrunde entstandenen Text und tragen ihn im Stuhlkreis vor. Die Gesprächsleitung darf sich bereits bei Generalprobe und Aufführung Notizen machen, um die Bonmots, die die Kinder bringen, nicht untergehen zu lassen. Im Plenum wird dann der *wahre* Texte entwickelt, aus den Nestertexten, den Ergänzungen der übrigen Kinder und denen der Gesprächsleitung.

BLk6.2
Er heißt Johannes

Beispiel: Namensgebung – So könnten wir spielen!

Gesellschaft zur Namensgebung im Hause des Zacharias und der Elisabeth

Vater des Zacharias *(zu Elisabeth)*:	Also, ich sage mal, dein Alter ist ja stumm wie ein Fisch, das ändert sich auch nicht, also, ich als der erste Anverwandte, der Opa väterlicherseits, meine: Das Kind muss einen Namen haben und ich bin da dran. Zacharias sagt keinen Ton. Und ich, aus der väterlichen Linie der Älteste, muss das jetzt entscheiden.
Erster Onkel:	Wer sagt das, dass du dran bist? Heutzutage haben die Frauen ein Wort mitzureden.
Vater des Zacharias:	Ausgeschlossen, das geht nun sicher nicht. Seit Generationen …!
Elisabeth:	Ich bin immerhin die Mutter. Ich habe doch nicht dreißig Jahre auf dieses Kind gewartet, um nun einfach nichts zu sagen.
Mutter des Zacharias:	Ich finde, Elisabeth soll zu Wort kommen. Sie hat schließlich das Kind zur Welt gebracht.
Vater des Zacharias:	Wie, du fällst mir in den Rücken? Typisch Frau.
Mutter des Zacharias:	Ich finde, du solltest unsere Tradition berücksichtigen, wir sind zwar eine uralte Priesterfamilie …
Vater des Zacharias:	Eben!
Mutter des Zacharias:	… aber wir Frauen haben immer auch in der Geschichte des Gottesvolkes mitgespielt. Vergiss das nicht.
Vater des Zacharias:	Auch das noch!
Mutter des Zacharias:	Du sprichst wie ein Halbstarker. Aber du bist 85, denk daran.
Vater des Zacharias:	Ich rede, wie ich will, und wenn unser Priesteradel sich in den letzten Generationen mehr dem normalen Volk zuneigt, ist das noch lange keine Schande. Ich spreche so, wie mir der Schnabel gewachsen ist.
Elisabeth:	Ich bin die Mutter, und ich will, dass der Vater zu Wort kommt.
Erster Onkel:	Wieso, der redet doch keinen Zipp.
Zweiter Onkel:	Stumm wie ein Fisch ist der.
Elisabeth:	Ich will aber, dass er redet.
Weiterer Onkel:	Da kannste lange warten.
Elisabeth:	Dummkopf. Man kann auch reden, wenn man nicht sprechen kann. Zacharias kann doch schreiben.
Mutter des Zacharias:	Das scheint denn wohl das Beste zu sein.
Man reicht Zacharias ein Wachstäfelchen. Zacharias schreibt.	
Elisabeth *(liest vor)*:	*Er heißt Johannes.* Das hat er geschrieben. Dabei bleibt es.
Mutter der Elisabeth:	Wenn er das so will.
Erster Onkel:	Das geht auf keinen Fall.
Zweiter Onkel:	Was geht auf keinen Fall?
Dritter Onkel:	Na, dieser Name!
Zweiter Onkel:	Und warum nicht, Verehrtester?
Dritter Onkel:	Der Name ist zu anrüchig.
Elisabeth:	Anrüchig?

Dritter Onkel:	Alle Johannesse, die wir bisher hatten, hatten etwas mit der Revolution zu tun, mit Befreiungskämpfen. Denk nur an unsere Geschichte!
Mutter des Elisabeth:	Johanan – Gott hat Gnade erwiesen! Ein wundervoller Name!
Vater des Zacharias:	Geschrieben ist geschrieben! Zacharias ist der Vater, er gibt den Namen.
Dritter Onkel:	Wenn das man gutgeht! Niemand in unserer Familie hieß bisher so!
Zweiter Onkel:	Da werden wir ja noch viel zu erwarten haben!
Erster Onkel:	Wieso, muss doch immer alles gleich mit `ner Revolution anfangen. Kann doch auch mal ganz anders losgehen, oder?
Elisabeth:	Also, da steht's: *Er heißt Johannes!* Keine weiteren Diskussionen! Und im Übrigen, Zacharias redet, hört ihr's nicht? Da scheint sich echt was zu tun!
Dritter Onkel:	Ein neues Zeitalter, irgendwie was vollkommen Neues!
Elisabeth:	Still, Zacharias singt!

Wer spielen will, muss den Mut haben, aus seiner Haut herauskommen zu wollen.
Wer weiß, vielleicht werde ich im Spiel ein ganz anderer, neuer Mensch?

Der Name ist ein Programm, ein Hoffnungsname!

Ohne zu reden Stellung nehmen – Schreibspiel
Gestaltung und Kreativität G&KLk6.2

Inhalt

In unserer Geschichte, wie sie Lukas erzählt, werden Namen, vor allem ein Name: Johannes, wichtig. Dieser Name hat eine Bedeutung. Gott will mit dem Namen, den ein Kind erhält, etwas sagen. Die Menschen erinnern mit der Namensgebung an ein Versprechen, das sie Gott gaben bzw. das er ihnen gab.

Auch in unserem Leben spielen Namen eine Rolle. Jeder hat einen. Wir haben oft sogar mehrere Namen, wir tragen die Namen unserer Eltern, Großeltern, Paten. Viele wissen, warum sie einen bestimmten Rufnamen tragen. Die Eltern haben es ihnen erzählt.

Wir möchten uns an unsere Namen erinnern, sie aufschreiben und einen oder einige Sätze dazu schreiben. Anschließend reden wir über unser Schreibspiel. Dem Plenum stellen wir unser Schreibspiel vor, indem wir unser Plakat zeigen und erläutern.

Material

Große Filzer oder Kohlestifte, die auf dem Boden liegen. Dort ist auch ein großer Papierbogen ausgebreitet, mindestens 4 mal DIN A1 groß, auf dem steht: *Er heißt Johannes* (in roter Schrift). und daneben oder darunter: *Johannes heißt: Gott ist gut zu uns* (in blauer Schrift).

Weg

1. Wir sitzen im Stuhlkreis um unser Plakat herum und betrachten, was dort geschrieben steht.
2. Ein Kind erinnert an die Geburtsgeschichte, die von Johannes handelt, und erzählt.
3. Andere Kinder ergänzen, was sie wissen oder lesen: *Der Name Johannes hatte eine Bedeutung: Gott ist gut zu uns! Auch unsere Namen sagen etwas von uns …!*
4. Die Gesprächsleitung führt ein: *Ich lade euch ein, euren Namen hier auf dieses große Blatt zu schreiben. Wir schreiben nur, wir reden nicht! Was schreiben wir? Unsere Namen, Erklärungen, Fragen an jemand anderes, Bemerkungen usw.*
5. Es folgt ein stilles Schreibspiel, in dem wir schreibend von uns und unseren Namen erzählen. ***↗BLk6.3***
6. Aufhebung des Schweigens, offenes Gespräch: *Was ich sonst noch sagen wollte.* Die Gesprächsleitung hat die Aufgabe, darauf zu achten, dass diese Phase knapp gehalten wird und nicht verflachend ausufert.
7. Rückbindung durch die Gesprächsleitung an die Geschichte von der Geburt des Johannes: *Gott hat auch mit jedem von uns etwas vor.*
8. Der Leiter schreibt ein Bibelwort auf das Plakat, dorthin, wo noch Platz ist: *Ich habe dich bei deinem Namen gerufen. Ich habe dich befreit. Du gehörst zu mir!* Das ist ein Wort eines Propheten zu Menschen seiner Zeit, die große Angst um ihre Zukunft hatten (Jes 43,1). Die Gesprächsleitung fordert die Kinder auf, sich zu äußern.
9. Das geschieht durch die Fortsetzung des Schreibspiels.
10. Auswertungsrunde: *Was nehme ich mit nach Hause?*

Organisation

Altersstufe: Ab 3. Schuljahr
Struktur: Entfaltung innerhalb eines Projektvormittags. Wird das Spiel in den normalen Unterrichtsablauf übernommen, schlage ich eine Verteilung auf zwei Schulstunden vor. Die Schritte 1 bis 6 sollen in der ersten, die Schritte 7 bis 10 in der zweiten Schulstunde entwickelt werden.

Tipps

1. Das Spiel erfordert eine dichte Atmosphäre, Offenheit und Vertrautheit der Schüler/innen untereinander.

2. Die unter ***BLk6.3*** vorgestellte Schreibmeditation ist keine Demonstration der unter ***G&KLk6.2*** vorgestellten Inhalte. Sie möchte zeigen, welche Möglichkeiten aus einem Schreibspiel erwachsen können und wie.

Weiterarbeit 1

1 Nachdem das Schreibspiel im RU oder auf einem Projekttag eingesetzt wurde, kann es zum gleichen Thema in einem Kinder- oder Familiengottesdienst entwickelt werden. Es gibt in diesem Fall mehrere Schreibspielgruppen. Reizvoll ist es, wenn Erwachsene und Kinder sich in einer Schreibspielgruppe als gleichberechtigte Partner zusammenfinden.

Weiterarbeit 2

2 Einige Experten setzen sich zusammen, werten das Schreibspiel aus und entwickeln aus diesem Konglomerat eine kleine Szene, ↗***BLk6.2***.

BLk6.3
Schreibgespräch, Schreibspiel

Beispiel: Denkend schreiben – schreibend reden

Wir sitzen im Stuhlkreis um ein großes Plakat herum. Filzer und/oder Kohle liegen auf dem Papierbogen. In unserem Fall steht in einer Weltkugel der provozierende Satz: »Unsere Welt ist schön!« Wir erweitern und ergänzen, stellen Fragen, machen Bemerkungen. Aber es wird nur geschrieben, nicht geredet.

Erst wenn wir das Gefühl haben, dass wir alles geschrieben haben, was wir sagen wollten, wird das Schweigen aufgehoben. Es folgt eine Äußerungsrunde: *Wir berichten, wie wir uns beim Schreibspiel gefühlt haben.* Es darf auch eine weitere thematische Auswertungsrunde, nun als Gespräch untereinander, folgen.

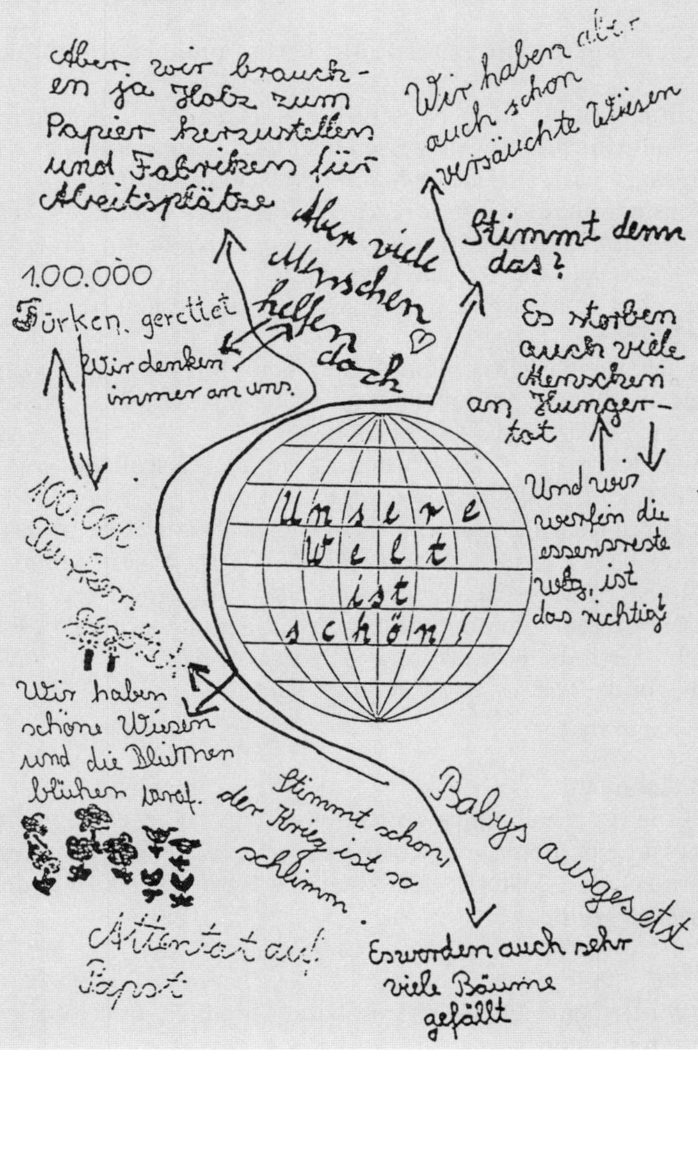

Lk7 – Nichts Vorläufiges vom Vorläufer
Der Lobgesang des Zacharias
Lukas 1,67–79 (80)

Du erinnerst dich an deinen heiligen Bund

Der Text

Zacharias, erfüllt von heiligem Geist,
schaut in die Zukunft und singt:
Ich lobe dich, du Gott Israels.
Du kommst zu deinem Volk
und befreist es.
So, wie an deinem Altar
an allen vier Ecken Hörner aufragen,
Zeichen, die die vier Himmelsrichtungen
und damit deine unumstößliche Welt-
herrschaft ausdrücken,
so machst du die Nachkommen
deines Knechtes Davids
zu einem Zeichen, dass du uns, deine
Menschen, befreien wirst.
So gabst du es durch deine heiligen
Propheten bekannt, von Anfang an.
Du wirst uns
von unseren Feinden befreien,
wirst uns aus der Hand derer,
die uns hassen, herausholen.
Du erinnerst dich, du warst
barmherzig zu unseren Vorfahren.
Du erinnerst dich
an deinen heiligen Bund.
Du hast unserem Stammvater
Abraham Treue geschworen.
Du willst, dass dieser Schwur
bis heute gilt, uns, deinen Kindern.
Wir möchten dir dienen, dir, Gott,
ohne Angst, ein Leben lang,
aus fremder Feinde Hand befreit.
Heilig und gerecht
soll unser Leben werden,
jeden Tag aufs Neue.
Dich, Kind, wird man
einen Propheten des Höchsten nennen.
Du wirst vor dem Herrn vorhergehen,
ihm den Weg bereiten.
Sein Volk wirst du informieren.
Wir erkennen:
Heil wird den Menschen geschenkt,
Schuld wird vergeben.
Denn Gott erbarmt sich
aus tiefstem Herzen, er besucht uns.
Er steigt hernieder aus der Höhe,
kommt in unser dunkles Elend.
Er wird zum Licht, er leuchtet denen,
die in Finsternis
und Todesschatten sitzen.
Er richtet unsere Füße
auf den Weg des Friedens.

Chancen auf eine geheilte Welt

Lobgesang

Zum Text

Der Gottesbund wird im folgenden Lobgesang besungen. Der Psalm ist im anthologischen Stil abgefasst (Lk 1,68–79).

Sachinfo

Anthologischer Stil
Die Art, aus bereits vorhandenen Psalmenteilen einen neuen zusammenzusetzen, nennt man den *anthologischen Stil.* Neben Psalmentexten werden auch andere atl. Textstellen einbezogen. In dieser Art ist der Lobpsalm des Zacharias gebildet (Lk 1,68–79). Diese aus bisherigem Psalmenmaterial ausgeführten Psalmen wollen sagen: Der Bund Gottes kommt aus der Vergangenheit, reicht in die Gegenwart hinein und wird die Zukunft zu Gottes Reich umformen. Es ist der eine Bund Gottes mit seinem Volk, den Gott in der Vergangenheit stets erneuerte. Davon singt der Lobpsalm des Zacharias: Der von Gott dem Mose und den Propheten gesandte heilige Gottesgeist wirkt mitten unter uns! Darauf macht schon die Einleitung aufmerksam (V. 67).

Anthologischer Stil meint: Die Verarbeitung vorhandener Textteile aus Psalmen der Vergangenheit, in der Gott ja nachweislich wirkte, garantiert das Wirken des Gottesgeistes in der Gegenwart. Der Zachariaspsalm, der sich aus den Hoffnungen der Vor-Jesuszeit speist und/oder von Lk ent-

Sachinfo

sprechend nachgedichtet wurde, enthält folgende Anspielungen auf atl. Texte:

V 68: Ps 41,14; 72,18; 106,48; 111,9;
V. 69: Ps 132,17;
V. 71: Ps 136,24;
V. 72: Lev 24,42; Ps 106,45;
V. 73: Ps 105,8–9; Mich 7,20;
V. 74: Gen 22,16–18;
V. 76: Jes 40,3; Mal 3,1;
V. 78: Mal 3,20; 4,2; Jes. 60, 1f;
V. 79: Jes 6,14; 9,2; 11,6; 42,7; 49,6; 58,8.

Mitte des neu gebildeten Psalms ist – die Beschneidungsszene bildet dazu die schönste Analogie – der Glaube, dass der Bund Gottes mit seinem Volk bestätigt und neu ausgerufen wird. David- (V. 69) und Abrahambund (V. 73) werden erwähnt, der Väterbund insgesamt (V. 72). Auch an die Propheten und ihre Verkündigung wird erinnert, die den Gottesbund in ihre Predigt aufnehmen (V. 70). Die Rettung und Wiederherstellung Israels ist das Ziel des Bundes, die Befreiung vom Feind (V. 74). Zum Schluss werden Wendungen aus der Prophetenliteratur aufgegriffen: *Und richte unsre Füße auf den Weg des Friedens* (V. 79).

Der Psalm ist nicht messianisch geprägt, jedenfalls hat er keine apokalyptischen Tendenzen. Er sieht zunächst eher nach einem »braven« Theologenpsalm ohne Risiko aus. Dennoch tritt er mit einer starken Hoffnung auf: Der Gottesbund wird sich vollenden. Gott kommt! Also wird doch eine eschatologische Zukunftsperspektive angesprochen. Zumindest im zweiten Teil herrscht ein religiöses, soziales und politisches Aufbruchsklima vor. Johannes der Täufer wird mit der Vorbereitung auf die Wiederherstellung des Gottesreiches betraut. Eine eingeschobene Weissagung seines prophetischen Wirkens drückt dies aus (V. 76). Die Zitation (aus Mal 3,1; Jes 40,3ff) klingt auch bei anderen ntl. Schriftstellern an. Sie wurde vor ihrer christlichen Nutzung in Täuferkreisen auf den Täufer gedeutet: er werde der unmittelbare Prophet vor der Ankunft Gottes sein (V. 76; Mt 11,10; vgl. Apg 13,24, vgl. Mal 3,1; Jes 40,3ff). Zum *anthologischen Stil* vergleiche D. Stork, Zukunft, die heute beginnt, und Mein Lachen in der Angst. Die Psalmen ausgelegt (2 Bände), Bd. 1, S. 153ff; Bd. 2, S. 11.151ff, Stuttgart 1992.

Bundespsalm

Der Lobgesang des Zacharias (Lk 1,68–79) wurde aus dem AT, vor allem aus Psalmengut, »gesponnen«. Er wurde im anthologischen Stil geschrieben: Gottes Kraft und Heil kommen in trüber Gegenwart, die vom Gottesgeist entleert scheint, dennoch an. Aus der Vergangenheit wird Gottes gegenwärtiges Wirken erneuert. Der Geist macht Mut, dem Gottesbund zu vertrauen. Gott wird kommen und seine Herrschaft aufrichten. Das singt der Psalm, von diesem Thema lässt er nicht. An Johannes dem Täufer wird das ankommende Gottesheil festgemacht.

Vorläufer, oder?

Johannes wird in den Texten als der Vorläufer vorgestellt. Er habe dem Herrn den Weg bereitet.

Während in der ursprünglichen Johannestradition Johannes als der Wegbereiter Gottes vorgestellt wird, der aus und nach dem Wirken des Täufers kommen wird, prägt die christliche Tradition diese Vorstellung um: Johannes ist der Vorläufer des Herrn Jesus Christus.

Sieht Jesus das anders? Das Reich Gottes, so sagt er, leide seit den Tagen des Johannes Gewalt, Gewalttätige rissen das Himmelreich an sich. Niemand sei größer als Johannes. Dennoch, der Kleinste im Himmelreich sei größer als Johannes (Mt 11,11–14). Jesus drückt so den Bruch mit allem Bisherigem aus. Das Reich Gottes, wie er es verkündet und lebt, meint den radikal neuen Anfang Gottes mit seinen Menschen.

Die Botschaft des Psalms

Und wenn wir diese urchristliche Ideologie weglassen und uns auf den Täufer als eine charismatische Persönlichkeit beschränken, ohne die der Messias Jesus nicht denkbar wäre?

Wenn wir erkennen, dass der Vorläufer nichts Vorläufiges an sich hat, eher die Kraft des Revolutionären in sich trägt, einer Revolution, die neben dem Himmel auch die Erde meint? Ein Rufer in der Wüste, der uns auffordert, Frieden und Gerechtigkeit zu wagen. Einer, der uns aus dem Hass befreien möchte und unser aller Barmherzigkeit herausfordert?

Feinheiten

Der Psalm muss mit all seinen Feinheiten gelesen werden. Das Heil macht sich an David fest. In seiner Person wird alle Befreiung angesagt. Es ist eine Befreiung von einem Feind, der Angst und Schrecken verbreitet. Aber dieser Befreiungskampf wird nicht mit Waffen geführt. Davon sagt das Lied nichts. Das Erbarmen Gottes fordert uns Menschen heraus: *Schuld wird vergeben, eine neue Zukunft geschenkt.* So singt das Lied, das ja dem Kind Johannes gilt, von Befreiung, die auch die geschichtliche Lage mitbedenkt, aber doch die Umwandlung der Geschichte in eine Heilsgeschichte meint: Befreiung zielt auf die Befreiung von Schuld und die Wiederherstellung des immer gültigen Gottesbundes zum Frieden ab. Dass Gott Wohnung mitten unter uns Menschen nimmt, das ist die Sehnsucht, die diesen Psalm durchzieht.

Zwei Psalmteile

Wenn wir genauer hinsehen, entdecken wir zwei verschiedene Psalmteile. Der erste (VV 68–75) besingt auf allgemeine Weise die Befreiung Israels, ein Psalm im anthologischen Stil. Das griechische Wort *soteria*, »Befreiung«, »Erlösung«, »Heil«, kommt zweimal im Text vor, mehrfach, wenn wir verschiedene andere Wortbilder, die im Text stecken, hinzuzählen.

Der zweite Psalmteil (W 76–79) widmet sich dem Kind, redet es an, macht die Verheißungen an ihm fest, während der erste Psalmteil auch ohne den Johanneshintergrund verstanden werden kann.

Spielen, tanzen, agieren – in jedem Fall wird nicht nur der Kopf des Menschen beansprucht, mit Kopf, Herz und Hand wird das Leben erspielt, ersungen, ertanzt. Symbole, die wir selbst gestalten, die wir selbst sind, entschlüsseln uns die Welt.

Nicht eine heile, aber eine geheilte Welt

Tanzpantomime mit Musik
Gestaltung und Kreativität G&KLk7.1

Inhalt

In unserer Erzählung wird ein Lied gesungen, dessen Melodie wir nicht kennen. Dennoch bietet es sich an, zu diesem Lied einen Tanz auszudenken. Unser Tanz soll das Lied, das von einer anderen Gruppe vorgetragen wird, umrahmen. Wer tanzt mit?

Material

Ein großer Raum, CD-Spieler, Musik-CDs (Auswahl, am besten klassisch, z. B. »Air« von J. S. Bach, »Wassermusik« von G.F. Händel), Seidenschals, am besten in mehreren Farben (rot, grün, gelb, blau usw.), Teelichter, Klanghölzer und andere Schlaginstrumente.

Weg

1. Stuhlkreis: Zuhörrunde. Der Lobgesang des Zacharias wird vorgelesen. Dazu hat jedes Kind den Text des Psalms in der Hand. *Zum Zuhören bitte das Blatt zur Seite legen!* Vortrag!
2. Erzählrunde zum Psalm: *Was habe ich behalten? Was hat mich beeindruckt? Was hat mich verwundert?* Die Kinder versuchen, den Psalm in eigener Regie zu erläutern. *Methode:* Schülerorientiertes Gruppengespräch, ***BLk7.2***.
3. Vertiefendes Gespräch. Die zwei Schwerpunkte des Psalms werden herausgestellt: *Die Befreiung wird erhofft; die Geburt des Befreiers wird besungen!*
4. *Diesen Psalm möchten wir tanzen.*
5. Entwicklungen wie unter ***BLk7.3*** angegeben, zunächst *Spieleröffnung, Eröffnungsideen.*
6. Tanzentwicklungen, wie unter ***BLk7.3*** vorgeschlagen, *Ideen zur Entwicklung.*
7. Abschließender Stuhlkreis: Tanz, Psalmlesung, nun durch Kinder, Tanz!

Organisation

Altersstufen: Ab 3. Schuljahr bis zum 10. Schuljahr; Die Stilmittel, z. B. Musik, müssen sich der entsprechenden Altersgruppe anpassen. Ab 8. Schuljahr bringen die Jugendlichen ihre eigene Musik mit! Vorsicht: Es darf nicht zu viel Zeit mit dem Heraussuchen der Musik vergehen!

Struktur: Ein Projektvormittag! Wird das Vorhaben in den Schulalltag verlegt, sollen für das Arbeitsvorhaben zwei Schulstunden ausreichen; Weg 1 bis 3 in der ersten, Weg 4 bis 7 in der zweiten Schulstunde.

Tipps

1. Da sich die zweite Gruppe auf die Entfaltung der Inhalte des Textes spezialisiert, kann es in unserer Arbeitsgruppe bei einem lockeren Bekanntwerden mit dem Bibeltext bleiben.
2. Dennoch ist nicht auf die Darbietung und das zum Psameninhalt hinführende Vorgespräch zu verzichten.
3. Es ist sinnvoll, vor die Darbietung des Psalms und das Gruppengespräch Tanz- und Rhythmusübungen zu setzen, um so von vornherein den ganzheitlichen Charakter dieser Arbeitseinheit zu betonen.

Weiterarbeit

Die Präsentation des Tanzes in einer Schulfeier oder in einem Gottesdienst ist gut möglich. In jedem Fall sollten der Bibeltext, die Nachgestaltungen der Kinder sowie die Tanzeinheiten aufeinander bezogen bleiben.

BLk7.1
Kindermund

Beispiel: »Ja, wir wollen es!«

Ein schriftlicher Bericht: Erst bekommt jeder einen Zettel. Man kann sich aussuchen, in welche Gruppe man will. Man kann drei Sachen auswählen, was man am liebsten tut. Dann bin ich in die Gruppe gegangen, wo ich am liebsten hin wollte, tanzen und musizieren. Wir haben mit Frau G.'s Gruppe zusammen gearbeitet. Sie machte ein Theater und wir machten Musik dazu. Als Frau G.'s Kinder fertig waren, tanzten wir einen Tanz. Frau B. hat nicht geholfen. Frau B. hat uns erklärt, wie wir es machen können. Bei der Vorführung hat alles geklappt.

Ein anderes Kind schreibt: Wir haben ein Fest gemacht. Wir mussten als erstes zuhören. Als erstes hat Frau B. gesagt: »Wir tanzen!«. Wir haben geantwortet: »Ja, wir wollen es!« Alle wollten es. Wir haben Tanzen geübt und mit Instrumenten gespielt. Dann haben wir nach Musik getanzt.

BLk7.2
Schüler-orientiertes Gruppengespräch

Beispiel: Die Gruppenleitung wird zur Zuhörerin

Das *schülerorientierte Gruppengespräch* lässt sich am besten einüben, wenn die Schüler/innen im Stuhlkreis sitzen. Die Gesprächsleitung setzt diese Methodik ein, wenn er darauf vertraut, dass die Schüler/innen ohne seine Steuerung das Gesprächsziel erreichen können. Die Schüler/innen melden sich und nehmen sich untereinander dran. Wer zu Ende geredet hat, nimmt den dran, der sich als erster nach dem jetzt gerade Sprechenden meldete. Das muss eingeübt werden, da Schüler/innen oft lange zögern und ihre Freund/innen bevorzugen. In unserem Fall geht es um die Deutung des *Zachariaspsalms*. Die Gesprächsleitung wartet ab, was aus der Gruppe kommt. Die Gesprächsleitung greift nicht ein, auch wenn ihr die Deutungen unpassend zu sein scheinen. Sie darf aber zum Widerspruch ermutigen: *Ich bin gespannt, wie andere das sehen!* Auf Doppelungen macht sie, wenn sie sich allzu sehr häufen, aufmerksam. ↗**BLk11.3**

BLk7.3
Tanz-pantomime

Beispiel: Tanzen nach Musik – selbst erfinden

1. Spieleröffnung – *Eröffnungsideen*

Um die Kinder der Tanzgruppe einzustimmen, wird unterschiedliche Musik aufgelegt. In einem großen Raum bewegen sich die Kinder zunächst ohne Musik, später dann zu einer vom CD-Player gespielten Musik. Hilfsmittel sind *große, fließende Seidenschals*, die (zur Musik) ausladend geschwungen werden, und *brennende Teelichter*, die ebenfalls (zur Musik) bewegt werden, dazu auch Klanginstrumente, *Klanghölzer*, die im Tanzen rhythmisch aneinander geschlagen werden. Bitte bei der Bewegung des Schals und des Teelichtes sowie beim Schlagen der Klanghölzer die Körperbewegungen nicht vergessen! Anschließend Gesprächsrunde: *Wie habe ich mich gefühlt? Was gelang gut, was weniger gut?* Danach: Weiterentwicklung des Tanzes, weitere Übungen der Kinder.

2. Ideen zur Entwicklung der Tanzpantomime – *Und die Tanzmariechen?*

Die Überschrift wurde bewusst gewählt. Einige Kinder der Klassen 3 erhalten Ballettunterricht oder wirken in einer Karnevalsvereinigung als Tanzmariechen mit. In der Regel melden sich diese Kinder im Rahmen eines Projektes zu einem Tanzvorhaben ganz bewusst. Sie haben meist Vorerfahrungen. Diesen Kindern überlässt man selbst die Führung. Nur die Musik wird am besten vorher ausgesucht: *»Air« von J.S. Bach* für den ersten, besinnlichen Einstimmungstanz, *G.F. Händels »Wassermusik«* als abschließende Geburtstagsmusik. Die Musik rahmt die von den Kindern entwickelte Szene ein und untermalt sie.

Ich lobe dich, Gott – Loblied des Zacharias heute

Schreibversuche
Gestaltung und Kreativität G&KLk7.2

Inhalt

Zacharias hat ein *Lebenslied* gedichtet und vorgetragen. Es ist ein *Freudenlied.* Zacharias freut sich, dass ihm und seiner Frau, obwohl sie beide schon alt sind, noch ein Sohn geschenkt wurde. Für Zacharias ist diese Geburt ein Zeichen, dass Gott seinen Menschen helfen wird.

Was Zacharias kann, könnt ihr auch. Wer hat Lust, ein Lebenslied zu schreiben, mit dem er seine Freude ausdrückt? Ihr könnt in eurem Lied an Zacharias, Elisabeth und Johannes erinnern. Ihr dürft aber auch aus eurem eigenen Leben oder aus eurer Umwelt ein Lied dichten. Zum Schluss werden alle Lieder auf eine große Plakatwand aufgeklebt und der ganzen Gruppe vorgetragen.

Material

Große Bögen (weißes Papier, DIN A4 bis DIN A3) und Kohlestifte (sind besser als Filzstifte). Man kann mit ihnen zusätzlich zum Text kleinere Skizzen und Zeichnungen anbringen. Außerdem lässt sich ein Text oder Strich, der nicht gefällt, wieder wegwischen. Möglich sind auch Wachsmalstifte und Kreiden. Wir benötigen eine Rolle Packpapier, auf der die Blätter mit unseren Psalmgedichten aufgeklebt werden (das Packpapier wird auf dem Boden ausgerollt); Papierkleber; Rückwand eines aufgebrauchten Zeichenblocks. Außerdem brauchen wir Teelichter, hier vor allem für das Spiel *Ich wünsche mir ...,* ***↗BLk7.6***

Weg

Wir sitzen im Stuhlkreis. In der Mitte liegt der ausgerollte Bogen Packpapier. Auf dem Boden liegen auch die DIN A3- und DIN A4-Bögen, dazu die Kohlestifte.

1. Wir hören den Zacharias-Psalm, ausdrucksvoll vorgestellt oder in der Gruppe erarbeitet, gemäß ***BLk7.2***. Dabei wird vorher knapp beschrieben, wie Lukas den Psalm in seine Erzählung einbindet.
2. Kurzes (!) Rundgespräch, in dem Textschwierigkeiten usw. geklärt werden. In Auswahl können die unter ***BLk7.5*** angebotenen Methoden genützt werden.
3. Es folgt sofort die Schreibphase: *Ich lade euch ein, allein oder in Partnerarbeit einen Psalm zu schreiben. Ihr könnt euch von Zacharias anregen lassen. Ihr könnt aber auch an euer eigenes Leben denken und einen Lobpsalm aus eurem Leben dichten. Oder ihr möchtet mit eurem Text andere Menschen daran erinnern, sie sollten über dieses und jenes nachdenken und miteinander Gott loben!*
4, Die fertigen Texte legt ihr auf die Packpapierrolle! Wenn alle ihren Psalm notiert haben, möchten wir uns unsere Gebete oder Lieder vorlesen. Die Vorlese- und Meditationsphase wird nach der Methode *Ich wünsche mir ...!* ***BLk7.6*** durchgeführt.
5. Es schließt sich die zweite Meditationsrunde an – wenn noch Kraft dazu und Zeit übrig sind, *Was lasse ich da, was nehme ich mit nach Hause?* ***BLk7.7.***
6. Erst nach diesen beiden Runden wird die Präsentation vorbereitet: In der Präsentation wird eine Auswahl der Psalmen vorgestellt. *Welche Schüler/innen lesen welche Texte?* Die Gruppe entscheidet.

Organisation

Altersstufe: Ab 4. Schuljahr aufwärts, bis ins Erwachsenenalter hinein.

Dauer, Struktur: Ein Projektvormittag, Schritte 1 bis 5 finden am ersten Tag statt. Schritt 6 kann getrennt davon entwickelt werden, die Vorbereitung der Präsentation. Schritt 7, kann getrennt davon entwickelt werden. Wird das Projekt in den Schulalltag verlegt, sollten die Schritte 1 bis 5 zusammenbleiben, Schritt 6 kann davon getrennt werden. Am besten organisiert man für die Schritte 1 bis 5 eine Doppelstunde.

Tipps

1. Es ist gut, zum Schreibspiel *Psalmenentwicklung* eine größere feste Pappunterlage bereitzuhalten (Rückwand eines aufgebrauchten Zeichenblocks, dient evtl. als Unterlage beim Entwerfen des Psalms).
2. Beim Psalmenschreiben kann in Partnerarbeit gearbeitet werden. Einzelarbeit ist möglich.
3. Es ist erlaubt, sich zum Entwerfen des Psalmengebets auf den Raum zu verteilen oder auf den Plätzen sitzen zu bleiben. Auf jeden Fall sollen sich die Partner/innen ein Nest bauen, sozusagen einen Raum im Raum, eine Arbeitsecke, in der sie sich auf ihre gemeinsame Arbeit konzentrieren können. Es soll eine ungezwungene Atmosphäre entstehen, bei der leise gesprochen wird. Alle bleiben im Arbeitsraum.
4. Es ist möglich, nicht nur zu schreiben, sondern Mal-Schreibbilder zu entwickeln, Texte, die wir bildnerisch ausschmücken, ganz frei.
5. Leise Musikuntermalung mit ruhiger, meditativer Musik ist während der Schreibphase möglich.
6. Es ist wichtig, dass jede Gruppe/jedes Kind den verfassten Text vortragen kann.
7. Während der Vorlesephase wird die Musik abgestellt.
8. Die Texte liegen, wenn sie ausformuliert und niedergeschrieben sind, auf der Packpapierrolle. Sie werden noch nicht aufgeklebt, da wir sie evtl. noch sortieren möchten.
9. Ein Ordnungsprinzip könnte sein: *Texte zum Text; Texte aus unserem Leben; Texte zu unserem Leben o.Ä.*

Weiterarbeit

Die Pappwand mit den verschiedenen Lied- und Meditationstexten wird im Foyer der Schule präsentiert. Eine Beschreibung des Enstehungsprozesses kann beigefügt werden.

BLk7.4 *Einen eigenen Psalm wie Zacharias schreiben*

Beispiel: Ein Lied für Gott – ein Lied für uns

Ich lobe dich, Gott, für unseren Sohn.
Ich will Gott dienen für dieses Wunder.
Ich lobe dich, dass du uns Johannes schenktest.
Johannes soll der ganzen Welt von Gott erzählen.

BLk7.5 *Einen Bibeltext in die Gruppe einbringen*

Beispiel: Ein Bibeltext wird lebendig, aber wie?

1. Möglichkeiten in der Gruppe

- *Vers für Vers lesen lassen*

Ich kann vorlesen lassen, Vers für Vers. Jeder übernimmt einen Vers, die Nachbarin den nächsten usw. Am besten sitzen wir dabei im Stuhlkreis. Diese Methode ist bereits ein Stück Einübung in Selbstverantwortung. Nicht ein Einzelner, ein Star, trägt die Verantwortung für das Gruppengeschehen, sondern jedes Gruppenmitglied muss durch seinen guten Vortrag zum Gelingen des Ganzen beitragen.

- *Lesen mit verteilten Rollen*

Im Text gibt es einen Erzähler, aber auch andere sprechende und handelnde Figuren. Stürzen wir uns zunächst auf die sprechenden Figuren. Es ist möglich, die gesamte direkte Rede auf verschiedene Einzelpersonen zu verteilen. Aber es ist auch reizvoll, wenn Sprechchöre entstehen: die Menge, die Jünger. Möglich ist auch, dass der Text einer einzelnen Person im Chor intoniert wird. Es muss stille Zeit zur Vorbereitung und eine Vorbesprechung in den verschiedenen Sprechergruppen geben.

- *Alle zusammen lesen den ganzen Text*

Auch das ist möglich. Hier wird das Gruppengefühl herausgefordert, das durch eine solche Aufgabe enorm gestärkt wird. *Zu Risiken und Nebenwirkungen ...:* Ein Einzelner taucht in der Gruppe unter und stört, liest bewusst falsch usw. Oder eine Clique nutzt ihre Machtposition aus usw.

Aber warum sollte man sich diesem Risiko nicht aussetzen – und darauf vertrauen, dass sich alles fast von selbst regelt, mit Humor und Gelassenheit.

- *Vesteras-Methode*

Diese Methode kommt aus Schweden und ist uralt. Jeder erhält einen Bibeltext als Kopie. Stilles Lesen. Jeder macht sich Zeichen in seinem Text, zu einem Satz, einem Wort, einem Abschnitt:
Eine *Sonne* heißt: Ich habe verstanden. Dieser Text gefällt mir gut. Warum?
Ein *Trauergesicht* heißt: Ich habe inhaltlich nicht verstanden, mich ärgert dieser Text. Warum?
Ein *dicker Punkt* heißt: Hier ist für mich der Mittelpunkt des Lesetextes. Warum?
Ein *Fragezeichen* heißt: Dieses eine Wort verstehe ich nicht! Wer hilft mir?
Ein *Ausrufezeichen* heißt: Das ist eine ziemlich überraschende Wendung. Darüber möchte ich mit euch reden. Es ist wichtig, viele Fragen in der Gruppe klären zu lassen, im *schülerorientierten Gruppengespräch* (↗***BLk7.2***).

- *Einen Text aus der Gruppe heraus entwickeln*

Viele RU-Schüleri/nnen kennen die biblischen Geschichten. Aber sie kennen sie nicht genau, haben vieles wieder vergessen, erinnern sich im Augenblick nur dunkel. Die Gesprächsleitung fordert also die Gruppe heraus, ihre Erinnerung und ihr Wissen zurückzuholen. Sie gibt Denkanstöße und stellt keine W-Fragen, die einengen und die freie Entfaltung der Schüleräußerungen bevormunden: *Da war doch was mit Josef?* Nicht: *Wie hieß der Mann der Maria?*

Tipps:

☞
1. Wird etwas »schief« erzählt, das nicht genau ins biblische Bild passt, lässt man es zunächst zu; zur Methode vgl. Schülerorientiertes Schüler/innengespräch, ***BLk7.2***.
2. Im Anschluss an die Schüler/innenerinnerung wird der Bibeltext vorgetragen.
3. Unter ***BLk3.1*** wird die Methode Lehrhaus vorgestellt, die sich ebenfalls eignet, einen Text in die Gruppe einzubringen.

- *Skizzieren und miteinander über die Skizzen reden*

Der Text wird einmal laut vorgelesen, Stifte (Kohle, Bunt-, Wachsmalstifte) und DIN A4-Bögen liegen bereit. Nun kann in Einzel- oder Partnerarbeit eine Skizze erstellt werden; eine Symbolzeichnung entsteht, über die gesprochen wird. Diese Methode hat wie das Schreibspiel den Vorteil, dass eine Phase des schweigenden Nachdenkens und Malens vorgeschaltet wird, ehe die Skizzen von den Hersteller/innen erläutert werden. Wir sitzen zu dieser Gesprächsrunde im Stuhlkreis, die Bilder liegen in der Stuhlkreismitte. Am besten fertigen jeweils zwei Schüler/innen gemeinsam eine Skizze zur Bibelgeschichte an; es wird also Partnerarbeit vorgeschlagen (↗***BLk7.6***), die in eine Auswertungsgruppe übergeht.

Die einen spielen, die anderen malen und schreiben. Es gibt vielfältige Möglichkeiten, sich dem Thema zu nähern.

2. Ein Einzelner trägt vor

- *Vorlesen und erzählen*

Kinder danken es einem, wenn man den Mut zu einem engagierten Erzählen hat. Da viele Kinder fast nur noch Zelluloiderzähler und Fernseh- und Videokommentatorinnen kennen, sind sie für jede emotionale Gestaltung durch eine leibhaftige Person dankbar. Eine Erzählerin verhilft nicht nur zu einem Erlebnis, sie *ist* ein Erlebnis. Das Vorlesen und Erzählen sollte gestaltet werden durch Betonung, Gestik und Mimik sowie durch Stimmmodulation.

- *Vorlesen, erzählen, spielen*

Es ist nicht so schwer, wie wir meinen; die Begeisterung der Kinder trägt den Vortragenden. Die Erzählerin schlüpft ganz bewusst und erkennbar in die verschiedenen Rollen eines Textes/einer Erzählung, freilich im Anfang in nicht mehr als drei Rollen: Erzähler, Rolle 1 und 2. Es ist wichtig, für jede Rolle ein Symbol zu haben, für Rolle 1 z. B. einen Hut, für Rolle 2 einen Schal usw. Ich trete bewusst in eine Rolle ein und verabschiede mich auch bewusst aus ihr, beides mit einer stets wiederkehrenden Geste. Gut ist es auch, wenn ich den Raum in mein Spiel einbeziehe. Die Kinder sitzen im Stuhlkreis, die spielende Erzählerin agiert in der Mitte des Stuhlkreises.

Beispiel: Vorstellungsrunde ohne Leitungsperson

BLk7.6
Ich wünsche mir …!

Das Mediationsspiel *Ich wünsche mir …!* passt am besten zu einer abschließenden Stuhlkreisrunde. Also, die kreativen Elemente sind angefertigt und sollen in der Herstellerrunde vorgestellt werden. Die fertigen Produkte, die noch nicht vorgestellt wurden, liegen in der Kreismitte auf dem ausgerollten Packpapierbogen; jede Gruppe sitzt nahe bei ihrem Bogen. Am Rande stehen noch nicht entzündete Teelichter, eine ganze Reihe, mindestens für jede Schülerin ein bis zwei Lichter. In der Mitte des Kreises leuchtet eine größere Kerze. Jemand, am besten die Gesprächsleitung, beginnt. Das geschieht so: Die Gesprächsleitung entzündet eines der Teelichter an der großen Kerze in der Kreismitte und stellt ihr Teelicht auf eines der Blätter. Sie sagt dazu: *Ich wünsche mir diesen Psalm* o.Ä. Die Hersteller/innen werden auf diesem Wege gebeten, ihren Text vorzulesen und ihre Gestaltung zu erläutern. Die Hersteller/innen erläutern nun ihren Text, nehmen anschließend ebenfalls ein Teelicht, entzünden es und stellen es auf ein anderes Blatt, deren Verfasser/innen nun ihr Blatt vorstellen bzw. ihren Text laut vorlesen und erläutern. Auf diese Weise kommen alle Textblätter an die Reihe. Auf jedem Textblatt steht zum Schluss ein Teelicht, ein Signal, dass wir mit der Besprechung zu Ende sind.

Realität und Wirklichkeit klaffenmanchmal auseinander, hier bei uns und auch in Juranowo, Russland. Russische Studentinnen stellen ihre Portraits vor, die sie von sich gemäß der Methode »Ich wünsche mir« gemalt haben. Es fehlen die Teelichter, die in Russland nicht leicht zu besorgen sind. Aber es hat auch ohne sie geklappt.

BLk7.7
Was lasse ich da, was nehme ich mit nach Hause?

Beispiel: Lichtermeditation

Diese Lichtermeditation knüpft an die Meditationsrunde *Ich wünsche mir …!* an. Wir sitzen noch im Stuhlkreis, das Packpapier bleibt ausgerollt, die Texte liegen auf dem Boden, die Teelichter leuchten noch auf ihnen. Die Gesprächsleitung stellt nun die Schlussfrage vor, die aus zwei Teilen besteht: *Was lasse ich da? Was nehme ich mit nach Hause?* Die Schüler/innen haben noch ein zweites Teelicht zur Verfügung, das sie nun zu einem der Texte stellen, der ihnen besonders gefiel. Sie äußern sich zu den beiden Fragen. Die Äußerungen werden unkommentiert angehört. Jede/jeder darf sich äußern, ohne dass jemand unterbricht oder korrigiert. *Was ich sage, ist (subjektiv) richtig!*

Ein Großbild wird zur Mitte. Wer möchte, steht auf, entzündet ein Teelicht und äußert seine Gedanken. Diesmal hat es in Juranowo mit den Teelichtern geklappt.

Lk8 – Eine Regierungserklärung der anderen Art Lukas 2,1–7

Der Herrscher und das Kind

Der Text

In jenen Tagen geschah es. Der Kaiser Augustus, der mächtige Kaiser in Rom, der fast die ganze damals bekannte Welt beherrschte, gab einen Erlass heraus: Alle Menschen auf der ganzen, von ihm beherrschten Erde, sollten sich zählen lassen. Diese Menschenzählung war die erste. Sie geschah, als ein gewisser Quirinius, ein Unterherrscher des Augustus, in Syrien regierte. Quirinius war auch für Palästina zuständig.

Alle Leute brachen auf, um sich registrieren zu lassen, jeder eilte in seinen Heimatort, aus dem seine Familie stammte. Auch Josef zog von Galiläa nach Judäa. Er kam aus der Stadt Nazareth und kam nach Bethlehem, dem Geburtsort Davids. Josef stammte nämlich von David ab. Darum musste er sich in Bethlehem in die Stammrolle eintragen lassen, zusammen mit seiner Frau Maria, die war schwanger.

Als sie in Bethlehem angekommen waren, war der Zeitpunkt der Geburt gekommen, unaufschiebbar. Maria brachte ihren ersten Sohn zur Welt. Sie wickelte ihn in Windeln und legte ihn in eine Futterkrippe. Sie hatten sonst keinen Platz in der Unterkunft.

Welthorizont im Krippenkind

Für die Ökumene

Zum Text

Ungleich reicher und runder als die Geburt des Johannes wird die Geburt Jesu erzählerisch ausgemalt (Lk 2,1–20). Dabei spielen die bereits erwähnten Abstufungen von Johannes zu Jesus wieder eine Rolle. Die Jesustradition stellt die Johannestradition bewusst in den Schatten, ohne als ihre Konkurrenz aufzutreten. Gerade in der Kumulation der Ereignisse mit und aus beiden Personen wird die Messianität des Messias Jesus herausgelesen.

Lk stellt die Geburt des Johannes bewusst in den Bund Gottes mit Israel hinein, wie der Zachariaspsalm andeutet. Der Messias Jesus aber wird für die *oikumene*, die bekannte bewohnte Welt, geboren. Von Anfang an macht die Erzählung den weltumspannenden Horizont dieses Ereignisses deutlich.

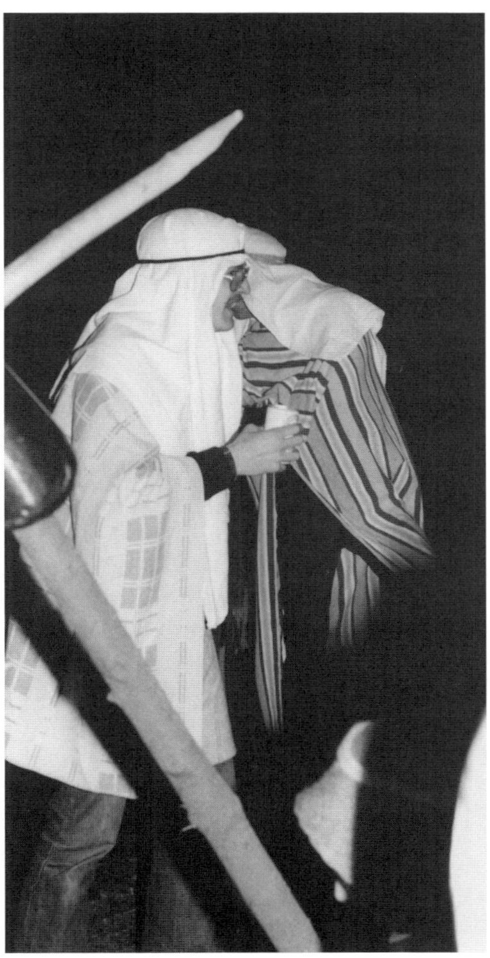

Menschen spielen gern, verkleiden sich gern, schlüpfen gern in biblische Rollen, in Lebensrollen ...! Der Mensch, ein homo ludens, einer, der gern spielt, weil er im Spiel das Leben erfährt, dem Leben begegnet!

Sachinfo

Welthorizont

Ein Generalzensus für das gesamte Römische Reich ist nicht belegt, wie Lk ihn zur Eröffnung seiner Erzählung einflicht (VV. 1–3). Wohl hat es regionale Steuerschätzungen gegeben. Aber gerade von einem regionalen Ereignis will Lk nicht berichten. Er möchte den Welthorizont der Geburt Jesu verkünden: Das Imperium des Kyrios Augustus und das des Kyrios Jesus Christus werden gegenübergestellt. Augustus, der mächtigste Mann seiner Zeit, muss sich von Gott in den Dienst nehmen lassen, damit Jesus, der Davidsohn, in der Davidstadt geboren wird. Der Macht der Menschen ist Gottes Macht übergeordnet.

Von vornherein ist auch klar, wer das Sagen im Leben dieses Kindes Jesus haben wird: Das sind die Mächte dieser Welt, die dies und das anordnen können. Und die diesen und jenen erheben und zerdrücken können, auch Jesus, der am Kreuz stirbt. Jesus, das Krippenkind, wird in die Machtverhältnisse seiner Zeit hineingeboren.

Die Botschaft des in Bethlehem geborenen Messias gilt aller Ökumene (griech. *oikoumene*), dem gesamten Erdkreis. Durch dieses Bild stellt Lk eine weitere Analogie her: Durch Anordnung des Kyrios Augustus wird der Kyrios Jesus in Bethlehem geboren. Seine Erlösungsbotschaft gilt aller Welt und allen Mächten. Nicht Augustus ist der griech. *soter*, »Retter«, »Heiland«, sondern das im Stall geborene Krippenkind wird die Welt retten (V. 11). Ja, der *Kyrios Augustus*, den doch alle Welt als Retter (griech. *soter*), verehrt, muss in den Dienst des mächtigen *Kyrios Gott* treten. Augustus dient dem atl. Gott, der ja der Weltengott ist, unbewusst, indem er dafür sorgt, dass der Messias Gottes, Jesus, der Davidsohn, in Bethlehem, der Geburtsstadt Davids, wie es das AT weissagt (Mi 5,2f), zur Welt kommt (↗*Eine Inschrift aus Priene*, S. 64).

Weg, Ort, Zeit

Josef bricht mit seiner Verlobten bzw. mit seiner Frau aus Nazareth nach Bethlehem auf, weil ein allgemeiner Zensus, d. h. eine Volkszählung und Vermögenseinschätzung, ansteht, den Augustus während der Statthalterschaft eines gewissen Quirinius, als dieser Statthalter des Augustus in Syrien war, angeordnet haben soll, so Lk (VV. 1–3). Lassen wir uns auf diese Orts- und Zeitangaben des Lk historisch ein, so kommen wir in Schwierigkeiten. Der Zensus, der Geburtsort Bethlehem, der Weg dorthin, auch der Zeitpunkt der Geburt – das alles lässt sich nicht gut unter einen Hut bringen, wie es Lk zusammenfügt (VV. 1–3; 4f).

Sachinfo

Der Geburtsort

Es ist schwierig, Bethlehem als historischen Geburtsort Jesu festzuhalten. Die ganze Konstruktion mit der Hin- und Rückwanderung passt wohl zu der traditionellen Davidsohnschaft des Messias, nicht aber zu den Angaben des Mt (1,2.23) und des Lk (Lk 2,4). Wohnen die Eltern Jesu bei dessen Geburt in Nazareth? Offensichtlich muss der Geburtsort Jesu an die Messiasweissagung angeglichen werden: Der Messias komme aus Bethlehem. So berichtet auch Mt. Für Mt ist das keine zusätzliche Schwierigkeit: Jesus hat bei Mt (wie bei Lk, der eine Nebenlinie sucht) einen Davidstammbaum. Und so spielt die nachfolgende Szene der drei Weisen aus dem Morgenlande bei Mt folgerichtig in Bethlehem. Lk erzählt ebenfalls vom Symbol der Messiasgeburt in Bethlehem und legt diesen Zusammenhang erzählend aus. Eindeutig weist ja die atl. Weissagung auf Bethlehem in Juda hin, während Jerusalem als Heilsort bei Micha in Frage gestellt wird.

Das große, heilige Jerusalem erhält eine gewaltige, von Gott gewollte Konkurrenz im kleinen unbekannten Bethlehem. Rom, das die Macht und Einheit der Welt symbolisiert, wird einbezogen: Weder im heiligen Jerusalem noch im großen, berühmten und mächtigen Rom kommt der Heiland der Welt zur Welt, sondern im kleinen, unbedeutenden Bethlehem, das doch eine enorme Bedeutung bekommt (Mi 5,2).

Sachinfo

Der Zensus

Gab es im Römischen Reich dieses umständliche System, dass jeder in seinen Geburtsort bzw. an seinen Familienstammort reisen musste, um sich in die Zensuslisten eintragen zu lassen? Das System ist nicht unbekannt. Aus dem Jahre 104 n. Chr. datiert ein Bericht, dass alle die, die sich aus ihren eigenen Bezirken aus irgendwelchen Gründen entfernt hätten, »wegen der bevorstehenden Volkszählung« anzuhalten seien, sich »auf eine sofortige Rückkehr in ihre eigenen Regierungsdistrikte vorzubereiten, damit die Stammverwaltungslisten vervollständigt und die Äcker auf die Namen derjenigen eingeschrieben werden können, denen sie gehören« (nach: E. Beck, Gottes Sohn kam in die Welt, a. a.O., S. 147).

Freilich wird um die Zeitenwende, in der wir die Geburt Jesu vermuten, von Augustus keineswegs eine weltweite Zählung angeordnet, wie Lk ansagt, wohl aber eine regionale Zählung durch einen gewissen Quirinius, des Augustus Statthalter in Syrien. Quirinius wurde nach Absetzung des Archelaus (4. v. Chr. bis 6. n. Chr., vgl. Mt 2,22) als dessen Nachfolger eingesetzt und ordnete einen regionalen Zensus zu Beginn seiner Regierungszeit an, der ab 6 n. Chr. durchgeführt wurde. Allerdings handelte es sich hier eindeutig um eine Zählung am jeweiligen Wohnort, nicht um eine Stammort-Zählung. Über diese Volkszählung wird auch in der Apg berichtet. Es wird nämlich der galiläische Aufruhr, der mit dieser Volkszählung verbunden war, in der Apg angesprochen (Apg 5,37), ein Ereignis, das auch Josephus, ein jüdischer Historiker, erwähnt (Jüdische Altertümer XX 5.2). Endlich also ein geschichtlich belegtes Ereignis? Allerdings hat diese Zählung, wie bereits erwähnt, ab dem Jahre 6 n. Chr. stattgefunden (nach: E. Beck, Gottes Sohn kam in die Welt, Stuttgart, 2. Aufl. 1979, S. 147f).

Sachinfo

Gegendarstellung

Eine Reihe von Exegeten verweist auf folgende Zusammenhänge: Augustus begann eine Reichsreform um 27 v. Chr. Zu dieser gehörten auch Volkszählungen und Steuerfestsetzungen. Seit 12 v. Chr. sei Quirinius im Vorderen Orient als Sachwalter dieser Reform tätig gewesen. Das griech. Verb *hegemoneuo*, »leiten«, mit dem Lk die Arbeit des Quirinius beschreibt, muss nicht unbedingt die Statthalterschaft bedeuten. Die griech. *apographä*, die Notation der Besitzverhältnisse, zog einen zweiten Akt nach sich, die griech. *apotimesis*, die Einschätzung des Erfassten, die auch die Konfiskation der Güter einschloss, die auf diesem Wege zum Besitztum des Kaisers erklärt wurden. Beide Akte zogen sich über die verschiedenen Provinzen des Römischen Reiches über mehrere Jahrzehnte hin. Im Jahre 6 n. Chr. wurde dann Quirinius Nachfolger des Archelaus, also wirklich Statthalter, und offiziell mit einer auch überlieferten Schätzung beauftragt. Lk habe, wenn auch mit kleinen Ungenauigkeiten, doch im Wesentlichen die geschichtlichen Fakten richtig wiedergegeben. Als Schätzungsbeauftragter des Augustus habe Quirinius bereits vor der Zeitenwende mit der Erfassung der Besitztümer usw. begonnen, diese Erfassung dann ab 6 n. Chr., als er als Statthalter offiziell eingesetzt wurde, zu Ende geführt (W. Grundmann, Das Evangelium nach Lukas, 2 Aufl. (o. J.), hier zit. nach: K. Gutbrod, Die ›Weihnachtsgeschichten‹ des Neuen Testaments, Stuttgart 1971, S. 63ff).

Das Wesentliche nicht aus den Augen verlieren! Der Bericht von der weltweiten Volkszählung des Kaisers Augustus durch Quirinius stellt eine lächerlich wirkende Selbstbehauptung des Herrschermenschen gegen den wunderbaren und umsichtigen Herrschergott dar. Selbst die trotzigsten menschlichen Machtdemonstrationen müssen sich in den Dienst göttlicher Verfügung nehmen lassen.

Sachinfo

Historikerstreit oder theologische Deutung?

Wie dem auch sei, wir werden, ob nun Lk exakt berichtet oder ob er die Geschichte umdeutet, den Zensus, von dem Lk berichtet, auf jeden Fall theologisch einordnen müssen. Dazu einige Hinweise:

Der Stammvater David, dessen Nachkomme bzw. *Sohn* der Messias doch ist, hatte seinerzeit eine Volkszählung anberaumt, was zu Unruhen führte und von Gad, dem Propheten Davids, eindeutig als Sünde bezeichnet wurde (2. Sam 24; 2. Chr 21). Augustus und Quirinius tun etwas, was nach Gottes Willen nicht sein soll. Und doch entwickelt sich aus diesem Tun die Geburt des Davidsohnes-Messias in Bethlehem, dem Geburtsort Davids.

Die Welt und Gottes Heilshandeln sind ineinander verquickt, aufeinander bezogen. Aus dem sündhaften Tun der Welt, aus Gottes Willen und Anordnung, kommt Gottes

Sachinfo

Heil: der Befreier und Friedensbringer Christus Jesus wird in Bethlehem, dem Geburtsort des Königs David, geboren.

Der Weltbezug der Augustäischen Schätzung, wie Lk ihn darstellt, und der Umstand, dass es sich um den *ersten* Zensus gehandelt habe, sind theologisch zu werten: Dem römischen Kaiser, Kyrios Caesar Oktavianus Augustus, dem umfassenden Herrscher und Herrn, dem Erhabenen, dem doch alle Welt gehört und der von Rom aus alle Welt kontrollieren will und der dies mit einer ersten umfassenden Weltanalyse, Notation allen Besitzes und dessen teilweiser Konfiskation tun will, diesem Kyrios der römisch dominierten Welt macht der wahre Kyrios, Jahwe, mit der Geburt des Heilandes Jesus, des Gesalbten Gottes aus Bethlehem, in einem Gegenentwurf klar, wer der wirkliche Herr und Erlöser dieser Welt ist – nicht Augustus, sondern Jesus, der Christus. Nicht in Rom werden die Weichen für die Zukunft der Welt gestellt, sondern in Bethlehem.

Sachinfo

Das Geburtsjahr Jesu

Wir haben uns angewöhnt zu sagen, wir lebten im Jahre 2000 nach Christus. Wir tun so, als habe die Christusgeburt von Anfang an einen solch entscheidenden Einfluss gehabt, dass die Äonenwende nahtlos auf seine Geburt bezogen werden kann, eine Gewohnheit, die sich eingebürgert hat. Seit wann ist das eigentlich so? Und mit welchen Recht?

In welchem Jahr wurde Jesus geboren? Gewiss, irgendwann um die Zeitenwende. Ließen wir uns aber auf den Zeitpunkt der Volkszählung durch Quirinius ein, würde der von Mt gegebene Hinweis auf die Herodesherrschaft (Mt 2,1.15) ins Wanken kommen. Denn Herodes starb im Jahre 4 v. Chr.

Wurde Jesus in den Jahren 30 bis 33 n. Chr. mit rund 27 Jahren ans Kreuz geschlagen? Das ist unwahrscheinlich, oder? Die meisten Exegeten nehmen das Jahr 6 v. Chr., als Herodes der Große noch regierte (37–4 v. Chr.), als das Geburtsjahr Jesu an. Dann aber passt der Hinweis auf den Quirinius-Zensus nicht mehr. Was nun?

Die so genannte *Christliche Zeitrechnung*, in deren Rahmen wir so gern annehmen, dass Jesus im Jahre 0 geboren sei, beruht auf einem Irrtum. Ein gewisser Dionysius Exiguus hatte 525 nach Christus (wie wir so leichtfertig sagen) das Geburtsjahr Jesu auf ein von ihm berechnetes Jahr 0 gelegt. Aus dieser Rechnung, die der Mönch aus ihm vorliegenden Osterlisten ableitete, heißt es bei uns seitdem: *v.* und *n. Chr.*, *vor* und *nach Christus*, lat. *a.Chr.(n.)*, *p.Chr.(n.)*, *ante Christum natum*, *post Christum natum*, *vor der Geburt Christi*, *nach der Geburt Christi*. Diese Festlegung meint also auch ein Symbol, freilich eines, das erst später durch Dionysius Exigus geschaffen wurde.

Zur Zeit der Jesusgeburt galt in Rom der so genannte Julianische Kalender, der mit dem 1. Januar 38 v. Chr. begann. Nun machten viele römische Kaiser ihren Amtsantritt zum jeweiligen Beginn einer neuen Ära. Am wirksamsten war in diesem Sinne Diokletian, der vom 29. August 284 n. Chr. an eine neue Ära festlegte, die zunächst auch im Konstantinischen Reich beibehalten wurde.

Dionysius Exigus verrechnete sich also. Der Fehler des Abtes hatte zwei Gründe: 1. Er ordnete die Osterfestlisten falsch. 2. Er setzte des Todesalter Jesu zu früh, nämlich mit dreißig Jahren, an. Heutige Forschung gehen davon aus, dass Jesus mit 32 bzw. 33 Jahren gekreuzigt wurde. Aber auch diese Forschungen bleiben im Indizienbeweis stecken.

Grund des Neuansatzes bei Dionysius Exiguus war der allgemein verbreitete Wunsch, nicht mehr nach und seit dem Christenverfolger Diokletian zu zählen. Mit diesem kalendarischen Neuansatz wollte man den radikalen christlichen Neuanbeginn des Konstantinischen Reiches dokumentieren.

Lukas war mit dem Julianischen Kalender vertraut. Dieser Kalender bezog sich noch auf das angebliche Gründungsdatum Roms, dies mit der lat. Bezeichnung *ab urbe condita*. Rom wurde angeblich im Jahre 753 v. Chr. gegründet. Bekannt ist auch, dass Augustus ein augustäisches Zeitalter ausrief, mit dem nun die PAX ROMANA, der römische Friede, anbreche. Lk hat mit seinen Erzählspitzen nicht auf das Kalendarium abgezielt, sondern auf drei andere Gegensätze: *Rom – Bethlehem; römischer – messianischer Friede; römischer Kaiser – biblischer Heilsbringer*. Der Zeitaltereffekt kam erst später hinzu, aus dem Denkansatz des Abtes Dionysius Exiguus.

So müssen wir uns darin üben, dass auch die näheren Angaben, wie sie Lk macht (und die sehr *historisch* aussehen!), Symbolcharakter haben. Wenn er die Geburt Jesu in die Zeit des Quirinius legt und auf diese Weise geschickt den Zensus einbaut,

Sachinfo

sagt er damit: Damals, als Quirinius den Zensus anordnete, als Augustus als Friedensbringer gefeiert wurde, gab es keinen tatsächlichen Frieden. Immerhin wagten Juden einen Aufstand gegen diese Steuererhebung und Zählung (Lk 13,1f; Apg 5,37; vgl. auch Apg 21,38). Sie wurden von Quirinius gekreuzigt, wie Josephus berichtet.

Die Botschaft des Lk lautet: Erst als der Messias Jesus geboren wird, wird der wahre, von Gott kommende, dauerhafte Friede verkündigt und erlebt, wie die Engel ihn besingen und wie der Messias Jesus ihn praktiziert (Lk 2,14).

Sachinfo

Der Geburtstag

Ein weiterer Hinweis, der zunächst noch mehr verunsichert, hilft schließlich doch weiter. Wir feiern den Geburtstag Jesu am 25. Dezember, regelmäßig jedes Jahr. Auch die übrigen Daten richten wir entsprechend aus, Mariä Verkündigung, Mariä Empfängnis. Wir müssen aber zur Kenntnis nehmen, dass andere große Kirchen, die Orthodoxe Kirche Russlands und Griechenlands, den Geburtstag Jesu am 6. Januar, am so genannten Tag der Verklärung, feiern (vgl. Mk 1,91; 9,2–13). Uns muss auch auffallen, dass die Festlegung auf den 25. Dezember als das Geburtsdatum Jesu relativ spät erfolgt, zu einem Zeitpunkt, als aus dem Denken der Germanenvölker stammende Gewohnheiten vom Christentum übernommen und in den christlichen Glauben eingebaut wurden, so auch das Datum des 25. Dezember, der bei den germanischen und indogermanischen Völkern als der Termin der Geburt der Sonne aus dem Dunkel gefeiert wurde. Bekanntlich fällt in die Weihnachtszeit der kürzeste Tag des Jahres: In der Mitte der Nacht wird der Anfang des Tages gefeiert, in der Dunkelheit des kürzesten Tages im Jahreslauf die Geburt des Lichtes. Der kürzeste Tag ist der 21. Dezember.

Dass es genau der 25. und nicht der 21. Dezember wurde, der wirklich kürzeste Tag des Jahres, könnte mit folgender Situation zusammenhängen: Der römische Kaiser Aurelian führte 275 einen neuen Staatsfeiertag ein, den Tag der Geburt *der unbesiegbaren Sonne (Kult des Gottes Sol invictus)*. Dieser Feiertag wurde auf den 25. Januar festgelegt. Die Christen übernahmen folgende Vorstellung: Jesus Christus ist *das wahre Licht der Welt* (Joh 8,9), dies gemäß atl. Verheißung, als *Sonne der Gerechtigkeit* (Mal 4,2); auch Lk verschmäht die bereits zu seiner Zeit bestehende Symbolik nicht. Gemäß der Zachariasverheißung warten die Menschen auf die Ankunft *des aufstrahlenden Lichtes aus der Höhe* (Lk 1,78). Diese Symbolik hat das westliche Christentum übernommen und sie auf die Christusgeburt übertragen.

Der 25. Dezember ist also kein historisches, sondern ein theologisches, ein symbolisches Datum. Alle übrigen Festtage, die von diesem Ereignis abgeleitet wurden, auch. Diese Historisierung bzw. Symbolisierung können wir freilich nicht dem Lk zuschreiben. Er hat den Tag der Geburt nicht zum Symbol gemacht, wie dies erst später die Christenheit mit Lust und Engagement bewerkstelligte.

Orts- und Namenspredigt

Der Geburtsort Jesu, der bei Lk so definitiv als Bethlehem bestimmt wird, ist ein theologischer Ort. Lk macht eine symbolische, eine theologische Aussage, weniger eine historische.

Es bleiben *theologisch* wichtige Angaben: Jesus, der Nachkomme Davids, wird geboren. Er gehört nach Bethlehem, wird dem Geburtsort seines Stammvaters David zugeordnet, aus dessen Geschlecht ja der Messias kommen wird. Obwohl Bethlehem doch ein geringer, unbedeutender Ort ist gegenüber dem weltberühmten Rom, wo der große Kaiser regiert, dienen die Mächtigen Roms und damit die ganze Welt dem Gott der Bibel. Sie müssen so agieren, dass der Messias Gottes in Bethlehem zur Welt kommt. Damit wird auch die Weltgeltung dieses Gottes und seines Messias verkündigt. Bethlehem steht gegen zwei Weltorte, Jerusalem und Rom. Damit steht es gegen alles, was damals als heilig und berühmt galt. Bethlehem gegen den Rest der Welt.

Pax Romana oder Pax Christi?

Der Herrscher und seine Helfershelfer, Augustus, der Friedensfürst, Quirinius, sein Steuerpräfekt – was ist mit ihnen? Der eine ließ sich als Heiland und Friedensbringer feiern (↗*Eine Inschrift aus Priene,* S. 64), der er doch nicht war. Die berühmte Pax Romana war auf militärischer Macht begründet, hielt nicht ewig, wie die vielen Kriege bewiesen, war sogar in ihrer militärischen Sicherungssubstanz gefährdet, wie die Varusschlacht 9 n. Chr. zeigte. Der römische Herrscher presste die Menschen finanziell aus und ließ sie, wenn sie sich dagegen wehrten, ans Kreuz schlagen. So verging er sich gegen Gottes Willen, wie es die Juden sahen, die auf eine Befreiung durch den Boten Gottes, den Messias hofften. Und Lukas? Er verkündigt die Geburt des wahren Heilandes, des wahren Friedensbringers, während die großartigen Herrschaften dieser Welt den Frieden proklamieren, ihn aber doch nicht schaffen. Lk predigt, indem er erzählt. Bewusst setzt er seine Stilmittel ein. Seine Ankündigung des Messias und die Erzählung von der Geburt Jesu ist nur so mit Anspielungen auf die Propagandarhetorik des römischen Staates gespickt. Augustus, der sich gern mit göttlicher Aura umgibt, wie die Torbogeninschrift aus Priene zeigt, war eben in den Augen des Lukas und aller Christen nicht der wahre Friedensbringer. Der Pax Romana stand die gewaltigere Pax Dei gegenüber, im Krippenkind der Ohnmacht, das doch alle Macht in Händen hielt.

Sachinfo

Eine Inschrift aus Priene

Bei einer Ausgrabung in Priene (Ionien, Griechenland) wurde eine Gedenktafel für den Kaiser Augustus gefunden. Sie hat folgenden Wortlaut:

»Dieser Tag hat der Welt ein anderes Gesicht gegeben. Sie wäre verloren, wenn nicht in seiner Geburt für alle Menschen das Heil ausgestrahlt wäre. Endlich ist die Zeit vorbei, da man es bereuen musste, geboren zu sein. Zum Heil der Welt ist dieser Mensch mit solchen Gaben erfüllt, dass er uns und den kommenden Geschlechtern als Heiland gesandt ist. All Fehd hat nun ein Ende, alles wird er herrlich machen. Die Hoffnungen der Väter sind nun erfüllt. Unmöglich, dass je ein Größerer kommen könnte. Sein Geburtstag hat der Welt das Evangelium beschert, das sich mit seinem Namen verbindet. Mit seiner Geburt beginnt eine neue Zeitrechnung« (nach: E. Beck, Gottes Sohn kam in die Welt, a.a.O., S. 42).

Erfüllte Zeit

Die Erzählung schreitet voran: Maria und Josef kommen in Bethlehem an, um sich in die Zensuslisten eintragen zu lassen. Als was erscheinen sie in Bethlehem? Als Verlobte, als Verheiratete, als Verheiratete im Verlobtenstatus (V. 5)? Auf jeden Fall ist Maria schwanger. Die Tage vollenden sich, die Zeit erfüllt sich, dass sie gebären soll (V. 6f). Beide Verben, *pleroustai,* »sich erfüllen«, *tikteo,* »gebären«, beschreiben im NT wie schon in der LXX die endzeitliche Erfüllung insgesamt, *die Geburt des Eschatons.* Das sind im Ursprung apokalyptisch eingefärbte Bilder, die Lk bewusst wählt. Es wird nicht nur ein Mensch zur Welt gebracht. Es erfüllt sich die Gotteszeit. Die Geburt eines neuen Zeitalters, das für den Menschen einen radikalen Einschnitt bedeutet, ereignet sich (Gal 4,4).

Sachinfo

Nochmals:
Jungfrau oder jung vermählte Frau?

Reiste Maria mit Josef als Verlobte oder als Ehefrau (V. 5)? Die Handschriften, die uns überliefert sind, enthalten beide Begriffe: *syn Mariam, emnesteumenä auto,* »mit Maria, seiner Verlobten« (von *mnesteuo,* pass. »um sich werben lassen«) und *gynaiki auto* o. ä., »seiner Frau«. Was stimmt? Was schrieb Lk?

Aus den verschiedenen Lesarten ist die Schwierigste zu wählen. In der *Koine,* dem so genannten Reichstext des Neuen Testaments, steht *gynaiki,* »mit seiner Frau«. So hat es Erasmus von Rotterdam übernommen, so hat es Luther übersetzt: »... mit Maria, seinem vertrauten Weibe, die war schwanger ...«. Auch eine Handschriftenfamilie aus Tiflis, Koridethi genannt, diese in den meisten Abschriften, sowie S, eine Abschrift vom Berg Athos und aus Caesaräa, wie auch der Großteil der so genannten Westlichen Texte (it, sys) schreiben *syn Mariam, gynaiki auto,* »mit Maria, seiner Frau«. Die Koine ist die am meisten verbreitete Handschrift, die auch die Vorlage für die Vulgata bildete, die Übersetzung des NT aus dem Griechischem ins Lateinische. Es bleibt auch zu fragen (und so haben die Alten auch schon gefragt, sonst hätte es nicht zu diesen Varianten im Text kommen können), was denn wohl eine Verlobtenreise sollte, die zu einer Registratur führte? Wenn Maria erst verlobt war, hätte sie da nicht mit ihrer eigenen Familie reisen müssen? Also, ein mutwilliges Konstrukt folgt dem anderen!

In der bei Lk erzählten Fassung (V. 5) gehen also eine Reihe von Texten von einer natürlichen Abstammung Jesu aus der Nachkommenschaft Davids durch Josef aus. Auch die Vorlage, die Lk benutzte, kann die natürliche Abstammung von Josef gemeint haben. Lk hätte sich dann dieser Variante bedient, weil er in vorhergehenden Geschichten die theologischen Zusammenhänge deutlich dargestellt hatte. Dass die Variante *mit seiner Frau* zumindest in der Vorlage des Lk wie selbstverständlich gewählt wird, wird auch durch den Hinweis unterstützt, Maria habe ihr erstes Kind bekommen (Lk 2,7).

Im Übrigen ist die Textvariante, die das griech. Wort *mnesteuo,* »freien, um jemanden werben«, hier im Passivum *mnesteuomai,* »sich freien lassen«, gebraucht, nicht um jeden Preis mit dem *Zustand einer Verlobung, die Geschlechtsverkehr ausschlösse,* zu umschreiben. Maria hat sich die Werbung gefallen lassen. Es bleibt zu fragen, ob nicht auch bei Lk das etwas Handfestere *werben um, freien,* also: *feste Absichten hegen, ein Heiratsversprechen geben,* und schließlich *heiraten* gemeint ist (vgl. W. Gemoll, Griechisch-Deutsches Schul- und Handwörterbuch, Wien-Leipzig 1908, S. 508). In der LXX wird das hebr. *arasch* »werben«, bzw. das Passivum »umworben werden« mit dem griech. Verb *mnesteuo* bzw. *mnesteuomai* übersetzt. In der LXX wird ein Verlobungszustand bezeichnet (Dtn 20,7; 22,23ff).

Ob wir uns im Rahmen der Lukaserzählung so oder so entscheiden, für die *Verlobte* oder die *Frau,* in jedem Fall bleibt es bei einer theologischen Affinität zur messianischen Bethlehemtradition, zum Ort, zum Stammbaum, zu Josef als dem Vater Jesu. Interessant ist der Einblick in die Textforschung auch deswegen, weil er verdeutlicht, wie sehr in der jungen Kirche um dieses Thema, sogar mit Abschriften dieser oder jener Richtung, gestritten wurde.

Interessant ist auch, dass die Westtexte, die in und für Rom entstanden, die Heiratsvariante bevorzugen. Rom war sehr lange vom jüdischen Denken geprägt. Im Judentum ist eine Jungfernzeugung nicht vorstellbar. Im Osten ist das anders. In Handschriften aus Ägypten z. B., wo Maria später als Gottesgebärerin hoch verehrt wurde, wird fleißig die Verlobungsvariante kopiert. Im Übrigen bezeugen alle Handschriften, dass Maria schwanger war, da gibt es keine Ausnahme.

Den aller Weltkreis nie beschloss ...

Maria bekommt ihr erstes Kind, wickelt es in Windeln, legt es in eine Krippe. Denn es ist kein Raum in der Herberge (V. 7). Das Krippenkind, der Mensch Jesus Christus im Schoße der Maria, ist der Weltenheiland, nicht ein anderer Herrscher, dem alle Welt religiöse Dimensionen, heilende, erlösende Fähigkeiten zuschreibt. Lk setzt sich erzählend mit dem Kaiserkult, mit dem Drang des Menschen nach Idolen, die angeblich den Menschen aus Angst und Not heraushelfen werden, auseinander. Eben nicht dieser oder jener, diese oder jene Magnaten der Macht sind die Retter der Welt, schon gar nicht politische Ordnungsgrößen wie Augustus und sein Adlatus Qirinius. Gut, soll Augustus der

Cäsar, der Kaiser, bleiben! Aber warum sollte er der Erlöser sein? Der Erlöser der Welt liegt in der Krippe.

... der liegt in Marien Schoß

Die Geburt Jesu wird einfach, nüchtern und sparsam erzählt (V. 6f), analog der Geburt des Johannes (Lk 2,6; 1,57): Eine Frau bekommt ein Kind (↗*Nochmals: Jungfrau oder jungvermählte Frau?* S. 65; ↗auch *Familienverhältnisse*, S. 20). Da ist nichts, was an die Großartigkeit eines größeren Ereignisses erinnert. Da ist ein schlichter, karger Stall, nicht einmal eine Wiege, ein in Windeln gewickeltes Kind, vielleicht etwas Stroh, eine Mutter, die bei der Geburt ihres ersten Kindes stöhnt und weint, und es zu guter Letzt doch glücklich lächelnd in den Armen hält (V. 7).

Sachinfo

Erstgeborener
Exegeten weisen darauf hin, dass das Prädikat *Erstgeborener* im AT grundsätzlich jedem erstgeborenen Sohn verliehen wurde, gleich, ob es noch nachgeborene Söhne gab oder nicht (vgl. E. Beck, Gottes Sohn kam in die Welt, S. 149). Freilich, unsere bisher gemachten Beobachtungen sollten wir dabei nicht vorschnell verdrängen (Vgl. ↗*Familienverhältnisse*, S. 20).

Wichtig bleibt: Der Erstgeborene gehört nicht eigentlich seinem Vater und seiner Mutter, sondern Gott (Num 3,13). Jesus, der erstgeborene Sohn, das meint auch eine andere, symbolhafte Ausdrucksform für Knecht Gottes, Sohn Gottes, für einen Menschen, den Gott für sich in Anspruch nimmt, und der darum Gottes Anspruch auf diese Welt geltend macht.

Dreiklang

Der Dreiklang, *Windeln, Krippe und fehlender Raum fürs Kind* wie auch die Schlichtheit der Geburt sind Symbole, die auf das Kreuz hindeuten (vgl. Lk 2,12.16). Der in diese Welt kommt, ist eine unerwünschte Person, ein Flüchtling auf dieser Erde, ein des Landes Verwiesener, ein Außenseiter, jemand, auf den die Großen dieser Welt so schrecklich gern verzichten, weil er ihre selbstgemachte Ordnung so sehr stört. Krippe und Kreuz gehören zusammen, wie wir es mit einer Abwandlung des Symbols XI-RO sensibel in der christlichen Symbolsprache entwickelten.

Das Krippenkind ist keine romantische Verbrämung von Armut, sondern unsere bitterste Wahrheit, die sich täglich auf dieser Welt ereignet: Eine Frau muss ihr Kind zur Welt bringen und weiß nicht wie und wo. Im Stall, mitten unter den unreinen Tieren, findet die Geburt statt. Das Kreuz zeichnet sich bereits hier ab!

Das unaussprechliche Seufzen der Natur

Die Tiere, die ja in Lk 2,1–20 nicht erwähnt werden, kommen doch indirekt vor, in den Bildern von der Krippe und den Schafhirten. Alle apokryphen Evangelien schmücken dieses Detail aus, zu Recht! Das Bild von den Tieren drückt eine große Nähe zu allen anderen Unerlösten, den Kindern, den Zöllnern und den Schuldigern aus. Die bittere Armut des Krippenkindes signalisiert die Unbehaustheit des erwachsenen Jesus. Dessen Geburt im Stall sagt Gottes unabdingbare Solidarität mit aller geschundenen und getretenen Kreatur an. Das unaussprechliche Seufzen aller Kreatur und ihre vorausgedachte messianische Befreiung deutet sich an, wie Paulus es sieht (Röm 8,19ff). Und was berichtet die rabbinische Überlieferung? Der zweite Adam werde bei den Tieren geboren. Und dass Lk den Messias Jesus als zweiten Adam, als Gegenspieler zu Adam aufbaut, werden wir noch genauer sehen (Lk 3,23–38, vgl. E. Beck, Gottes Sohn kam in die Welt, a.a.O., S. 150; ↗*Beobachtungen zum Geschlechtsregister bei Lk*, S. 149).

Geburt im Stall, unterwegs, schwanger, kein Zuhause

Diese vier Worte akzentuieren die Erzählung: von einem Flüchtlingselend wird berichtet. Und auch dies wird miterzählt. Der große Augustus, dort im großen Rom, ist nur der Handlanger Gottes, dessen Kind in Bethlehem im Stall geboren werden muss.

Dass mit der Wander- und Geburtsgeschichte, wie sie Lk erzählt, alle Flüchtlingsschicksale der Erde miterzählt werden, dass die Angst in dem beengten Raum des Stalls von Bethlehem bis heute die Luft in allen Flüchtlingsbaracken erfüllt, ist klar. Die Jesusgeschichte ist unsere Geschichte, mit Flucht, Vertreibung und Geburtsnot. Sie erzählt: Jeder kann in Not geraten, kann »Flüchtling« werden, in fast jedem Land. Sie erzählt aber auch vom neu erwachenden Leben mitten in Angst, Bedrängnis und Hunger. Sie erzählt vom Schreien aller Neugeborenen, das zugleich ein Lachen ist, bis heute.

Lied

Wo liegt denn nur das Bethlehem

Text: Dieter Stork
Musik: Siegfried Fietz

© ABAKUS Musik Barbara Fietz, 35753 Greifenstein

Unterwegs ins Unbekannte

Vertrauensspiele
Gestaltung und Kreativität G&KLk8.1

Inhalt

Maria ist schwanger. Zusammen mit Josef bricht sie von Nazareth auf. Wohin? Nach Bethlehem. Aber das ist für Maria eine unbekannte Stadt. Sie hat Angst. Was wird passieren? In Vertrauensspielen wollen wir uns mit Marias und Josefs Gefühlen bekannt machen. Wir schlüpfen in ihre Rollen. Wie fühlt man sich, wenn man ins Unbekannte aufbricht? Wege ganz verschiedener Art werden in der Turnhalle aufgebaut und ausprobiert. Zum Schluss gibt es einen Weg, den alle Projektkinder gemeinsam gehen.

Material

Wir benötigen einen großen Raum, eine Turnhalle, das Foyer oder bei gutem Wetter den Schulhof; dazu Matten, Böcke, Zelte, Stege, Schwebebalken usw. Für die 1. Übung wird eine geeignete Musikkassette gebraucht, die zu Laufübungen animiert. Für die 3. Übung benötigen wir einen Halogenscheinwerfer mit vorgesetzter Sternschablone, für die 2. und 4. Übung Tücher zum Verbinden der Augen. Für die 4. Übung benötigen wir außerdem für jede/n Schüler/in eine Sonnenfinsternisbrille.

Weg

1. In der Turnhalle: *Wir bauen und gehen Wege; erste Übungen mit Musik, Laufen, Gehen, Tasten.*
2. Ein Stuhlkreis wird gebildet. Die Gesprächsleitung stimmt ein: *Ihr habt euch zu dieser Gruppe gemeldet, in der der Weg Marias und Josefs eine wichtige Rolle spielt.* Die Geschichte wird erzählend erinnert. Elemente von Angst und Vertrauen werden herausgearbeitet: *Maria, die Schwangere, geht mit ihrem Mann Josef ins Unbekannte. Sie wissen nicht, wann es genau mit der Geburt losgeht. Sie haben keine Ahnung, wo sie unterkommen sollen. Sie kennen keine Verwandten in Bethlehem. Sie sind arm und haben kein Geld. Sie sind unter Druck und Zwang aufgebrochen und fragen sich, was das Ganze soll.*
3. Die Gesprächsleitung leitet über: *Wir möchten diese Erfahrungen, die im Gruppengespräch noch verstärkt werden können, spielend erleben. Wir reden also nicht lange herum: Wir spielen selbst und möchten auch die Kinder der anderen Gruppen morgen früh zu einem Spiel einladen, das wir heute entwickeln.*
4. Die Schüler/innen machen sich an die Arbeit bzw. werden gemäß den unter ***BLk8.1*** aufgeführten Praxiselementen in die verschiedenen Stationen der Vertrauensspiele eingeführt.
5. Eine ausführliche Auswertungsrunde im Stuhlkreis mit zwei Elementen ist unabdingbar: *Wie fühlte, fühle ich mich? Hatte ich Angst? Hatte ich Vertrauen? Erkenne ich einen Zusammenhang mit der Weihnachtsgeschichte?*

Organisation

Altersstufe: Ab dem 3. Schuljahr bis zum 10. Schuljahr.
Dauer, Struktur: Die Übungen können im Prinzip auch im Rahmen einer Schulstunde entwickelt und erprobt werden. Wir verwenden in diesem Fall eben weniger Spielelemente. Wichtig sind zwei Punkte: 1. Es muss immer wieder neu, zu Beginn jeder Schulstunde, zu einer Aufwärmphase kommen. 2. die unter *Wege 5* genannte Auswertungsrunde muss mit den beiden Elementen *Gefühl* und *Rückerinnerung* auch dann gewährleistet sein, wenn die Übungen im Rahmen einer Schulstunde stattfinden.

Tipp

Auch wenn die Übungen im Rahmen einer Schulstunde durchgeführt werden, ist ein großer Raum wichtig.

Weiterarbeit

Die unter »Beispiel« aufgeführten Vertrauensspiele lassen sich gut auch als Aufwärmspiele für andere Gelegenheiten nutzen (z. B. zu Beginn einer Schulstunde, eines Gottesdienstes in einer Turnhalle mit einer kleineren Gruppe bis zu 50 Schüler/innen usw.).

Beispiel: Vertrauenswege bauen und gehen

BLk8.1 *Aufbruch nach Bethlehem*

1. Wir bauen und gehen Wege

Aufwärm- und Laufspiel zu Musik

- *Linienwege gehen*

Einander ausweichen, zurückweichen, ohne die Linien zu verlassen; Aktivität für die Gesamtgruppe.

- *Parcours erstellen, aufbauen, abgehen,*

Drei Gruppen bauen jeweils einen Weg von der einen Hallenlängsseite zur anderen. Alle Gruppen gehen anschließend diese Wege über/unter/durch die Hindernisse oder an ihnen vorbei; Aktivitäten von Einzelgruppen.

2. Wir gehen mit verbundenen Augen – im Vertrauen zueinander

Verschiedene Vertrauensspiele: Führen und geführt werden

- *Roboterspiel*

Eine Schülerin führt die Partnerin (= »Roboter«), deren Augen verbunden sind, mit Hilfe einiger Zeichen durch ein Labyrinth bzw. über den Parcours:

- auf den Rücken tippen = geradeaus laufen
- auf die linke Schulter tippen = ¼ Drehung nach links
- auf die reche Schulter tippen = ¼ Drehung nach rechts
- auf den Kopf tippen = stehen bleiben
- am die Hand nehmen, die Hand einmal drücken = für das Übersteigen von Hindernissen
- an die Hand nehmen, die Hand zweimal drücken = für das unter einem Hindernis Hindurchkriechen.

- *Blinde Raupe*

Die Gruppe stellt sich mit verbundenen Augen in einer Reihe hintereinander auf.
Jede Spielerin legt dem Vordermann die Hände auf die Schultern. Die vordere Schülerin bildet den sehenden Kopf der Raupe und führt sie langsam über Hindernisse hinweg, um sie herum.

- *Partnersuche: Führen durch akustische Signale*

Je zwei Partner bekommen ein bestimmtes Signal zugewiesen oder vereinbaren selbst ein Zeichen, z. B. in die Hände klatschen, pfeifen, murmeln, bellen … Anschließend sollen sich die Partner mit verbundenen Augen aus der Großgruppe herausfinden.
Variante: Eine Partnerin folgt dem akustischen Signal der anderen.

- *Fledermäuse und Nachtfalter*

Die Gruppe bildet einen Kreis. Im Kreis stehen Mitspielerinnen mit verbundenen Augen: 1–2 »Fledermäuse« und 3–5 »Nachtfalter«. Immer, wenn eine Fledermaus »Fledermaus« ruft, antworten die Nachtfalter »Nachtfalter«. Die Fledermäuse hören genau hin und versuchen die Nachtfalter zu orten und zu fangen.

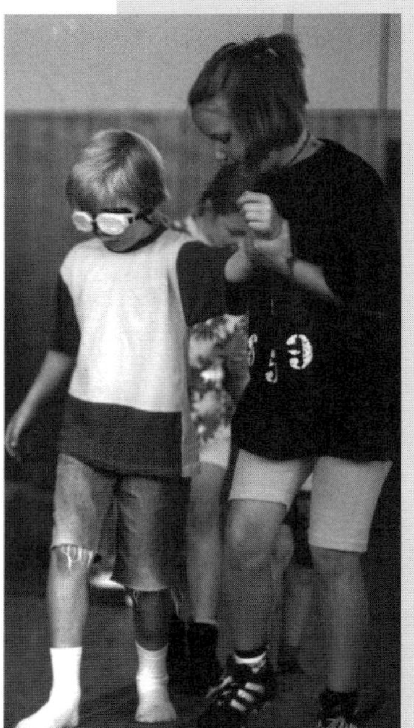

- *Schafe und Hunde*

Eine Schülergruppe (»Schafe«) stellt sich mit verbundenen Augen am Spielfeldrand auf, die zweite (»Hunde«) verteilt sich im Spielfeld. Es ist die Aufgabe der Schafe, vom einen Spielfeldrand zum anderen zu gelangen. Die Hunde bewachen nämlich Felsabgründe, von denen die Schafe in die Tiefe stürzen. Die Hunde warnen die Schafe, die ohne die Hunde zu berühren mit verbundenen Augen durch die dunkle Nacht von einem Weideplatz zum anderen gehen sollen. Die Hunde bellen lauter, wenn ein Schaf dem Abgrund zu nahe kommt. Ihr Bellen wird leiser, wenn die Gefahr geringer wird.

- *Nachtlauf Marias und Josefs, Nachtlauf der Hirten*

Mit verbundenen Augen spurtet eine Schülerin durch eine ca. 5 m breite Gasse von Mitschüler/innen bis zur Ziellinie. Eine Mitschüler/in ruft beim Überqueren der Ziellinie »Stopp!« Erst einige Meter hinter der Ziellinie befindet sich die Hallenwand mit einer Auffangmatte versehen.

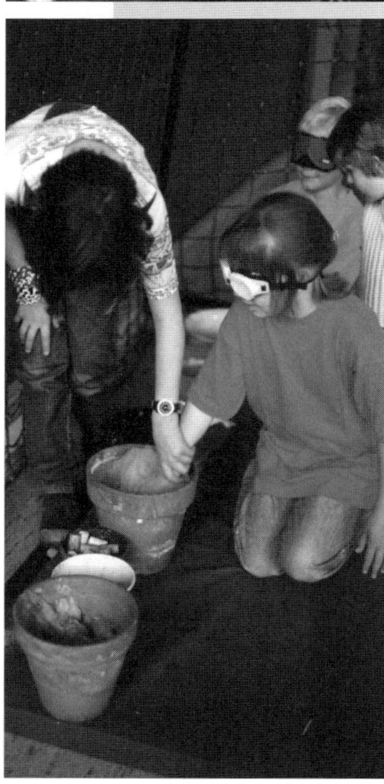

3. Dem Stern entgegen

Die Gesprächsleitung schwingt/bewegt, an einer Hallenseite stehend, eine sternenförmige starke Lichtquelle.
Die Schülerinnen am anderen Hallenende tragen Sonnenfinsternisbrillen und bewegen sich auf den Leuchtstern zu.

4. Wir alle möchten nach Bethlehem

Alle Teilnehmer/innen des Abschlussfestes werden mit verbundenen Augen durch ein Labyrinth in die Halle geführt. Es geht über einen Parcours aus Bänken und Polsterkissen im Eingangsbereich. Die Kommandos finden sich im Roboterspiel.

5. Nachdenkrunden

Alle Übungen sollen mit Gesprächsrunden im Stuhlkreis abgeschlossen werden: Wie habe ich mich gefühlt? In welchem Augenblick habe ich mich besonders einsam, besonders voller Vertrauen, wie Maria und Josef gefühlt?

Lied

Wo ist Raum?

Text: Dieter Stork
Musik: Siegfried Fietz

© ABAKUS Musik Barbara Fietz, 35753 Greifenstein

Unterwegs, schwanger, kein Zuhause

Legebild – Reliefbild

Gestaltung und Kreativität G&KLk8.2

Inhalt

Maria und Josef machen sich auf den Weg nach Bethlehem, um sich in die Liste für die Steuerschätzung einschreiben zu lassen. Wir wollen überlegen, wie der Weg von Maria und Josef ausgesehen haben könnte. Unsere gesammelten Gedanken finden Ausdruck in einem Legebild. Wir suchen Kinder, die zu diesem Thema mit verschiedenen Materialien eine dreidimensionale Collage erstellen möchten.

Material

- *Sachen zum Projekttag mitbringen:* Was nimmt eine Schwangere, ein Flüchtling mit auf die Reise? Denkt euch selbst Sachen aus, die ihr auf die große Bildunterlage, eine feste Pappe, kleben möchtet.
- *Andererseits brauchen wir auch Materialien, um unser Bild herzustellen und aufzukleben*: Kleber, Sand, Erde, Stoffe, Stroh usw. Die Gesprächsleitung besorgt am besten die Materialien, die die Kinder nicht als erstes im Blickfeld haben, z. B. den Kleber, ebenso die Kohlestifte.
- *Wichtig in jedem Fall*: Eine große, dicke Pappe, auf die wir den »Weg« kleben. Eine weitere Variante, die weitere Materialien betrifft, wird unter *Beispiel* ***BLk8.4*** beschrieben.

Weg

1. Stuhlkreis: Wir hören die Geschichte vom Weg Marias und Josefs nach Bethlehem. Der Aspekt »Da machten sich auch auf …« wird hervorgehoben. Die Mühen des Weges werden beschrieben.
2. Rundgespräch in der Gruppe. Die Kinder tragen die »Mühen« des Weges zusammen, ***↗BLk8.2.***
3. Stuhlkreis: *In der Mitte liegt die Pappe, die zum Weg werden soll, neben uns die Materialien, die wir auf den Weg legen wollen. Wir zeichnen den Weg mit Kohlestiften auf die Pappe ein.*
4. Der Weg wird von Kindern gezeichnet: *Wir müssen uns entscheiden, ob wir nur den Weg nach Bethlehem gestalten möchten oder auch die Ankunft, also den Stall und die Geburtsszene!* Entscheidungsprozess in der Gruppe – und Zeichnung auf der Pappe!
5. Die Materialien werden in freier Gruppenarbeit auf das Tableau aufgebracht, zunächst nicht festgeklebt, sondern nur locker gelegt. ***↗BLk8.1***
6. Rundgespräch in der Gruppe. *Jedes Mitglied der Gruppe erläutert, warum es diese Materialien mitbrachte und warum es sie so legte.*
7. Materialien können, wenn es die Gruppe entscheidet, anders gelegt, umgruppiert werden.
8. *So gefällt es uns!* Nun wird geklebt.
9. Wir bauen aus dem Gruppengespräch und gemäß der Gruppenentscheidung den Meditationstext zusammen, mit dem wir dem Plenum unsere Wegetafel vorstellen möchten. Hier kann es zu einer Variante kommen, die unter ***BLk8.3*** zu finden ist.

Organisation

Altersstufe: Ab 1. Schuljahr bis ins Erwachsenenalter hinein.

Struktur: Entwicklung des Modells an einem Projektvormittag, die sich anschießende Entwicklung der Meditation, die bei der Präsentation vorgestellt werden soll, wird am nächsten Vormittag, vor der Präsentation fertiggestellt, also insgesamt 3 plus 1 Zeitstunde. Wird das Projekt in den Stundenplan integriert, so ergeben sich 3 Schulstunden. Die Materialien sollen bereits zur ersten Stunde mitgebracht werden.

Aufbau: Schritte 1 bis 4 in der ersten Stunde; Schritte 5 bis 8 in der zweiten Stunde; Weg, Schritt 8 in der dritten Stunde.

Tipps

1. Unter ***G&KLk7.2, BLk7.5*** werden Tipps zur Einführung des Bibeltextes gegeben.
2. Es muss überlegt werden, wie man das gelegte und geklebte Wegebild vom Herstellungsraum in den Präsentationsraum bringt. Auf alle Fälle muss das aufgeklebte Bild noch durch die Tür passen. Meistens können diese Tafeln nur waagerecht transportiert werden, da sonst zuviel Erde, Sand usw. herunterfällt.
3. Die unter ***BLk8.2*** vorgestellten *Mühen des Weges* können auch als Gerüst für eine engagierte Lehrer/innenerzählung dienen.
4. Unter ***BLk8.4*** wird eine Variante der Gestaltung vorgestellt, die eine vertiefende Entwicklung mit sich bringt. Die in einem *Schweigespaziergang* gesammelten Materialien können eher emotional zu einem Weg zusammengelegt werden. Die am besten in Einzel- oder Partnerarbeit zu entwickelnden *Geschichten* bringen ein weiteres Vertiefungselement.
5. Für diese Variante, Spaziergang, Weggestaltung, Geschichten schreiben und vorlesen, werden Zeit und Ruhe benötigt.
6. Die Geschichten sollen nicht nur plakatiert sondern auch vorgetragen werden. Auch dafür wird Zeit benötigt.

Weiterarbeit

Das Bild, zusammen mit den Erklärungen bzw. der Meditation der Kinder, wird im Foyer der Schule oder auch im Gemeindehaus ausgestellt. Unter *Organisation, Tipps 4–6,* wird eine sinnvolle, ergänzende Weiterführung beschrieben, die die Aktion des Wegebildbaus nochmals verfestigt und vertieft. Die so entstandenen Geschichten werden mit ausgestellt.

BLk8.2
Die Mühen des Weges, die Mühen der Herbergssuche

Beispiel: Mühen, nichts als Mühen

a) Maria und Josef haben Angst, aufzubrechen. Warum sollen sie jetzt von Nazareth nach Bethlehem gehen, wo Maria doch schwanger ist?
b) Die Unsicherheit der Wegstrecke, Räuber, fremde Gegend!
c) Die Zeiten sind unsicher! Wie viele Männer erhoben in den letzten zehn Jahren nach der Ermordung Caesars den Anspruch, in Rom die Regierung zu bilden? Und wenn es in der Hauptstadt dieses Riesenreiches so unsicher ist, wie dann erst in der Provinz? Verbrecher, Räuber, Mörder lauern unterwegs.
d) Und warum müssen Maria und Josef unbedingt nach Bethlehem? Wer kam denn auf diese unsinnige Idee, jeder solle in den Ursprungsort seiner Familie zurückkehren, um dort gezählt zu werden? Ging es nicht noch umständlicher?
e) Und wie sieht es erst in Bethlehem aus? Es führen sich nicht wenige Familien auf David zurück, wie sich leicht denken lässt! Das sind ja Tausende! Denn jeder will doch gern von diesem berühmten König David abstammen. Da werden also Zigtausende in dieses Bethlehem reisen.
f) Und wie sieht's in diesem Drecknest Bethlehem aus? Übervölkert ist diese kleine Stadt, eher ein Dorf. Und die Folge? Überhöhte Preise, 200 Euro für eine Übernachtung pro Person, das wird's sein. Josef, warum müssen wir ausgerechnet in diese Stadt?
g) Und lauter Leute ziehen hierher, die sich das alles nicht leisten können. Denn wie sieht's im Lande aus? Viele Arbeitslose streifen durchs Land, nicht wenige davon in Bethlehem!
h) Josef ist einer von ihnen, ein arbeitsloser Zimmermann, okay, sein Vater hatte viel Geld verdient beim Tempelbau des Herodes, Burg Antonia – aber das war einmal. Nun sind sie alle arbeitslos, diese Handwerker, denen man in der vorigen Generation das Land wegnahm, das ihnen gehörte. Nein, das sind Tausende, die schon längst kein Land mehr besitzen. Arbeitslose, Heimatlose sind das, und Josef gehört zu ihnen.
i) Und Maria, diese junge Frau mit dem Kind im Bauch? Und keinen Pfennig Geld in den Taschen? Ja, die Armut guckt auch ihr aus den Augen.
j) Und ausgerechnet in Bethlehem, so lässt sich ausrechnen, wird das Kind zur Welt kommen. Das kann ja heiter werden. Heiter? Josef, du hast uns ganz schön reingeritten in den Schlamassel.

BLk8.3
Aufbrechen, ankommen, aber wo?

Beispiel: Aufbruch wohin? Kindermund

Unsere Gruppe hat den Weg von Maria und Josef gemacht. Zuerst haben wir alle möglichen Sachen mitgenommen, zum Beispiel: Schere, Kleber, Stoff- und Teppichreste, Schuhkarton, Stroh, Sand, Moos, Steine, Gras, Dornen, Weidenkätzchen, Kies, Blätter, Äste, Erde. Und so sieht unser Weg aus:

Die Mühen des Weges – und wo kommen wir an? In Heu und Stroh!

BLk8.4
Spaziergang, Reliefbild bauen, Geschichten oder Gebete dazu schreiben

Beispiel: Spazierengehen, Materialien sammeln, das Bild kleben, Geschichten schreiben

Es gibt eine interessante Variante, die allerdings eher in ländlichen Gegenden, wo die Natur noch direkt vor der Haustür liegt, in Frage kommt. Es handelt sich um eine Variante zu den Schritten, wie sie im Abschnitt *Weg* vorgestellt werden. Nach der Erzählrunde *Die Mühen des Weges*, ***BLk8.2**, Weg, Schritt 2.*, bricht die Gruppe zu einem *Spaziergang* auf, den sie schweigend unternimmt. Dabei werden die auf dem Spazierweg liegenden Materialien aufgesammelt und in den Gruppenraum getragen. Aus diesen Materialien, die zum Thema ausgesucht werden, wird der Weg gestaltet.
Es ist vorstellbar, dass die Kinder, angeregt durch die Gestaltung ihres Reliefbildes, Weggeschichten schreiben, biblische und eigene. Die Geschichten ergeben zusammen mit dem Reliefbild ein Ganzes. Die Geschichten der Kinder werden auf Pappe aufgezogen und neben dem Reliefbild in Augenhöhe der Kinder ausgestellt. So entsteht eine Lese- und Nachdenkecke.

Welche Geschichten fallen uns bei diesem Bild und bei tausend Fernsehbildern von Krieg, Zerstörung, Flucht und Vertreibung ein? Angstgeschichten? Müllgeschichten? Hungergeschichten? Oder auch: Gottes Engel ist mit unterwegs und zeigt den Weg?

Lied

Leise, leise, leise

Text: Dieter Stork
Musik: Siegfried Fietz

4. Scheinen will ich, scheinen,
lachen und nicht weinen,
ich, der Mond, der droben wohnt,
will mit meinen guten Strahlen
dir die Nacht hell leuchtend malen!
Schlafe, Kind, in guter Ruh.
Deine Mutter deckt dich zu!

5. Leuchtet, Sterne, leuchtet!
Feuchtet, Wolken, feuchtet!
Himmelszelt, komm in die Welt!
Seid nicht ferne, scheue Gäste
hier bei Gottes Freudenfeste!
Singt dem Krippenkind ein Lied!
Singt und jubelt alle mit!

© ABAKUS Musik Barbara Fietz, 35753 Greifenstein

Wir möchten dir dienen ein Leben lang

Tanzpantomime
Gestaltung und Kreativität G&KLk8.3

Inhalt

Wir wollen eine Tanzpantomime entwickeln, die zu dem großen Wegbild *Der Weg von Maria und Josef* passt. Dabei möchten wir nicht nur an den mühevollen und gefahrvollen Weg, den Maria und Josef gehen, als Tanz gestalten, sondern auch die Geburt und die Freude über das neu geborene Kind. Wir wollen tanzen und mit unseren Orff'schen Instrumenten, die wir schon kennen, musizieren. Wer Lust zu Tanz und Musik hat, melde sich!

Material

Ein großer Raum, CD-Spieler, geeignete Musik-CDs, dazu Off'sche Instrumente, leichte Kleidung, Schärpen und Schals usw.

Weg

Der Wechsel zwischen dem Stuhlkreis, in dem das Thema bedacht und besprochen wird, der großen Tanzfläche und dem Standort der Musikinstrumente bestimmt den Gruppenrhythmus. Dieser Wechsel kennzeichnet auch die Aufgabenstellung der Gruppe und erläutert den Prozess, wie diese Aufgabenstellung gelöst werden kann. Es ist nicht nötig, die einzelnen Lernschritte nochmals zu beschreiben. Sie sind unter *Beispiel 1: Zu einer biblischen Geschichte Musik und Tanz erfinden* beschrieben. Weitere Hinweise unter *Tipps!* ↗auch ***BLk7.1***, ***BLk7.3***, auch unter ***BLk8.5*** und ***BLk8.6.***

Organisation

Altersstufe: Ab 3. Schuljahr bis zum 5./6. Schuljahr (Mädchen), dann erst wieder ab dem 10. bzw. 11. Schuljahr.

Dauer, Struktur: Es ist sinnvoll, den gesamten Vorgang wie er unter ***BLk8.5*** beschrieben wurde, an einem Vormittag zu entwickeln, da ein Prozess aus dem anderen herauswächst. Den Vormittag des nächsten Tages sollte man zur Wiederholung und Vorbereitung auf die Präsentation nutzen.

Tipps

1. Die Schritte, wie sie unter ***BLk8.5*** *Zu einer biblischen Geschichte Musik und Tanz erfinden,* beschrieben wurden, können vereinfacht werden. Das Musizieren z. B. wird weggelassen. Die Musik, wie bereits in der Vorbereitung auf das Tanz- und Spielgeschehen beschrieben, kommt von einer CD.
2. Es ist sinnvoll, die Tanzübungen an den Anfang zu stellen, um so ein notwendiges Warming-up zu schaffen.

Weiterarbeit

Die Übernahme des Tanzspieles in eine Feier oder einen Gottesdienst ist möglich. Evangelium, das Legebild, umrahmt von den beiden Tänzen ergeben einen würdigen Einstieg in die Weihnachtspredigt, die im Wesentlichen bereits durch die Kinder gehalten wird und nur einer kurzen Nachbetrachtung bedarf.

Beispiel: Tanz und Musik zur Bibel, Ideen

BLk8.5
Zu einer biblischen Geschichte Musik und Tanz erfinden

- *Mögliches Vorgehen*

Wir sitzen in einem großen Raum im Stuhlkreis zusammen, die Absicht wird angegeben: Wir möchten die biblische Geschichte tanzen, die von der Geburt Jesu erzählt. Nicht nur den einsamen und dunklen Weg nach Bethlehem, sondern auch die Freude über die Geburt, als das Christuskind geboren ist.

- *Vorbereitung, Warming-up*

Die Kinder stehen auf und bewegen sich nach einer Musik, die die Gesprächsleitung aussuchte: *Jede von uns versucht, sich phantasievoll nach dieser Musik zu bewegen. Dabei spüren wir ein Musik-Körpergefühl.*

Die Gesprächsleitung erinnert daran, dass dies ein Tanz werden soll, in dem die Tanzgruppe etwas Gemeinschaftliches erfindet. Darum beginnt die Gruppe mit Übungen zu einer Musik, die sehr einfach ist, aber schöne Figuren ergibt: *Im Kreis stehen, sich niederknien und die Hände erheben, aufstehen, die Hände erheben. Im Tanzkreis entfalten wir gemeinsam eine Figur, eine Geste, eine Szene.*

Die Gesprächsleitung hat auch die Musik ausgesucht, zu der die Gruppe als Gemeinschaft tanzt.

- *Erinnerung an die Weihnachtsgeschichte*

Die Kinder kehren in den Stuhlkreis zurück und erinnern sich an die Geschichte von Weihnachten, wie sie Lk erzählt. Die Möglichkeiten, wie sie unter ***BLk7.5****, Einen Bibeltext in die Gruppe einbringen*, vorgestellt werden, können genutzt werden. Es werden mehrere Methoden zur Entfaltung des Textes in der Gruppe vorgestellt.

Rundgespräch: Die Gesprächsleitung erinnert an die Aufgabe, nicht nur einen Tanz, sondern Musik und Tanz zu dem großen Legebild (***BLk8.2***) zu entwickeln. Die Gruppe findet im Stuhlkreisgespräch heraus: Es könnte ein trauriger Tanz werden, der zu Beginn getanzt wird: Der Weg von Maria und Josef ist schwierig. Ein fröhlicher Tanz kann folgen: Das Kind wird geboren!

- *Tanz und Musik*

Die Teilnehmer/innen gehen zu den Musikinstrumenten, erfinden Rhythmen und Melodien, die sie an den Musikinstrumenten einstudieren.

Einige aus der Gruppe bleiben an den Instrumenten und spielen die selbst ausgedachten Melodien und Rhythmen, die übrigen gestalten die beiden selbst erfundenen Tänze. Die Musikstücke, die kurz sein dürfen, werden als Tanzlieder mehrmals wiederholt.

- *Eine andere Möglichkeit*

Zur Entwicklung einer Tanzpantomime wird unter ***BLk7.1****,* ***BLk7.3****, Tanzpantomime*, angeboten! Siehe dort!

Beispiel: Tanzgeschichten, Kindermund

BLk8.6
Tanz und Musik zur Bibel Kinder-ansichten

Frau G. hatte uns einen Zettel gegeben. Dann mussten wir uns drei Sachen aussuchen. Sandra und ich, wir haben Tanzen und Musik genommen. Wir mussten mit Frau B. in den Musikraum gehen. Sie hatte uns gesagt, was wir mitbringen sollten. Am nächsten Tag haben wir angefangen zu üben. Wir haben zuerst musiziert. Am nächsten Tag mussten wir auftreten. Wir mussten um das Baby tanzen. Dann waren wir fertig. Und das Wichtigste war: Dass ich mich nicht blamiere!

Zwei Regierungserklärungen

Pantomime/Schreibgeschichten
Gestaltung und Kreativität G&KLk8.4

Inhalt

Wir möchten zuerst einige Pantomimen erfinden, die einerseits Stärke und Macht ausdrücken andererseits Barmherzigkeit und Liebe. Was wir da machen, geschieht nicht ohne Grund. Denn aus den Pantomimen entwickelt sich die Spielidee: zwei Regierungserklärungen sollen erfunden werden: die des mächtigen Herrschers und die des Krippenkindes. Augustus, der mächtige Kaiser in Rom, und Jesus, der Messias der Ohnmacht, stehen sich gegenüber.

Material

Wir brauchen einen großen Raum, in dem wir spielen und herumgehen können, Tische und Stühle stehen am Rand. Wir bilden einen großen Stuhlkreis, Tische und Stühle am Rand benötigen wir, um Schreibnester zu bilden; dazu Kohlestifte oder Filzer, DIN A4 Schreibpapier, Kleber, DIN A1 farbiges oder schwarzes Tonpapier.

Weg

1. Wir sitzen im Stuhlkreis. Wir erinnern uns an die biblische Geschichte und tragen die Erzählung vom Zug der heiligen Familie nach Bethlehem vor, ihre dortigen Erfahrungen und die Geburt des *Herrn Jesus*. Weil der andere Herr, *der Caesar Augustus*, die Zählung anordnete, geschah diese Geburt in dem Geburtsort des Königs David, Gottes großem König. Unter ***G&K7.2*** und unter ***BLk7.2*** finden wir Anregungen für die Entwicklung des Textes in der Gruppe.
2. Die Intention des Textes wird durch die Gesprächsleitung vertieft, gemäß ***BLk8.7:*** *Ein wichtiges Wortspiel.*
3. Weiterentwickung durch die Gesprächsleitung in der Stuhlkreisgruppe: *Zwei Personen stehen sich als Herrscher gegenüber: der Herr Jesus, das Krippenkind, und der Kaiser Augustus, zwei Menschen, zwei Zeichen – wofür?* Die Gruppe findet im Gespräch heraus: Macht und Liebe stehen sich gegenüber.
4. Ob wir diese beiden gegensätzlichen Erfahrungen als Pantomimisches Standbild spielen können? ***BLk8.8!***
5. Gestaltungsversuche: *Ich drücke Stärke, Macht, Gewalt aus.* Oder aber: *Ich stelle Versöhnung, Barmherzigkeit, Hilfe dar.*
6. Je zu zweit werden Gebärdenspiele entwickelt; jede Partnergruppe in einer Raumecke, Gestaltung nach ***BLk8.8****: Zur Pantomime, zum Standbild hinführen, eine Pantomime, ein Standbild gestalten.*
7. Es werden die beiden Positionen *Macht* und *Liebe* gestaltet. Wenn wir uns in beide Lebensstile eingefühlt haben, möchten wir das, was wir erlebt und gefühlt haben, zu zwei Regierungserklärungen verschriftlichen. Dies geschieht nach einer kurzen Gesprächsrunde in der Gesamtarbeitsgruppe; zwei Fragen schwingen dabei mit: *Wie habe ich mich gefühlt? Was war für mich wichtig?*
8. Die Gesprächsleitung erklärt: *Wir bleiben in den gebildeten Partnerschaften. Wir schreiben so, als ob wir selbst der Kaiser Augustus und/oder das Krippenkind sind. Wir haben erlebt und gefühlt – und notieren nun zwei Regierungserklärungen, die vom Kyrios Caesar Augustus* und die vom *Kyrios Jesus*. Wir verfahren so, wie unter ***BLk8.9.*** *Eine Raumecke bilden*, notiert wird: *Wir schreiben zwei Berichte, eine Regierungserklärung des Augustus, eine des Jesus von Nazareth. Was haben beide für Absichten, was wollen sie?* ↗**BLk8.7**
9. Alle verfassten Berichte werden in der Arbeitsgruppe vorgelesen. Es folgt ein Gespräch über die vorgelesenen Texte.
10. Die Gruppe überlegt unter Anleitung der Gesprächsleitung, wie die Pantomime und Texte zu präsentieren sind.

Organisation

Altersgruppe: Ab 4. Schuljahr bis zur Erwachsenenbildung

Dauer, Struktur: An einem Projektvormittag die *Schritte 1 bis 7;* am nächsten Morgen bzw. direkt vor der Präsentation *Schritt 8.* Im Rahmen einer Stundenplanentwicklung werden drei Schulstunden benötigt, Schritte 1 und 2 aus Weg für die ersten, Schritte 3 bis 7 in der zweiten, der 8. Schritt in der dritten Schulstunde.

Tipps

1. Die Ausgestaltung des Gegensatzpaares Jesus – Augustus ist entscheidend, Anregungen unter ***BLk8.7*** *Ein wichtiges Wortspiel:* Wir schreiben unsere beiden Regierungserklärungen so, als ob wir selbst der Kaiser Augustus und/oder der Herr Jesus wären.
2. Beide Partner/innen müssen sich einigen, ob sie beide Berichte gemeinsam verfassen möchten oder ob jede/jeder eine einzelne Erklärung notiert, die von Jesus oder die des Augustus.
3. Alle Texte werden auf DIN A4-Bögen notiert, auf DIN A1-Bögen (schwarzes oder farbiges Tonpapier) aufgeklebt und zu einer Wandzeitung ausgestaltet.
4. Die Präsentation kann so gestaltet werden, dass zunächst einige Standbilder vorgestellt und besprochen werden, dann kommt es zum Verlesen einiger Texte, die die Gruppe auswählt. Bitte nicht nur vorlesen, das wird langweilig. Die Standbilder gehören zur Gruppenarbeit!

Weiterarbeit

Aus der Pantomimenarbeit kann einiges in einem Gottesdienst oder in einer Schulfeier Verwendung finden. Die Wandzeitung wird am besten im Foyer der Schule ausgestellt. Reizvoll ist es aber auch, Standbilder und Texte aus der Wandzeitung zusammenzufügen und daraus einen adventlichen bzw. weihnachtlichen Gottesdienst zu gestalten: Macht und Liebe – das Krippenkind und der Kaiser Augustus! Stoff dazu findet sich in ***BLk 8.7****.Ein wichtiges Wortspiel.*

BLk8.7
Ein wichtiges Wortspiel, Textinformation

Beispiel: Zwei Herrschaften, zwei Regierungsstile

Es ist wichtig, im Gruppengespräch die versteckte Intention des Lukas herauszuarbeiten; hierzu eine Gestaltungsanregung: Da gibt es einen Kyrios, einen Herrscher in Rom, der ließ sich von aller Welt als Gott verehren. Er machte große Besuchstouren durch sein Reich, das waren regelrechte Propagandafeldzüge für seine Person und sein Werk. Er bringe den Leuten das Evangelium des Friedens; er sei der Retter der Welt, hieß es. Man hat eine Inschrift gefunden, auf einen Torbogen gemeißelt, die hört sich so an: (Es folgt *Eine Inschrift aus Priene*, S. 64).

Kyrios ist griechisch und heißt Herr. In der Bibel ist damit Gott gemeint. Auch der Kaiser Augustus erklärte, er sei so etwas wie ein Gott, der den Frieden bringe. Lukas erzählt nun, dass der große Kyrios Augustus einen Riesenapparat in Bewegung bringen musste (weil Gott, der Herr, das so wollte), damit der Messias der Juden als Nachkomme Davids in Bethlehem, der Stammstadt aller Menschen, die von David abstammen, zur Welt kommen konnte. Die Juden glaubten, der kommende Messias stamme von David ab: Der große Kyrios Augustus, der Kaiser von Rom, dient damit unbewusst dem wahren Weltenherrn: Gott.

Auch die Orte spielen eine Rolle: Rom und Bethlehem. Rom ist ein Zeichen für Macht und Geld. In Rom flossen alle Steuern des großen römischen Reiches zusammen. Sie wurden dort verwaltet und zum großen Teil auch ausgegeben. Wunderbare Paläste entstanden, Tempel für die römischen und griechischen Götter, eine Glanzstadt mit modernster Kanalisation, die zum Teil bis heute funktioniert. Bethlehem blieb ein kleines Nest, ein unbedeutendes Bauerndorf voller Probleme, bis heute.

Das Wichtigste: Die beiden Regierungsstile sind grundverschieden. Augustus hat viele Kriege geführt, seinen größten Rivalen, Antonius, ermorden lassen (oder in den Selbstmord getrieben). Er schuf eine große Organisation und ein großes Heer. Niemand durfte sich Rom entgegenstellen. Wer das tat, wurde militärisch »erledigt«: Besetzung, Unterwerfung, Ausrottung! Augustus nannte das Ergebnis dieser Politik PAX ROMANA, der Friede Roms. Jesus ist der Kyrios Gottes, der in der Krippe geboren wird, ein unbekannter Mensch ohne Macht und Ansehen. Er stirbt, ohne sich zu wehren, am Kreuz. Trotzdem revolutioniert seine Botschaft die Welt. Man müsse seinen Feind lieben, erklärte Jesus in seinen Predigten. Den Hass solle man durch Liebe überwinden, die Gewalt durch die bewusste Gegenhaltung: Gewaltlosigkeit! Er stirbt, wie er lebt, ohne Gegenwehr, gewaltfrei, obwohl er doch gewaltsam getötet wird. Und doch, so will Lukas sagen, verändert das biblische Evangelium des Kyrios Jesus mehr die Welt als das so genannte Evangelium des Kyrios Augustus. Die PAX CHRISTI, nicht die PAX ROMANA wird die Welt verändern.

BLk8.8
Zur Pantomime oder zum Standbild hinführen, eine Pantomime oder ein Standbild gestalten

Beispiel: Pantomime und Standbild

Wenn eine Pantomime oder ein Standbild als Methode zur Erarbeitung oder als angestrebtes Ergebnis gemeinsamer Arbeit gewählt wird, müssen einige Vorübungen stattfinden, die die Gruppe für das Vorhaben aufschließen. Wir machen diese Übungen in einem großen, leeren Raum, Tische und Stühle sind an die Seite gerückt.

- *Vorübungen*

a) Wir gehen im Raum umher, schweigend, grüßen einen Menschen mit den Augen, gehen weiter usw.
b) Ebenfalls schweigend im Raum umhergehen, mit ausgestreckten Armen, sich mit den Fingerspitzen berühren, bei Berührung Abstand nehmen und weitergehen.
c) Im Raum gehen, sich lärmend begrüßen, einen nach dem anderen, Händeschütteln, Smalltalk.
d) Im Raum gehen, rempeln, weitergehen, das Rempeln muss leise und leicht geschehen, keine Gewalt! Aber es darf geredet werden, Äußerungen sind möglich/nötig.
e) Atom-Molekül-Spiel: die Gesprächsleitung ruft eine Zahl, wir finden uns in der entsprechenden Anzahl zu Kleingruppen zusammen; anschließend sich trennen, weitergehen, eine neue Zahl wird gerufen, neue Gruppen bilden sich.
f) Im Raum umhergehen, schweigend, mit geschlossenen Augen, wie unter b) sich mit den Fingerspitzen berühren, bei Berührung mit geschlossenen Augen weitergehen.
g) Partnerwahl: Ich möchte dir etwas Gutes tun: die Dusche. Mit leichter Berührung streife ich die Partnerin von oben nach unten, vom Scheitel angefangen. Derjenige, der den Körper abstreift, steht hinter der Person. Wir streifen also über den Rücken, immer von oben nach unten. Anschließend schütteln wir unsere Hände kräftig aus; wir streifen schweigend; nach 3 bis 4 Minuten Wechsel.
h) Standbild formen; wieder Partnerwahl; die Gesprächsleitung nennt einen Begriff, den nun die eine Partnerin mit der anderen gestalten muss; ein/e Partner/in ist Bildherauer/in, die/der andere das Denkmal, das geformt werden soll. Das Denkmal stellt den Begriff dar, den die Gesprächsleitung laut genannt hat; die Arbeit geschieht ohne Worte, in stiller Konzentration. Die Bildhauerin formt das Denkmal so, wie sie es will. Die Gliedmaßen bleiben in Erstarrung stehen, wie sie geformt wurden. Auf ein Zeichen der Gesprächsleitung löst sich das Denkmal auf (Gong, Fingerschnippen), Rollenwechsel: Die Bildhauerin wird zum Denkmal usw.; weitergehen, Partnerwechsel, neues Bildhauer/innenspiel.

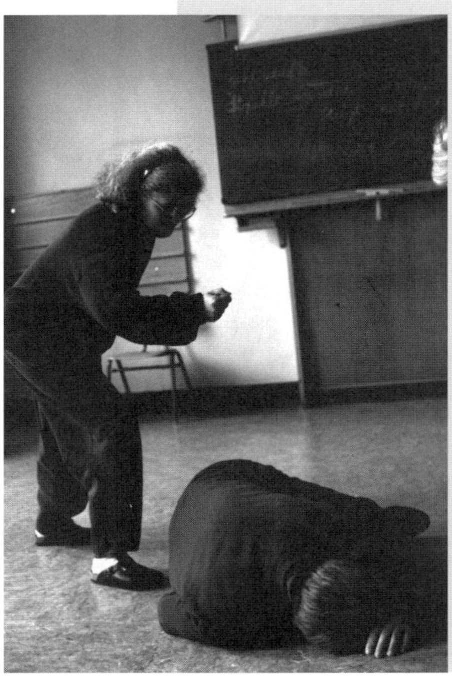

- *Macht und Liebe, Pantomime, Standbild*

Am besten werden Standbild oder Pantomime mit einem eingeübten Partner entwickelt; jedes Paar in einer Raumecke, wir bleiben also alle in unserem großen Raum. Wichtig ist, dass die beiden Lebensentwürfe Jesus – Augustus plastisch vor Augen stehen. Aus dieser Erzählanregung/Gruppenerfahrung/Gruppenerarbeitung wird das Thema pantomimisch umgesetzt. Ansonsten wie unter *Vorübungen h), Standbild formen*. Die beiden Erfahrungen Macht und Liebe sollen in zwei Standbildern ausgedrückt werden. Am besten Wechsel der Positionen von einem Standbild zum anderen, Bildhauer/in und Denkmal wechseln, jeder ist also einmal Denkmal, einmal Bildhauer. Alle Standbilder werden, nachdem die Gruppe wieder im Stuhlkreis sitzt, vorgestellt. Jedes Paar stellt seine beiden Standbilder vor. Es gibt nach jedem Standbild Gelegenheit zum Gespräch.

- *Pantomime oder Standbild*

Eine *Pantomime* lässt einleitende und ableitende Bewegungen zu. Sie nimmt einen Bewegungsablauf auf, verharrt aber in diesem Fall im Wesentlichen bei einem Hauptbild, das, wie gesagt, mit einer Bewegung eingeleitet werden kann und das aus der »Denkmalstarre« in eine Bewegung ausgleiten darf. Aber in der Mitte steht eben das Standbild.

Ein *Standbild* fasst als *Denkmal* eine einzige Momentaufnahme schlaglichtartig ins Auge. Durch einen Gong oder ein Fingerschnippen der Gesprächsleitung wird die Präsentation des Standbildes eröffnet und beendet. Es muss genügend Zeit zum Anschauen gewährt werden. Hinweis: In Gedanken bis 30 zählen!

BLk8.9 *Eine Raumecke bilden*

Beispiel: Vertrauensnester schaffen

Auch Erwachsene, die sich zu einer gemeinsamen Aktion zusammenfinden sollen, aber zufällig »zusammengewürfelt wurden«, stehen häufig unglücklich herum und wissen nichts mit sich anzufangen. Es ist wichtig, dass jemand die Initiative ergreift und ein »Nest«, eine Raumecke bildet. Ein kommunikativer Arbeitsplatz muss geschaffen werden. Handelt es sich um eine Aktion, die entstehen soll, an der mehr als zwei Personen beteiligt sind, ist es allemal notwendig, einen Stuhlkreis zu bilden. Auch bei Partnerarbeit ist zunächst ein Stuhlnest wichtiger als ein Tisch, an den wir uns zwängen. Die Partner sitzen sich gegenüber. Die beiden müssen miteinander reden, ehe sie zu schreiben beginnen. Erst wenn sie sich im Gespräch geeinigt haben und notwendige Fragen abklären konnten, sollten die beiden in eine Schreibhaltung hinüberwechseln, und zwar an einem Tisch, an dem sich die Partner gegenüber sitzen.

Lk9 – Offenbarung an Unterprivilegierte
Lukas 2,8–14

»Fürchtet euch nicht!«

Der Text

In derselben Gegend waren Hirten auf dem Felde. Die hielten Nachtwache bei der Herde. Da trat ein Engel des Herrn zu ihnen. Und sie, die armseligen Hirten, wurden von Gottes Herrlichkeit ganz und gar umstrahlt. Sie hatten eine Heidenangst. Aber der Engel rief ihnen zu: »Fürchtet euch nicht! Siehe, ich sage euch große Freude an, die aller Menschheit widerfährt: Euch ist heute der Befreier geboren, Gottes Messias, der Herr. In der Geburtsstadt Davids kam er zur Welt. Dies ist das Zeichen, das Gott gibt: Ihr werdet ein Windelkind finden, das in einer Krippe liegt.«

Plötzlich war bei dem Engel die Menge der himmlischen Heerscharen. Die lobten Gott und sangen:

Ehre sei Gott in der Höhe
und Friede auf Erden
den Menschen, die Gott gefallen.
Und sie gefallen Gott wirklich alle,
nicht nur einige Auserwählte.

Die Letzten werden die Ersten sein

Hirten

Zum Text

Die Hirtenlegende bildet gegenüber der Geburtsgeschichte ein Gegengewicht. Bisher (VV. 1–7) wurde vom Krippenkind erzählt (Lk 2,1–7), nun setzt das Bild von den *Hirten und den Engeln* einen neuen Akzent (VV. 8–14). Hirten sind nach römischer Vorstellung die romantischen Boten der Ankündigung der Geburt des *soter*, des »Heilandes« (Jes 43,11; Hos 13,4). So sieht es jedenfalls Vergil, ein römischer Dichter, der zur Zeit der ersten Römischen Kaiser gern gelesen wurde und weit verbreitet war.

Sachinfo

Die vierte Ekloge des Vergil

In der 4. Ekloge der Hirtengedichte des Vergil, der ja immerhin zur Augustuszeit lebte (und diesen verherrlichte) lesen wir:

Letzte Weltzeit ist nun; groß aus Ursprungsreine erwächst der Zeitalter Reihe.
Nun kehrt wieder die Jungfrau, kehrt wieder saturnische Herrschaft,
nun wird neu ein Spross entsandt aus himmlischen Höhen.
Sei der Geburt des Knaben, mit dem die eiserne Weltzeit gleich
sich endet und rings in die Welt eine goldene aufsteigt,
sei nur Lucina, du reine, ihm hold;
schon herrscht dein Apoll!

Vergil, Sämtliche Werke, München 1972, S. 15

Zeichen

David wird als Hirte von seiner Herde weg zum König gesalbt (1. Sam 16,11). Und nach einer alten jüdischen Weissagung sollen die Hirten, die auf dem Feld von Bethlehem die Opferschafe für den Tempel in Jerusalem weiden, als erste von der Ankunft des Messias erfahren (E. Beck, Gottes Sohn kam in die Welt, a. a.O., S. 152).

Die Hirten verlangen vom Engel des Herrn kein Zeichen, erhalten aber doch eines: das Kind in der Krippe, in Windeln gewickelt. »Gott sucht die Menschheit in ihrer Armut auf, weil er sie hier an ihrem wirklichen Ort findet« (M. Doerne im Rückbezug auf J. Calvin, in: Er kommt auch noch heute, 1961, S. 22). Eigentlich sagt Lk: Die Hirten bekommen kein Zeichen außer dem Kreuz. Denn was ist ein Windelkind in einer Futterkrippe? Es weist auf die unvorstellbare Weltarmut aller hin. Zwei Drittel aller Menschen werden in unwürdigen Verhältnissen, im Hungerelend, im Stall geboren. Wie Jesus. Jesus mit und unter uns Menschen. Er ist wirklich einer von uns. Gottes Solidarität zeigt sich nicht erst am Kreuz, sondern schon in der Krippe. Die Krippe ist ein vorausgestelltes Kreuz. Die Krippe sagt: Gott ist es ernst mit seiner Solidarität mit uns Elenden.

Vom Gesetz ausgeschlossen, durch den Messias eingeladen

Im jüdischen Umfeld gehören Hirten zum hebr. *am ha arez*, zum Volk vom Lande, einer von den frommen Juden verachteten Menschengruppe. Diesen Leuten wird als erstes die Messiasbotschaft gesagt. Sie, die aus dem Gesetz ausgeschlossen sind, weil sie lügen könnten, wenn es um Schafe geht, die sie unter Umständen unkontrolliert verschwinden lassen, sind vor Gericht als Zeugen nicht zugelassen. Sie gehören, zusammen mit den Gerbern usw., zu den Männern mit einem unreinen Beruf. Aber der Messias, der jetzt geboren wird, ist ja ein Messias der Armen und Verachteten. Gerade deshalb kommt der Engel zu ihnen, den Hirten, sagt ihnen die Geburt dieses Messias an (V. 8).

Sachinfo

Volk vom Lande

Jesus überträgt die atl. Hoffnung für die Hebräer auf die Menschen seiner Zeit (↗*Hebräer*, hebr. *iwrim*, S. 33). In einem Sammelbegriff, wie ihn schon das hebr. *iwrim* bildete, geschieht dies. Jesus preist die Armen glücklich (Lk 6,21ff). Gemeint sind die *iwrim* seiner Tage, die entwurzelten und glücklosen Menschen seiner Zeit, die aus dem Wirtschafts- und Bauwunder des Herodes des Großen als Verlierer hervorgingen, die 200 000 arbeitslosen Fellachen, eben auch die Kranken und Entwurzelten der Herodeszeit. Man nannte sie mit einem hebr. Begriff *am ha arez*, Volk vom Lande, Menschen, die nicht lesen und schreiben gelernt hatten, Analphabeten, die schon deswegen das jüdische Gesetz nicht einhalten konnten, weil sie zum Lernen keine Zeit hatten, sondern von einem Tag auf den anderen ihren eigenen hungrigen Bauch und die hungrigen Bäuche ihrer Kinder füllen mussten, Tagelöhner und Ausgebeutete, die beim Siegeszug des römisch-hellenistischen Wirtschaftskapitalismus ihre Zukunft verloren hatten.

Die Hirten gehörten zu ihnen. Zunächst deswegen, weil man einem Hirten alles Böse zutraute. Würde er immer alle Schafe richtig zählen, oder würde er nicht doch das eine oder andere Lamm verscherbeln? Würde er nicht dem Wolf und dem Löwen wortreich das eine oder andere Schaf zuschieben, das er doch unter der Hand selbst verschoben hatte? Vor Gericht jedenfalls durften Hirten nicht aussagen. Sie galten als nicht zeugnisfähig. Und mit den Hirten waren keineswegs nur die Schweinehirten, die sowieso als unrein galten, gemeint, sondern auch ausdrücklich die Schaf- und Ziegenhirten.

Auf kargem Feld

Auf dem Felde erscheint der Engel den Hirten, ein Bild, das ebenfalls eine romantische Idylle suggeriert (V. 8). Wer aber einmal auf dem Hirtenfeld bei Bethlehem war, wird um eine Illusion ärmer: Ein karger, mit Erde nur sparsam bedeckter Felsuntergrund bietet sich dem Auge. Es ist wirklich nichts los in dieser Einöde. Oder doch? Kain und Abel gehen aufs Feld, wo Kain den Abel erschlägt (Gen 4,8). Auf den Feldern der Ehre (wie das so schön heißt) werden Schlachten geschlagen, fließt Menschenblut unnütz ins Erdreich. Feld bedeutet eher: ein Ort für Unbehauste, ein Unfriedensort, ein Kriegsschauplatz, dem nun der Friede angesagt wird (V. 14). Mordfelder werden zu Friedensweiden.

Die Herrlichkeit des Herrn

Die folgende Botschaft der Engel, ihr Gruß und ihre Ankündigung (VV. 9–14) knüpfen an den vorherigen Bericht vom Krippenkind an (V. 12), wie es auch die Hirten selbst tun (V. 16). Das in Windeln gewickelte Krippenkind wird zum Zeichen.

Aber nun bleibt es nicht beim Symbol für das kommende Kreuz. Es wachsen Zeichen für die sich erfüllende Verheißung, österliche Signale mitten im Stallelend.

Die Erscheinung des Jahwe-Engels ist eine Epiphanie, die Erscheinung Gottes, wie Engelerscheinungen immer die erfüllende Gegenwart Gottes meinen.

Für das Bild von der *Herrlichkeit des Herrn,* die die Hirten umstrahlt, gibt es eine Analogie. Damals, beim ersten Bundesschluss, umleuchtete Jahwes Herrlichkeit den Sinai, erschien dem Mose und dem Volk beim Bundesschluss. Aber sie erschien nur aus der Ferne, leuchtete auf dem Berge. Sie war Mose vorbehalten, also dem Kultträger, dem Bischof und Oberhirten der Gemeinde. Nun kommt sie zu dem verachteten Hirtenvolk. Sie leuchtet die Hirten nicht nur an wie damals den Mose (Ex 24,12–18). Sie ist um sie herum, hüllt sie ganz ein.

Die Hirten fürchten sich. Wenn Menschen in der Bibel Furcht befällt, ist das ein Zeichen, dass Gott wirklich da ist und handelt.

So fließen in der Engelbotschaft verschiedene Heilsbotschaften zusammen: Die Furcht wird aufgehoben, der Mensch soll frei werden! Große, umfassende, alle Trauer auslöschende Freude ist angesagt, endlich! Geschrei, Klage, Weinen hören auf. Alles Volk wird in diese Freude geholt. Niemand wird ausgeschlossen, ausgestoßen. Im Gegenteil, die Ausgestoßenen werden als erste in die Freude Gottes zurückgebracht. Alle sind gemeint (V. 10).

Engelbotschaft

Die Verkündigung der Engel (V. 11) fasst Wesentliches zusammen: In Bethlehem, der Davidstadt, wird der Befreier und Retter, geboren, der Messias, der Herr. Drei christologische Titel werden nacheinander aufgeführt, Titel, mit denen Lk die Sendung dieses Jesus aus Nazareth bekenntnishaft umschreibt. In der Konzentration der Titel sagt sich die Fülle an. Der erste Titel, griech. *soter,* »Befreier«, »Retter«, spielt deutlich auf die Alternative an: Nicht Augustus, der Erhabene, wird der Befreier sein, sondern der in Bethlehem geborene Messias Jesus, das Krippenkind. Die Titel *Herr* und *Befreier* werden im AT nicht nur auf den erwarteten Messias, sondern vor allem auf Jahwe selbst angewandt.

Einige sehr alte Textzeugen schreiben statt *Christus* »Herr«, also: statt einer Aufzählung zweier christologischer Titel einen Genitiv: *der Christus des Herrn.* Diese Schreibweise hat viel für sich. Lk bliebe mit dieser Schreibung ganz im Umfeld des hebräischen Denkens, wie schon vorher: Der Messias Gottes wird angekündigt und im Stall geboren.

Engelheer, Engelgesang

Das Engelheer, die Menge der himmlischen Heerscharen, wieder ein doppeldeutiges Bild (V. 14): Zunächst einmal sind es die Heerscharen des Jahwe Zebaoth, des mächtigen Kriegsgottes im AT. Aber diese Kriegsscharen wandeln sich ja bereits im AT zu himmlischen Heerscharen (Ps 46,1 ff; Jes 6,1 ff), die die Macht und Ehre des Himmel und Erde umschließenden Gottes besingen. Das freilich ist eine besondere Macht: »Es wird nicht durch Macht und durch Heer geschehen«, sagt die atl. Prophetie, »sondern durch *meinen Geist,* spricht der Herr« (Sach 4,6).

Auch kommt die Gethsemane-Szene in Erinnerung. Jesus hätte die Macht, seinen Vater um sechs Legionen Engel zu bitten, die ihn aus Gefangennahme und Tod befreien könnten. Er aber geht bewusst den gewaltfreien Weg, den Weg der Ohnmacht, den Kreuzesweg, der zum österlichen Sieg, zum eigentlichen und wirklichen Friedenszeugnis Gottes wird (Mt 26,51–54).

Nicht der Frieden durch Waffen, nicht die Befreiung durch Kriege, nicht ein Augustus-Friede steht in diesem Jesus an. Der Friede des Kreuzes wird durch das Heer der Engel besungen, die durch ihre Anwesenheit und ihr Lied diese Alternative Gottes bekannt machen. Nicht umsonst weisen die Engel auf die Krippe hin. Dieser Gottesfriede aus Krippe und Kreuz war und ist nötig, nach all diesen Kriegen, denen des Augustus und den Kriegen heute. Lk besingt das grundlegende Angebot Gottes an die Menschen, den Schalom Gottes, der in Jesus Wahrheit wird!

Menschen des Wohlgefallens

Über das griech. *en anthropois eudokias* ist viel geschrieben worden. Ich deute es so: Friede wird den Menschen eingestiftet, die dadurch das Wohlwollen, die Huld Gottes ganz neu erleben werden. Dieses Wohlwollen gilt nicht einigen wenigen. So wie der unbeständige und trügerische Augustusfriede, die PAX ROMANA, gemäß römischer Propaganda den Menschen des gesamten Erdkreises gilt, so gilt umso mehr dieser Gottesfriede, der alle Vernunft übersteigt. Er macht vor keiner Grenze der Kultur, der Hautfarbe oder Volksgemeinschaft halt. Nicht umsonst konzipiert Lk seine Engelbotschaft in Analogie zu den Augustusbotschaften, die als Losung in Stein gemeißelt und als Gruß in Torbogen eingemauert wurden, wenn der Imperator die Stadt betrat (↗*Eine Botschaft aus Priene*, S. 64).

Es sind also alle gemeint! Wir treffen vorschnell wieder eine Auswahl: *Friede auf Erden bei den Menschen göttlichen Wohlgefallens*, so einige Zeugen. Aber dann gibt es auch Menschen des Missfallens Gottes? Auch der Vulgatatext ist abzulehnen: *Menschen guten Willens*. Das hieße: Die einen, die den guten Willen in sich tragen, werden mit dem Leben beschenkt, die anderen gehen verloren?

Alle, alle sind gemeint. Wie würde sonst der Eingang des Lukasevangeliums im Engelgesang bestätigt? Gott hat an seiner von ihm geschaffenen Menschheit ein neues Wohlgefallen, ein neues, unüberbietbares liebendes Interesse gewonnen. Vom Armutsort Bethlehem ins reiche, großmächtige Rom wird sein Messiasevangelium gelangen.

Arme Schweine

Die Hirten sind arme Schweine. Sie schuften wie die Irren, frieren in den kalten Höhennächten, verbrennen in der Mittagsglut, werden verantwortlich gemacht, wenn etwas mit der Herde nicht klappt, werden zur Rechenschaft gezogen, wenn etwas schief geht, werden angeklagt, wenn ein Schaf fehlt: Sie hätten es wohl selbst gestohlen und verschoben.

Diesen Leuten sagt sich der Christus als erster an. Gott selbst kommt auf die Erde, kommt zu den Unterprivilegierten und richtet für sie und mit ihnen als erstes sein Reich auf: im Kind in der Krippe.

Denkphase…! Wie geht es weiter?
Tische und Stühle sind nicht nötig.
Irgendwie kommen wir auf dem Boden der Tatsachen besser zurecht…!

Große Freude

Tonfiguren modellieren und damit spielen
Gestaltung und Kreativität G&KLk9.1

Inhalt

Unsere Gruppe ist eingeladen, die Figuren der Weihnachtsgeschichte aus Ton zu formen. Wir werden fragen: *Wer gehört alles dazu?* Und wir lernen: *Wie bauen wir eine Tonfigur auf?* Auf jeden Fall möchten wir nicht nur die erste Szene, den Weg nach Bethlehem, gestalten. Die Hirten und die Freude der Engel gehören mit ins Bild. Vielleicht beginnen unsere Tonfiguren, wenn wir sie hergestellt haben, auch zu reden? Und es entsteht ein Tonfigurenspiel? Was weiter werden kann, werden wir miteinander entscheiden!

Material

Ton, im Fachhandel preiswert zu erhalten, dunkler, heller (roter) oder weißer Ton. Der dunkle Ton erscheint mir für unser Vorhaben am besten geeignet zu sein; wir brauchen einen Raum mit Tischen, an denen der Ton verarbeitet werden kann. Unterlagen aus Plastik oder Ähnlichem sind nicht nötig, da Tonschmutz mit einem nassen Lappen abgewischt werden kann. Wir benötigen auch einen Schneidedraht, am einfachsten einen Blumendraht, der an beiden Enden um handfeste Holzstöckchen gebunden wird, damit wir den Schneidedraht gut fassen können. Mühelos können damit aus der Tonstange Platten für die einzelnen Schüler geschnitten werden; dies wird am besten vom der Gesprächsleitung vorbereitet.

Weg

1. Stuhlkreis, das Vorhaben wird angekündigt: *Die Weihnachtsgeschichte mit selbst hergestellten Tonfiguren in Szene setzen und mit den Figuren spielen.*
2. Der Ton wird geknetet, Angaben dazu unter ***BLk9.1***.
3. Zurück in den Stuhlkreis, Figurengespräch, wie unter ***BLk9.1*** angegeben.
4. Wir sitzen an den Tischen: *Wir bauen unsere Tonfiguren. Jeder hat sich ja eine Figur ausgesucht, die er gestalten möchte!*
5. Namensgebung, erstes Spiel im Stuhlkreis. Die Figuren stehen in der Stuhlkreismitte, wir beugen uns zu ihnen und spielen mit ihnen. Es ist auch möglich, dass einzelne Schüler/innen ihre Figur zu sich holen und von ihrem Sitzplatz aus Monolog gestalten.
6. Vom Monolog zum Dialog: *Welche Figuren gehören zusammen? Vielleicht spielen erst die Hirten usw. untereinander, dann gibt es Dialoge von Gruppe zu Gruppe.*
7. Versuch des Zusammenspiels in der Gesamtgruppe.
8. Gruppenentscheidungen treffen, wie der endgültige Ablauf sein soll. Mehrere Spielversuche wagen, verschiedene Durchläufe riskieren! Anschließend endgültige Spielfestlegung, die sich jedoch beim Spiel immer noch verändern kann!

Organisation

Altersstufe: Ab 2. Schuljahr bis ins Erwachsenenalter.
Struktur: Der Gesamtentwurf vom Ausprobieren des Tons bis zur Spielgestaltung kann in einem Projektvormittag durchgeführt werden. Auf Schulstunden aufgeteilt, benötigen wir zwei oder besser drei davon, Schnitte können nach dem 4. und dem 6. Schritt gemacht werden.

Tipps

1. Den Raum doppelt organisieren, a) Stuhlkreis, b) Tische, an denen gemeinsam mit Ton gearbeitet werden kann, also eine Tischgruppe bilden.
2. Für den 2. Projekttag ist vor der Präsentation eine Spielwiederholung vorzusehen, da die Texte über Nacht eventuell wieder vergessen werden! Also unbedingt eine Einspielphase vor der Präsentation vor den anderen Gruppen vorsehen!
3. Es ist auch sinnvoll, die entwickelten Monologe und Dialoge zu verschriftlichen, um ein »Textgerüst« für das Spiel vor den Anderen zu haben.

Weiterarbeit

Die Tonfiguren werden sechs Wochen lang in einem kühlen Raum zum Trocknen aufgestellt, nicht im Heizungskeller, dort geht der Trocknungsvorgang zu schnell vor sich (Rissegefahr!). Dann werden sie vorsichtig das erste Mal gebrannt, im so genannten Schrühbrand, einem Brand, der nicht die allerhöchsten Temperaturen hat. Es folgt dann die Bemalung mit Glasurfarben, anschließend folgt der Festbrand. Danach sind die Figuren fertig!

Es darf weitergespielt werden!

- *Eine erste Möglichkeit:* Die Figuren werden fotografiert. Es entstehen Meditationen zu den Figuren, auch können die bereits entwickelten Monologe verschriftlicht werden. In einem Gottesdienst, in dem die Figuren aufgestellt und gezeigt werden, können zu den Lichtbildern die angefertigten Meditationen präsentiert werden. Zwischendurch singen wir einige weihnachtliche Lieder, ein Schlussgebet sammelt und sendet!
- *Eine zweite Möglichkeit:* Das bereits entwickelte Figurenspiel bildet die Mitte eines weihnachtlichen Gottesdienstes.
- *Eine dritte Möglichkeit:* Die Figuren werden in der Schule, im Gemeindehaus oder in der Kirche mit den entsprechenden Texten, einigen Mono- und Dialogen ausgestellt.

BLk9.1
Vom Ton zum Text, zur Tonfigur, zum Tonfigurenspiel

Beispiel: Ton, Figuren, Worte, Bilder

Am Anfang

Je nach Altersstufe verschieden, aber doch insgesamt stürmisch-zärtlich ist das Verhältnis von Kindern zum Ton. Sie stürzen sich geradezu auf ihn, so meine Beobachtung. Dieser Drang des Kindes ist auszunutzen. Am Anfang steht also nicht der Erzählzusammenhang, sondern die erste gestalterische Tonerfahrung. Die Gruppe sitzt an Tischen, ihr wird erklärt, dass Ton geschlagen werden muss, damit er keine Blasen wirft, welche später, wenn die Figur gebrannt wird, diese zum Platzen bringen. Als Formungsgeräte werden nur kleine Hölzer zugelassen. Auch bitte kein Wasser benutzen, um den Ton gefügig zu machen, sonst reißt er! Gefügig wird der Ton allein durchs Kneten! Also, die Tonscheiben werden zuerst geschlagen und geknetet, ein ohrenbetäubender Lärm bricht los, gleich in welchem Alter die Kinder sind. Die Platten klatschen nur so auf den Tisch, was aber bald aufhört. Jede Pseudoaggression geht einmal zu Ende.

Erste Gestaltungsversuche

Die Gruppe macht nun erste Gestaltungsversuche, ohne Themenbezug. Es wird der Aufbau einer Tonfigur erklärt: Die Figur wird aus kreisrunden Würsten aufgebaut, die, aufeinander geschichtet, zu einer Figur hochwachsen. Oder es werden Platten aneinander gefügt, die freilich nicht zu dünn gezogen werden dürfen, da sonst die Figur zusammenstürzt. Nochmals wird der Hinweis gegeben, dass beim Formen der Figuren (oder auch Reliefplatten) keine Bläschen entstehen dürfen, wegen der bereits bekannten Zerplatzgefahr. Und nochmals der zweite wichtige Hinweis: *Bitte die Figur von innen hohl aufbauen, weil sie sonst beim Brennen zerspringt. Auch dürft ihr keine abgeschlossenen Lufthohlräume produzieren, aus gleichem Grund.*

Personen und Szenengespräch

Es wird nun, im Stuhlkreis sitzend, auf die Weihnachtsgeschichte zurückgelenkt, am besten wird in der Gruppe gesprächsweise ein Tafelbild erarbeitet: *Welche Szenen wollen wir gestalten? Welche Personen, Tierfiguren und Symbole, aus Ton geformt, brauchen wir? Welche davon sollen in welcher Szene vorkommen?* Diese Gruppenarbeit wird zur Grundlage unserer weiteren gestalterischen Arbeit.

Welche Figur möchte ich herstellen?
Die sich anschließende Wahl von Personen und sonstigen Figuren (Symbol für … oder: Tiere, Baum usw.) ist äußerst wichtig und soll in gemeinschaftlicher Abstimmung geschehen. Erst wenn alle Kinder ihre Wahl getroffen haben, macht sich die Gruppe ans Formen. Es muss auch in der Gruppe über Höhe und Stärke der Figuren gesprochen werden. Es gilt: Je größer die Figuren, desto schwieriger ist ihr Aufbau, desto leichter aber das nachfolgende Spiel. Jede/r Former/in baut zur eigenen Figur eine Beziehung auf, es ist ja ein Stück aus dem eigenen Leben, das dargestellt wird: *Indem ich die Figur aufbaue, baue ich das auf, was diese Person denkt, fühlt, sagt, spielt.*

Namensgebung
Wir sitzen im Stuhlkreis, die hergestellten Figuren stehen, auf ein stabiles Stück Pappe gestellt, in der Stuhlkreismitte. Am besten versuchen wir jetzt, über eine Namensgebung ins Spiel zu kommen. Zuerst gibt es echte Monologe, ein Hirte erzählt aus seinem Leben, Maria, Josef, ein Einwohner aus Bethlehem: *Die Namen, die ihr euren Figuren gabt, beginnen zu leben*. Anschließend spielen Maria und Josef, die Hirten, die Engel usw. untereinander. Wir ordnen die Figuren Spielgruppen zu. So kommen die Gruppen ins Gespräch. Entwickelt sich ein Spiel? Die Gesprächsleitung könnte zuhören und mitschreiben, einzelne Dialoge notieren.

Gruppenentwicklung, Weiterspielen
Es folgt eine Gruppenentwicklung. Vor der Großgruppe werden die einzelnen entstandenen Szenen besprochen und zusammengefügt. Die Entwicklung der einzelnen Arbeitsphasen verläuft ähnlich wie unter ***BLk6.1***, Vom Text zum Spiel, Spieleröffnung und Spielentwicklung, S. 44.

BLk9.2
Ich verkündige euch große Freude – Tonfigurenspiel

Beispiel: Meine Weihnachtsgeschichte in Ton

Ich bin der Verkündigungsengel,
sage die Geburt des Messias an.
Maria wird sich wundern.

Maria, ich verkündige dir große Freude.
Du bist schwanger,
bekommst einen Sohn.
Er wird Gott auf dieser Erde vertreten
und ein neues Zeitalter ausrufen.

Da liegt das Kind in der Krippe,
mein Kind.
Es wird Gottes Weg gehen.
Ich werde es begleiten.

Ich, Josef, bin erstaunt.
Was soll ich sagen?
Ich bin der Vater, sicher.
Ich werde bei Maria bleiben.

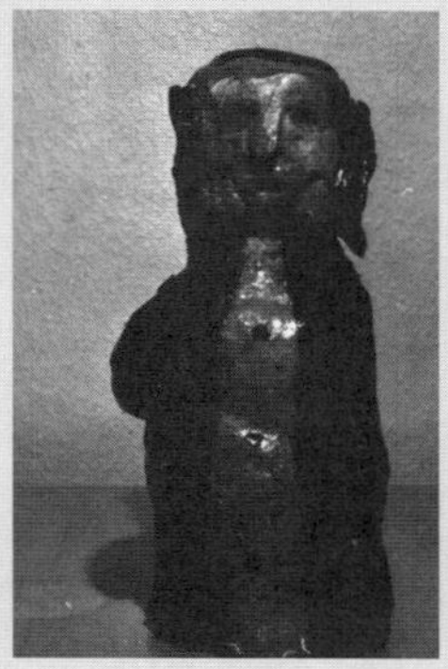

Ich bin ein Hirte aus Bethlehem.
Gottes Engel segnet mich?
Dieses Wunder geschieht?

Ich bin der Engel vom Hirtenfeld.
Ich bringe den Hirten die Botschaft
von der Geburt des Befreiers.
Die Hirten werden sich wundern.

Siehe, ich verkündige euch große Freude,
die allem Volk passieren wird.
Mein lieber Kokaschinski, sagen die Hirten,
und wundern sich tatsächlich.

Ich habe die Hirten
zum Kind in der Krippe gebracht.
Ihr hättet die Gesichter sehen sollen.
Des Kindes, der Eltern, der Hirten.

Da sind noch andere zum Kind unterwegs,
sogar Könige aus dem Morgenlande,
viele, bis heute.
Ich glaube, sogar ich.

Lied

Das Hirtenvolk

Text: Dieter Stork
Musik: Siegfried Fietz

© ABAKUS Musik Barbara Fietz, 35753 Greifenstein

Den Himmel sehen und weitermalen

Fensterbilder I: Transparentbilder anfertigen
Gestaltung und Kreativität G&KLk9.2

Inhalt
Vieles ist uns lieb geworden an der Weihnachtsgeschichte: Maria, Josef, das Kind, die Engel, die Hirten. Darum wollen wir ein Fensterbild ganz traditionell gestalten. Die Aktion kann durch die Arbeitseinheit ***G&KLk10.4*** *Et word de heele Nacht nich still* ergänzt werden.

Material
- Schwarzes Tonpapier
- Transparentpapier
- Kleber
- Scheren
- Cuttermesser
- dicke Pappunterlagen

Weg
Schablonenartige Bilder zur Weihnacht sind unvermeidlich. Also soll ihre Entstehung auch beschrieben werden.
1. Wir sitzen im Stuhlkreis und erzählen einander, welche Figuren wir brauchen, wenn wir die Weihnachtsgeschichte des Lk ins Bild setzen wollen. Namen und Fakten auf der Wandtafel notieren!
2. Wer macht wen? Jedem Kind wird eine Figur zugeordnet.
3. Die Figuren werden in Scherenschnittmanier aus schwarzem Tonpapier ausgeschnitten und mit farbigem Transparentpapier hinterlegt.
4. Die ausgeschnittenen und mit Transparentpapier ausgeklebten Figuren werden als Fensterbild geordnet und auf ein Fenster aufgebracht.
5. Das Aufgeklebte wird besprochen. Es können Rollentexte entstehen.

Organisation
Altersstufe: Ab 2. Schuljahr aufwärts.
Struktur: Herzustellen an einem Vormittag innerhalb eines Projektvorhabens, *Schritte 1–4*. Das ausführliche Gruppengespräch, aus dem Rollentexte entstehen können, erfolgt am besten am zweiten Projekttag, vor der Präsentation. Wird das Projekt in den Schulstundenrahmen gelegt, wird es auf zwei Schulstunden verteilt, *Schritte 1–4* in der ersten Schulstunde, *Schritt 5* in der zweiten, mit ausführlichen Spielen und Gesprächen.

Tipps
1. Die dicken Pappunterlagen werden benötigt, um die scherenschnittartigen Bilder nicht nur mit der Schere, sondern auch mit dem Cuttermesser ausschneiden zu können. Die Arbeit mit dem Cuttermesser ergibt gerade Schnitte.
2. Die Schere wird für die Rundschnitte gebraucht.
3. Durch eine abschließende Schreibaktion kann die zweite Schulstunde vorbereitet werden: Ich denke mir zu meiner ausgemalten Figur eine Geschichte aus, die ich auch aufschreibe und zur nächsten Schulstunde mitbringe!
4. Die Transparentbilder herzustellen, kann eine andere Gruppenaktivität unterstützen, die eher auf verbale Aktion gestützt wird, wie es die Gesprächsleitung in diesem Fall verwendete. Das unter ***LkG&K10.4*** und ***10.5*** *Et word de heele Nacht nich still* und seine Gestaltung wurde mit dem Scherenschnittprozess ***LkG&K9.3*** kombiniert.

Weiterarbeit

Das Fensterbild kann Mittelpunkt einer Weihnachtsbetrachtung bzw. -meditation werden, wenn die Feier durch andere Aktionen mitgetragen wird. Es bieten sich alle Arbeitsideen aus ***G&KLk 8*** bis ***10*** an sowie die angebotenen Lieder. Aber die Hinzunahme von einer, höchstens zwei der Kreativitätsideen in einen Gottensdienst genügt!

Blk9.3
Transparentbilder anfertigen
Scherenschnitte

Beispiel: Bunte Scherenschnitte, ins Fenster geklebt

Bei dieser Art von Fensterbildern steht die Tradition Pate: Mittelalterliche Buchmalerei, Ikonenmalerei. Aus dem Anschauen von Bildmaterial aus dieser Bilderwelt entwickelt sich die Arbeit der Kinder. Höchstens ein Beispiel/eine Ikone vorstellen, daraus die Gestaltung der Figuren ableiten. Jedes Kind entscheidet sich für eine Figur:

- Krippe
- Maria
- Joseph
- Hirten (mehrere Figuren)

Auf großem weißen Papier wird die Figur aufgemalt. Es ist darauf zu achten, dass die Konturen der Figuren nicht nur durch Striche, sondern durch breite Bänder gekennzeichnet werden. Das Prinzip des Scherenschnitts wird so ins Bewusstsein gebracht: Alles muss aus einem Schnitt entstehen – alles Ausgeschnittene bleibt miteinander verbunden. Um dieses Prinzip noch besser zu verinnerlichen, werden die breiten Konturen der gemalten Figuren mit einem schwarzen Filzstift deutlich gekennzeichnet und dick nachgefahren. Erst wenn diese Schwarz-Weiß-Vorlage fertiggestellt wurde, gehen wir ans Ausschneiden der Figuren aus schwerem Karton. Die so hergestellten Scherenschnitte werden mit bunten Transparentpapier hinterklebt. ↗Tipps!

So sahen unsere Transparentbilder aus, unsere Scherenschnitte, die wir in unserer Gruppe anfertigten. So sahen wir aus, unsere Gruppe!

Zur Präsentation schmücken unsere Transparentbilder die Wand aus Glasbausteinen unserer Turnhalle. Anschließend werden wir die Bilder in die Fenster unseres Klassenzimmers kleben.

Lied

Hirten sind gekommen

Text: Dieter Stork
Musik: Siegfried Fietz

© ABAKUS Musik Barbara Fietz, 35753 Greifenstein

Die Unterprivilegierten sind die Privilegierten

Fensterbilder II: Folienmalerei

Gestaltung und Kreativität G&KLk9.3

Inhalt

Maria, Josef, die Krippe – das kennen wir, dazu die Hirten, die Schafe, die Engel. Denen, die sonst immer hintanstehen müssen und die von allen verachtet werden, wird zuerst die Botschaft von der Geburt des Heilands verkündigt. Sie sind auch die ersten Gäste an der Krippe. So werden die Verachteten und Gemiedenen zu den erstgeladenen Gästen. Das wollen wir als ein Fensterbild in verschiedenen Figuren gestalten.

Material

- Klarsichtfolie
- starke Malerfolie
- feine und grobe Pinsel
- Farbrollen
- Farbtöpfe bzw. einfache, verschraubbare Marmeladengläser
- Acrylfarbe (echte, keine Dispersionsfarbe, die blättert ab!)
- Restrolle unbedruckten Zeitungspapiers (aus der Druckerei oft kostenlos)
- große Malbögen im DIN A1-Format
- Kohlestifte
- großer Raum

Weg

1. Wir sitzen im Stuhlkreis um unsere beklebte Folie herum.
2. Wir hören/lesen/gestalten die Weihnachtsgeschichte, Vergegenwärtigung gemäß ***BLk7.5***: *Ein Bibeltext wird lebendig.*
3. Im Rundgespräch werden wichtige Figuren und Ereignisse aus der Weihnachtsgeschichte erinnert.
4. Zeichenversuche auf dem Zeichenkarton DIN A1;
5. Rundgespräch mit Vorstellung der ersten Zeichenentwürfe;
6. Die Entwürfe werden zu einem Konzept auf der Malfolie zusammengefasst; Rundgespräch und Vorzeichnungen auf der Folie.
7. Ausmalen und gestalten!
8. Rundgespräch: *Meine Figur beginnt zu reden. Ich erzähle: Was denkt sie? Was sagt sie?*
9. Entwicklung der Kindertexte zur Bildbetrachtung, die im Rahmen der Präsentation vorgestellt wird.

Organisation

Altersstufe: Ab 2. Schuljahr aufwärts.

Struktur: Bemalung der Folie an einem Vormittag innerhalb eines Projektvorhabens, *Schritte 1–6*. Das Gruppengespräch, aus dem Rollentexte entstehen können, erfolgt am besten am zweiten Projekttag vor der Präsentation, *Schritt 8*. Wird das Projekt in den Schulstundenrahmen gelegt, wird es auf drei Schulstunden verteilt: *Schritte 1 bis 6* in der ersten Schulstunde, *Schritt 7 bis 8* in der zweiten, SCHRITT 8 in der dritten Schulstunde, mit Spielen und Gesprächen.

Tipps

1. Die Folie wird auf dem Boden mit Kreppband festgeklebt, vorher wird sie mit weißem Papier unterlegt, damit das Gemalte besser sichtbar ist.
2. Malraumeinrichtung: In der Stuhlkreismitte wird die Malfolie befestigt, Stuhlkreis drumherum.
3. Zum Malen setzen oder legen sich die Kinder auf den Boden.
4. Für die Entwicklung der Schlussmeditation *(Weg, Schritt 8)* setzen wir uns in den Stuhlkreis zurück.

Weiterarbeit

Das Fensterbild kann in der Pausenhalle vor einem großen Fenster aufgehängt werden. Vor dem Fensterbild können sich Gruppen versammeln, es betrachten und adventliche bzw. nachweihnachtliche Meditationsandachten halten: Lied – Bildbetrachtung aus der Gruppe, vielleicht mit einer Ich-sehe-Runde, ↗*BLk9.4* – Ergänzungen der Gesprächsleitung – Lied – Gebet – Segensbitte.

BLk9.4
Eine Ich-sehe-Runde

Beispiel: Ich sehe was, was du nicht siehst!

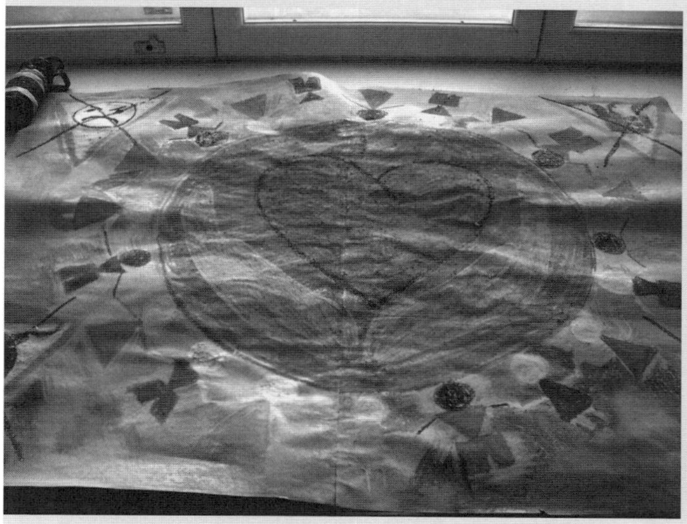

Alle sitzen um ein größeres Bildmotiv herum oder im Halbkreis vor ihm, am besten – falls er nicht zu kalt ist – auf dem Fußboden. Jeder darf sich nun zu dem Bild äußern, aber nicht wertend: das Bild sei schlecht, gefalle nicht, es sei besonders gut! Um solche Werturteile zu vermeiden, wird beschrieben. Alle unsere Sätze beginnen mit: »Ich sehe ...« Was der Betrachter sieht, wird beschrieben. Nach der Beschreibung darf eine Betrachtung folgen: »Ich sehe darin«; »ich deute ...!« Wichtig bleibt, dass die Bildbetrachtung nicht in eine Diskussion einmündet: »Ich sehe das Bild völlig anders als du ...« Und prompt wird ein verborgener Gruppenkonflikt über ein Bild ausgetragen!!

Darum wird zu Beginn der Ich-sehe-Runde bekannt gemacht: »Alle Bildbetrachtung ist subjektiv! Unsere Spielregel lautet: Jeder darf seine eigene Deutung wählen. Sie ist ebenso richtig wie die Deutung des Anderen aus seiner Sicht richtig ist. Bisherige Deutungen werden ergänzt durch weitere Beobachtungen, durch alternative Sichtweisen.« Nichts wird »bekrittelt«, was ein Anderer zu diesem Bild sagt. »Erst aus der Vielfalt der Meinungen zu diesem Bild ergibt sich eine gewisse Wahrheit ...«

Am Ende der Ich-sehe-Runde berichtet die Herstellergruppe, was sie mit diesem Bildwerk meint. Auch die Herstellergruppe hat nicht das Recht auf eine absolute Wahrheit, die in dem von ihr angefertigten Bild steckt. Sie darf sich für die Vielfalt der Meinungen bedanken – und doch bei ihrer eigenen Wahrheit bleiben.

BLk9.5
Leuchtbilder im Fenster, Fensterbilder II

Beispiel: Wer kommt zum Kind?

Bischöfe, die eine Kirche bauen möchten? Wissenschaftler, die die Welt berechnen? Die Sonne strahlt. Geheimnisvolle Zeichen leuchten. Ein Wunder geschieht: Der Christus Gottes ist geboren! Ganz rechts, kaum erkennbar, aber doch auf unserer riesigen Folie der Esel, dazu mehr unter ***BLk9.6.***

BLk9.6
Kindermund

Beispiel: Lehrling und Meister

In unserer Gruppe bei Herrn P. haben wir ein Fensterbild gemalt über Josef und Maria. Das Fensterbild war schön. Ich habe einen Esel gemalt. Da haben alle Kinder gesagt: ›Der sieht ja wie ein Schwein aus!‹ Dann hat Herr P. etwas davor gemalt. Dann habe ich die Schnauze davor gemalt. Da sah der Esel schon besser aus.

Lk10 – Die Fernen kommen nah
Lukas 2,15–20

Alles, was sie gesehen und gehört hatten

Der Text

Nun kam es so: Die Engel gingen von ihnen weg, ins Himmlische zurück. Da besprachen sich die Hirten untereinander: »Wir wollen nach Bethlehem gehen und sehen, was dort passierte, was der Herr uns ansagte.« Sie brachen eilig auf und fanden Maria und Josef, dazu das Kind, das in der Krippe lag. Als sie das Kind sahen, erzählten sie, was sie über dieses Kind gehört hatten. Und alle, die es hörten, wunderten sich über das, was ihnen die Hirten sagten. Maria bewahrte alle diese Worte und bewegte sie in ihrem Herzen.

Die Hirten kehrten zu ihrer Herde zurück, priesen und lobten Gott für alles, was sie gehört und gesehen hatten.

Sehen und Weitersagen

Zur Krippe

Zum Text

Der Gang der Hirten zur Krippe ist ein plastisches Bild, ein Vorlaufbild zu all den Scharen, die zu Jesus herbeieilen (VV. 15–16). Eine solche vorlaufende Ostererfahrung liegt auch im Bild von dem Engel, dem Heer der Engel, der Friedensbotschaft. Aber nun, in der Entscheidung der Hirten zur Krippe aufzubrechen, lebt die Botschaft nicht außerhalb des Menschen. Sie ist in und mit ihm da, in seiner Entscheidung, sich das Evangelium von Jesus Christus wenigstens anzusehen, anzuhören, sich von ihm einladen zu lassen. Das »Lasst uns die Geschichte sehen, die da geschehen ist, die uns der Herr kundgetan hat …« (V. 15) meint die Entscheidung, der Engelbotschaft zu trauen, mit ihr im Herzen aufzubrechen, dem messianischen Gott in einem selbst Raum zu geben.

Weitersagen, weiterschreiben, weiterdichten

Die Botschaft wird von den Hirten weitergesagt, und dies nicht nur von den Hirten (VV. 16–20). Maria ist integriert (V. 19). Die Hirten und mit ihnen Maria sind die aktiven Entwickelnden der Weihnacht. Ohne ihre Erinnerung, ohne Überzeugungskraft, ohne ihre Aktivität wäre alles in Vergessenheit geraten. Weihnachten will durch uns an die Öffentlichkeit. Unsere Herzenserfahrung soll eine Welterfahrung werden, durchs Erzählen, durchs Bewegen im Herzen, durch Lob und Dank. Hätte Maria alles für sich behalten, wäre die Botschaft von den Engeln und den Hirten vergessen. Hätten die Hirten es nicht weitererzählt, wäre es ähnlich gekommen. Weil beide, die Hirten und Maria, ihre inneren Bilder erzählen, wandert die Botschaft aus dem Herzenswinkel in die Weltöffentlichkeit. Nur weil Lukas es verschriftlichte, verdichtete, gehen Zuversicht und Treue heute von diesem Text aus. Das wollen diese letzten Verse der Weihnachtsgeschichte uns »unter die Haut« schreiben: Du musst die Botschaft von Weihnachten weitersagen, weiterschreiben, weiterdichten.

Bevor allerdings jemand weitererzählt, weiterdichtet, muss er sehen: Das Sehen und Erkennen des messianischen Zeitalters steht vor der Verkündigung dieser neuen messianischen Zeit. Beides hängt voneinander ab.

Wer kommt denn da durch die Nacht gezogen?

Menschenschattenspiel und Musikmachen, oder: Textgestaltung
Gestaltung und Kreativität G&KLk10

Inhalt

Die Hirten, die ruhig bei ihren Schafen weilen und weiter an nichts denken und auch keine großartigen Hoffnungen haben, werden eher gelebt als dass sie leben. Sie dösen vor sich hin, ein Schatten ihrer selbst. Nun werden sie plötzlich aus ihrer Einsamkeit und ihrer Hoffnungslosigkeit gerissen. Sie machen sich auf den Weg und finden den Retter. Das ist eine spannende Geschichte, die wir spielen möchten als Schatten, die zu Menschen und Ereignissen werden. Unser Spiel handelt von der Ankunft der Hirten bei der Krippe. Mit Musik möchten wir unser Stück begleiten. Wir suchen Kinder, die gern Schattentheater spielen und auch gern musizieren oder Texte gestalten.

Material

Zwei Betttücher werden so zusammengenäht, dass man die Naht kaum sehen kann, Eine Stellage, durch zwei Kartenständer gebildet, mit der man das Betttuch, auf einen Besenstiel gespannt, aufhängt, ein bis zwei Tageslichtprojektoren, Requisiten, Utensilien zum Verkleiden, wie sie für das Schattenspiel benötigt werden. Für die Kulissenarbeit: Schere, Transparentpapier, Folienstifte, China-Tusche, Pinsel, Klebstoff. Die Materialien für die Musikgruppe werden unter ***G&KLk 12, BLk12.3*** vorgestellt.

Weg

Ich beschränke mich zunächst auf die Schattenspielentwicklung:
1. Stuhlkreis, Zielangabe der Arbeitseinheit: Wir kennen die Geschichte von den Hirten auf dem Felde. Wir haben eine besondere Aufgabe, diese Erzählung im Schattenspiel darzustellen, Musikbegleitung.
2. Vorstellungsrunde, kurzes Rundgespräch über die Geschichte und über die Frage: *Was ist Schattenspiel?*
3. Menschenschattenspiel! Geräte aufbauen, sich anziehen, ausprobieren, spielen, beobachten!
4. Über das Beobachtete reden.
5. Die Hirtengeschichte nach Lukas wird vorgestellt und für das Schattenspiel strukturiert; ↗***BLk 10.2*** *Entwicklung eines Menschenschattenspiels,* ↗ auch ***BLk10.3***.
6. Weitere Entwicklung gemäß ***BLk10.2***, ↗ auch ***BLk10.3–5***.
7. Generalprobe für die Präsentation!

Organisation / Tipps

1. Wenn die Gruppe zu groß gerät, gilt: Es ist gut, wenn zwei Gesprächsleitungen sich die Arbeit teilen bzw. eine Gruppenteilung vornehmen, wenn der Gruppenprozess es verlangt. In der ersten Gruppe können dann die Musikanteile bzw. Text entwickelt werden, in der zweiten die Schattenspielelemente.
2. Auch wenn getrennte Gruppen entstehen (Schattenspiel, Musikmachen, Textgestaltung), müssen die Gruppen am Anfang gemeinsame Besprechungsphasen einplanen, um abzustecken, wie die Musik sein soll: begleitend-interpretierend oder als Vor-, Zwischen- und Nachspiel zu den Szenen? Beispiel wie Texte gestaltet und eingebaut werden sollen ↗***BLk10.3–5***.
3. Es muss im Generalprobestadium Zeit gelassen werden, dass sich die Gruppen wieder vereinigen.

Weiterarbeit

Es ist klar, dass die aufwändige Arbeit, wie sie ein Menschenschattenspiel – noch dazu mit Musik – erfordert, zu Mehrfachaufführungen einlädt. Als Partner bieten sich an: die Schulgemeinde außerhalb der Projektgruppe, ein Altersheim, eine Kirchengemeinde oder eine beliebige Vereins-Kinderweihnachtsfeier.

BLk10.1
Zwei Gruppen arbeiten zusammen

Beispiel: Kombination mit Musik

Wichtig bleibt die Frage nach der Entwicklung und Integration der Musik, denn in der Ankündigung wird das Musikmachen versprochen. In dieser Situation schlage ich vor, die Gruppe zu teilen und mit zwei Gruppen weiterzuarbeiten, falls die Gruppe mehr als zehn Personen umfassen sollte. Insgesamt ist eine Teilung der Gruppe wichtig, da das Menschenschattenspiel viel Organisation erfordert. Da ist es besser, wenn die Gruppe kleiner gerät. Die einen beschäftigen sich mit dem Musikmachen, die anderen entwickeln das Schattenspiel. Wichtig ist, dass beide Gruppen in der Einstiegs- und Endphase der Entwicklung des Stückes wieder zusammengeführt werden, um die Aktion gemeinsam zu entfalten.

Eine Entwicklung der Musikarbeit wird unter ***G&KLk5.1*** angedeutet.

- **Ein Text-Musik-Rhythmus – Zusammenhang**

Entweder wird ein Lied über den Text oder über die Melodie erschlossen, also Möglichkeit:

a) Textanalyse in der Gruppe, anschließend wird in die Melodie hineingehört und diese übernommen.
b) Wir üben ein Lied ein, entweder über Hineinhören in die CD oder auch über das eigene Singen. Anschließend wird das Lied inhaltlich besprochen: *Was singen wir da eigentlich? Drückt den Liedinhalt mit eigenen Worten aus!*

- **Musik zu machen heißt immer:**

Es gilt sich in einen Text-Musik-Rhythmus-Zusammenhang einzufühlen, einzuleben. In unserem Fall bieten sich zwei Hirtenlieder an, die zur Gestaltung herangezogen werden können: »Das Hirtenvolk« (S. 90), »Hirten sind gekommen« (S. 93) oder »Wiegenlied der Maria« (S. 101).

- **Grundsätzliches**

Es bleibt die Aufteilung in zwei Gruppen, die ja noch etwas miteinander zu tun haben. Dies ist in Bezug auf notwendige Absprachen und endgültiges Zusammenspiel schwieriger als ein Alleingang; diese Aufteilung bleibt aber grundsätzlich reizvoll.

BLK10.2
Entwicklung eines Menschenschattenspiels

Beispiel: Menschenschattenspiel – aber wie?

- **Der Einstieg**

Sinnvoll wäre es, das Stück aus dem Ausprobieren des Schattenspiels zu entwickeln und mit diesem Ausprobieren einzusteigen. Es wird die Leinwand aufgebaut, die Prinzipien des Menschenschattenspiels werden erklärt: *Es muss, einfach gesprochen, alles im Profil ablaufen. Darauf ist zu achten*. Die Geschichte und die Gesamtaufgabe werden am Anfang angesprochen. Aber dann folgen, wie bereits angekündigt, die Schattenspielübungen, wie sie unter *Ausprobieren* vorgestellt werden. Erst anschließend soll es zu einer Entfaltung der Hirtenszenen bei Lukas kommen. Wie eine Geschichte in eine Szene umgesetzt werden kann, wird mehrfach unter *Beispiel* beschrieben: ***G&KLk3****;* ***4****;* ***6.1****;* ***7.2****;* ***9.1****.*

- **Vorentscheidung: Synchronisation**

Wichtig bleibt die Frage der Synchronisation: *Sollen die Spielerinnen selbst sprechen? Sollen sie sich auf eine pantomimische Darstellung, die durch eine Erzählerin und durch Musik interpretiert wird, einlassen? Soll es eine Mischform geben?*

- **Vorentscheidungen: Menschen, Requisiten, Kulissen**

Auch diese Frage kann man im Spiel ausprobieren: *Soll nur mit Menschen und Requisiten gespielt werden oder brauchen wir auch Kulissen?* Wird die Kulissenfrage positiv entschieden, gehen wir so vor: Wir nehmen einen Tageslichtprojektor, auf den wir ausgeschnittene Häuser, Bäume, Wolken, Sterne usw. legen. Es werden Standorte der Kulissenteile und die Größenverhältnisse ausprobiert. Die Größenverhältnisse lassen sich durch Heran- oder Wegrücken des Projektors an die Leinwand regeln. Die aus Klarsichtfolie ausgeschnittenen und mit China-Tusche oder Folienstiften angemalten Figuren können auch aus Transparentpapier hergestellt werden.

- **Ausprobieren**

Es wird nun fleißig ausprobiert. Das gilt nicht nur für die Kulissenschneide- und -schieberei. Jede/r Mitspieler/in bekommt die Chance, sich zu verkleiden und hinter der Leinwand zu agieren. Jeder sucht sich eine Phantasierolle aus, die Übrigen sitzen vor der Leinwand und schauen zu. Vgl. unter *Vor und hinter der Leinwand arbeiten*. Es ist möglich, sich schon in eine Rolle hineinzuversetzen, die aus der zu verarbeitenden Story kommt. Nötig ist das nicht. Eine solche Entwicklung soll nicht forciert werden.

- **Spielentwicklung**

Ist der Umgang mit dem Schattenspiel soweit gediehen, wird ein Stuhlkreis fällig, in dem gemäß den unter *Einstieg* angegebenen Methoden das Spiel aufgebaut wird. Die Frage, wer welche Rollen übernimmt, ob im Spiel gesprochen oder pantomimisch mit Erzähler/in agiert werden soll – alle diese Fragen klären wir im Stuhlkreis, da die grundlegende Praxis des Schattenspiels bereits erprobt wurde. Unter Umständen ergeben sich aus dem Erproben, mit dem sich die Spieler/innen keineswegs auf eine Rolle festlegen, bereits Rollenneigungen, die nun festgeschrieben werden können.

- **Szenenaufbau**

Es ist ein klarer Szenenaufbau zu entwickeln, die Szenenaktionen sind fest zu vereinbaren. Ein Rollentausch während des Spiels ist von Nutzen, um alle zu beteiligen und um die verschiedenen Nuancen, die die Spieler/innen selbst entdecken, zu erkennen.

- **Vor und hinter der Leinwand arbeiten, Spieler/innen und Beobachter/innen**

Es ist gut, wenn die jeweiligen Nichtspieler/innen vor der Leinwand sitzen und zuschauen. Es ist sinnvoll, Stühle vor der Leinwand zu platzieren, auf denen diese sitzen. So kommt Ruhe in die Gruppe. Zunächst werden Zu- und Zwischenrufe zugelassen, z. B. *Man kann nichts sehen! Was soll das? Ulkig! Witzig!* Aber dann muss es dazu kommen, dass eine Szene in Ruhe ausgespielt werden kann! Nach jeder Szene gibt es im Stuhlkreis ein Gespräch von Spieler/innen und Beobachter/innen: *Was gelang, was nicht?* Die Szene wird dann wiederholt. So muss jede Szene ablaufen.

Ein Blick hinter die Kulissen des Schattenspiels!

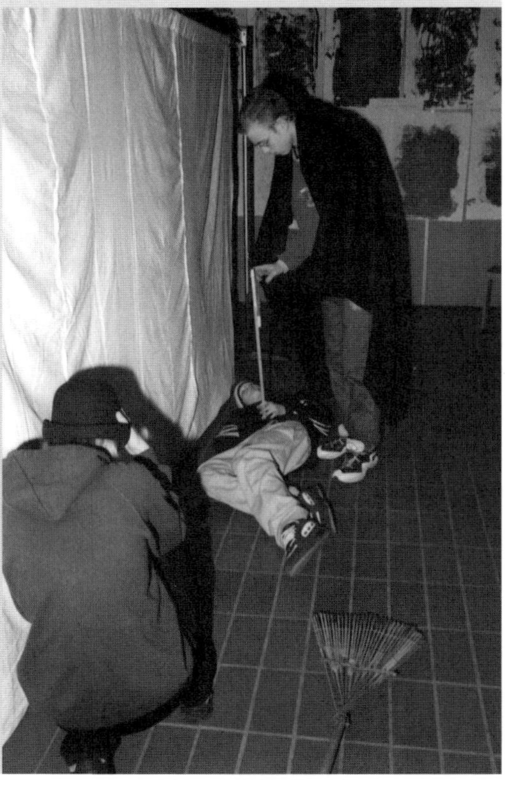

Lied

Wiegenlied der Maria

Text: Dieter Stork
Musik: Siegfried Fietz

4. Du gehst Gottes Vaterweg,
diesen Weg mit Schmerzen.
Ach, ich spüre deinen Tod
schon in meinem Herzen.

© ABAKUS Musik Barbara Fietz, 35753 Greifenstein

Maria und Josef vereint

Das Bild, auf einer großen durchsichtigen Plastikplane mit Acrylfarbe gemalt, gehört zur Einheit Fensterbilder II: Folienmalerei ***G&KLk9,3****, S. 94ff. Das Bild liegt noch auf dem Rasen. Es wird erst aufgehängt, wenn es abgetrocknet ist. Und so wurde phantasiert:*

Also, der Josef, den habe ich ziemlich dick gemacht. Der ist ja auch schon alt, und alte Leute sind ja meistens etwas dicker. Der Josef hat einen richtigen Schreck gekriegt, erst mal kriegt Maria das Kind, unter solchen Umständen, na, im Stall, das schafft ja nicht jeder, und die Tiere alle drumherum. Da hat der Josef gerufen: »Mein lieber Freund, wo führt das hin!« Mit dem Freund, das hat er aber so allgemein gesagt. Er hat da keinen richtig mit gemeint. Und dann ging das los mit den Engeln bei den Hirten, und der Engel überm Stall, dann die Hirten im Stall, und die Tiere dazu. Da hat der Josef gerufen: »Mein lieber Scholli!« Und der Schreck wurde immer größer, und Josef wurde immer stiller. Und Maria hat gesagt: »Josef, du siehst ja ganz blass aus!« Da hat der Josef gesagt: »Ist das ein Wunder, bei dem Trubel?« Da hat die Maria gelacht und gesagt: »Wieso, ist doch alles okay, ist doch alles von Gott.« Da hat der Josef gar nichts mehr gesagt.

BLk10.3
Weihnachten, mundartlich, oder nicht?

Beispiel: Eine unterstützende Aktion

Es gibt verschiedene Möglichkeiten, das Schattenspiel zu inszenieren,
- durch Musik, ↗***BLk10.1***,
- durch selbstentwickelte Texte, die sich mehr oder weniger an den Bibeltext anlehnen,
- durch einen vorgegebenen Text, ↗***BLk10.4*** und ***5***

Mundartliches ist kaum aus dem Weihnachtsfest wegzudenken. Die Mundart vertieft unsere Bindung an die Weihnachtsgeschichte, wie sie Lk erzählt. So kann ein Menschenschattenspiel, ***BLk10.2***, nicht nur mit Musik kombiniert werden, ↗***BLk10.1***. Auch ein Gedicht, wie es unter ***BLk10.4*** und ***5*** vorgestellt wird, kann zur Verlebendigung des Spiels beitragen. Selbstredend können andere ortsständige Mundarten eingebracht werden.

BLk10.4
Hirtenweihnacht, mundartlich – Ein Beispiel Übernommen von einem Projekttag im Münsterland, erweitert D. S.

Beispiel: Et word dei heele Nacht nich still

1 Et word de heele Nacht nich still,
ick hor dor wen wat tuten.
Mag schlopen, wen dor schlopen will,
ick mach 'n Gang nor buten.
Et es, os wenn `n Lied dor klingt
to Gottes Lov un Ehre.
Et lutt, os wenn dei Engels singt
met hunnertdiusend Chöre.

2 Jüst stond mi neo vertwast dei Sinn,
min Kopp was dull benuamen.
Wat es passeert? Do föllt mi in:
»Dat Christkind es jüst kuamen.«
Dei Schöpers sind oll uppe Been.
Wat het dei bleots bedrieven?
Sei kürt un stiakt dei Köppe been
un wütt nich länger blieven.

3 Ick mak mi butz met uppen Patt
nor Bethlehem dorrunner,
nor Betlehem, dei hillgen Stadt.
Jau, ick bekiek düt Wunner!
Ick klapper hen dür Feild un Hucht,
sück ielig, bin ant Läopen.
Do seih ick Josef mette Lucht,
steiht bi den greoten Häopen.

4 Kiek an, hei makt mi up dei Dür,
dei Düren van den Stalle.
Un Josef kick dür nix meiher dür.
Dei Engels singt met Schalle!
Do ligg dat Kiend, un ligg nich warm
up sinen Hei un Streohe.
Maria nimp et uppen Arm
un singet still un freohe.

5 Do liggs diu, Kiend, so'n lütken Wicht,
di früss, liggs arm elennig.
Doch kümp vant di dat schoinste Licht,
maks licht dat Duister hennig!
Suih, hell wett iuse duistre Welt,
un hell wett iuse Hatte!
Dat Kiend sick teo us Minsken höllt,
of witt wi sind or Schwatte!

6 Kiend, jüst din Licht, dat makt us nie,
bringt Frieden uppe Äden,
dat uphort dei Ramenterie!
Suih, Frieden schall et wäden!
Jüst diu, min Kiend, brings us dorteo,
dat wi dei Sinne ännert.
Diu Kiend schaffs iusen Hatten Reoh.
Kuemt, dei ji rümmestännert!

BLk10.5
Weihnachten mundartlich erläutert

Beispiel: Et word dei heele Nacht nich still, Worterklärungen, westfälisch Platt

Vers 1: Heel – ganz; tuten – blasen; schlopen – schlafen; buten – draußen; Lov – Lob; et lutt – es lautet; hunnertdiusend –hunderttausend.

Vers 2: Stond – stand; vertwast – verquer; was – war; benuamen – benommen; es kuamen – ist gekommen; Schöper – Schäfer; Been – Beine; bleots – bloß; bedrieben – betrieben; sei küert – sie reden; sei stiakt –sie stecken; been – zusammen.

Vers 3: Ick make mi butz uppen Patt – ich mache mich sofort auf den Weg; dei hillgen Stadt – die heilige Stadt; bekieken – begucken; ick klapper hen – ich klappere hin (in meinen Holzschuhen); dür Feild und Hucht – durch Feld und Strauch; ielig – eilig; ant Läopen – am Laufen; Joseph mette Lucht – Joseph mit der Laterne; bi den greoten Heopen – beim großen Haufen.

Vers 4: Dür – Tür; Joseph kick do nich mehr dür – Joseph verliert den Durchblick; up Hei un Streoh – auf Heu und Stroh; freoh – froh.

Vers 5: Wicht – Kind; di früss – dich friert; kümp – kommt; dat Duistere – die Dunkelheit; hennig – schnell, flott; Harte oder Hatte – Herz; Minsken – Menschen; teo us höllt – zu uns hält; of witt wi sind or schwatte – ob wir nun Weiße oder Schwarze sind.

Vers 6: Jüst – soeben; nie – neu; up Äden – auf der Erde; uphort – aufhört; Ramenterie – Unruhe, Streit; wäden – werden; dorteo – dazu; Reoh – Ruhe; kuemt – kommt; dei ji rümmestännert – die ihr unschlüssig herumsteht.

BLk10.6
Vertiefungs-ideen I

Beispiel: Vertiefung, Präsentation, Weiterarbeit I: Alles Geschaffene bleibt im Raum

Die Präsentation aller von den verschiedenen Gruppen gestalteten Gruppenarbeiten ist obligatorisch fürs Gelingen eines Projektes. Die geschaffenen Objekte, Plakate, Großbilder und Meditationsdrucke mitsamt den dazugehörigen Texten werden im Präsentationsraum aufgehängt und aufgestellt. Sie bleiben bis zum Ende der Präsentation im Raum. Wo die Möglichkeit besteht, das Geschaffene längerfristig zur Schau zu stellen, soll diese Möglichkeit unbedingt wahrgenommen werden, zum weiteren Anschauen und Nachlesen; zu vertiefenden Mediation durch Gruppen und Einzelne. Auch Schulklassen, die nicht an dem Projekt teilnahmen, können sich mit Bildern und Texten auseinandersetzen.

BLk10.7
Vertiefungs-ideen II

Beispiel: Vertiefung, Präsentation, Weiterarbeit II: Grüße, Wünsche, Bitten

Es ist sinnvoll, ein Projekt, auch, wenn es auf verschiedene Tage verteilt wird, nicht abrupt zu beenden. Das gilt für das Gesamtprojekt, wie für die einzelnen Gruppenarbeiten. Der Schulalltag geht weiter, gewiss. Aber Nachgedanken sind auch nötig. Das Gestaltete und Geschaffene ist zu wertvoll, als dass es vorschnell durch neue Aktionen verdrängt werden sollte. So darf zum Beispiel das gesamte Projekt oder eben die einzelne Gruppenarbeit in eine schriftliche fixierte Meditation einmünden.

Wir sitzen im Halbkreis um ein innerhalb des Projekts entstandenes Meditationsbild herum, das auf Stoff gemalt wurde, ↗***BLk17.2***. Postkartengroße Kärtchen, gelocht, Stifte und Sicherheitsnadeln liegen bereit. Zu ruhiger meditativer Musik schreiben wir unsere Eindrücke, Wünsche, Gebete, Hoffnungen, auch Ängste auf die Kärtchen, die wir auf die Meditationsleinwand heften. Einige Texte werden vorgelesen. Die Gruppe erhält die Gelegenheit, alle notierten Texte still zu lesen.

Ähnliche Methoden werden unter ***BLk7.6***, ***BLk7.7*** und ***BLk9.5*** vorgestellt. Unter Weiterarbeit werden zu jeder Lerneinheit verschiedene Anregungen gegeben.

Jesus und der Tempel
Lukas 2,21–51

Weiterentwicklungen

Den Geburtsgeschichten (Lk 1,57–2,20) folgen Berichte, die die Weiterentwicklung Jesu im Allgemeinen zeigen sollen. Aber der Bericht über die Beschneidung Jesu (Lk 2,21) und die Darstellung Jesu im Tempel (Lk 2,22–28), angefüllt mit weissagenden Liedelementen (Lk 2,29–38), mit zwei kurzen Abschlüssen zu den Kindheitserzählungen über Jesus versehen (Lk 2,39.51), in die der nachgeführte Bericht über den zwölfjährigen Jesus im Tempel eingebettet wurde (Lk 2,41–49), umschreiben mehr als eine weitergeführte Kindheitsgeschichte. Sie erzählen von der Stellung Jesu, des Christus, zum und im Tempel von Jerusalem.

Sachinfo

Nach den Gesetz – Befreiung!
Es lohnt sich, im AT zu schauen und die beiden Gesetzestextes vergleichend heranzuziehen, die sich mit der Reinigung der Frau (Lev 12,1–8) und der Darstellung der Erstgeburt (Ex 13,1–16) befassen. Die Reinigung der Frau wird in der Tora breit beschrieben. Nach einer ersten Phase der Absonderung nach einer Frist von acht Tagen nach der Geburt wird ein Opfer gebracht, das keineswegs im Tempel stattfinden muss, sondern in Bezug auf die Ortswahl frei ist (Lev 12,1–8). Dass dieses Reinigungsoper für und von Maria und ihrem Mann im Tempel dargebracht wird, wie Lk es formuliert, betont von vornherein die Bindung des Messias und der Messiasbewegung an den Tempel der Juden in der heiligen Stadt, wie es der Erzähler in der Apg ausführen wird (Apg 3,1.3.8; 5,20f.25).

Der ersten Reinigungsphase folgt, wenn ein Junge geboren wird, eine Frist von 33 Tagen, wenn ein Mädchen geboren wird, eine von 66 Tagen, worauf nochmals ein Reinigungsfest erfolgen muss. Das alles wird im Gesetzzeskodex, in Levitikus, breit ausgeführt und von Lk aufgenommen (Lk 2,22.24). Atl. wird dem Reinigungszeremoniell der Frauen, die geboren haben, eine große Bedeutung zugemessen. Ihre Unreinheit, wie sie durch die Geburt bedingt ist, wird betont, aus der eine Reinigung erfolgen muss. Aber damit ist auch ein Schutz vor allzu schneller Gewöhnung ans Alltägliche gemeint.

Bemerkenswert bleibt, dass Maria – von der man 60 Jahre nach der Entstehung des Lukasevangeliums erzählen wird – vor, in und nach der Geburt Jungfrau geblieben sei (↗*Apokryphes Evangelium*, S. 19), sich dieser Reinigung wie jede andere jüdische Mutter ohne Umschweife und wie selbstverständlich unterziehen muss. Von einer dogmatisch festgelegten Jungfräulichkeit ist im Text nichts zu spüren. Unbefangen wird von den Geburtsrealitäten und der Reinigungsverpflichtung einer jüdischen Mutter berichtet. Dabei wird die atl. Vorschrift zur Reinigung zitiert (Lk 2,24).

Das Schwergewicht der Erzählung liegt aber in den nachfolgenden Zeilen (Lk 2,22b.23f). Lk entfaltet die atl. Gesetzesvorlage, die sich aus der Erstgeburtsverpflichtung ergibt: »Alles Männliche, das zuerst den Mutterschoß durchbricht, soll dem Herrn geheiligt heißen.« Hier kommt es zu einer ausführlichen Anspielung auf die Ursprünge Israels: Jahwe befreit ein Sklavenvolk aus der Knechtschaft. Das befreite Israel wird zur Dankbarkeit verpflichtet. In Erinnerung an diese Befreiung gehört alle Erstgeburt Jahwe. Dabei muss alle menschliche Erstgeburt ausgelöst werden, darf nicht etwa geopfert werden (Ex 13,11–16; ↗*Erstgeborener*, S. 66). Die nachfolgenden Ereignisse und prophetischen Gesänge knüpfen an diese Urerfahrung an: Simeon besingt den ankommenden Befreier (Lk 2,25–35) und Hanna, eine Prophetin, preist ebenfalls die im Kind sich andeutende Befreiung. Das gr. Wort lytrosis (Lk 2,38) muss auf diesem atl. Hintergrund (Ex 13,1–16) als Befreiungstat für Jerusalem und Juda und nicht als innere Befriedung usw. gedeutet werden (Lk 2,36–38).

Lk11 – Ein Jude unter Juden
Lukas 2,21–24

So lautet das Gesetz der Juden

Der Text

Jesus war Jude, und er sollte wie jeder Jude beschnitten werden. Ihr wisst, am Penis des Mannes ist eine Vorhaut, die wird, wenn ein Jude geboren wird, diesem am achten Tag nach der Geburt weggeschnitten. Das ist eine uralte religiöse Vorschrift. Und nicht einmal schlecht, sehr gesund. Denn nun können sich keine Bakterien mehr unter die Vorhaut setzen.

Als die acht Tage bis zur Beschneidung Jesu um waren, wurde ihm der Name *Jesus*, »Befreier«, gegeben, wie ihn der Engel bereits angekündigt hatte, ehe überhaupt alles im Leib seiner Mutter begann.

Maria muss sich nach der Geburt ihres Kindes zurückziehen. Sie muss für sich allein bleiben und darf mit niemandem in Berührung kommen. So wollen es die religiösen Bestimmungen der Juden. Aber nach dieser Zeit brachen sie nach Jerusalem auf, um das Kind Gott zu zeigen, eigentlich: um es ihm zu schenken. Denn so lautet das Gesetz der Juden, das Gott ihnen gab: »Alle Erstgeburt, alles, was als Erstes den Mutterschoß durchbricht, soll Gott heilig sein.« Sie kamen auch nach Jerusalem, um ein Opfer zu bringen, auch nach der Vorschrift des Gottesgesetzes, ein Paar Turteltauben oder auch zwei junge Tauben.

Ein Judenkind im Tempel

Beschneidung Jesu

Zum Text

Der knappe Bericht (V. 21) betont ohne alle Ausschmückung: Jesus war und ist wie Johannes der Täufer Jude, damit steht sein Leben unter den Weisungen der Tora wie es Paulus ebenso sieht (Röm 1,2f; Gal 4,4). Nachdem im Geburtsbericht (Lk 2,1–20) der Name *Jesus* nicht auftaucht, wird er hier, in Erfüllung der Voraussagen, genannt. Ausdrücklich wird auf die Vorgeschichten des Täufers und Jesu Bezug genommen. Dieser eine Vers (V. 21) steht für sich, steht dabei für einen sehr wichtigen Zusammenhang ein. Er bezeugt, dass das Judesein Jesu unumstößlich ist, was mit dem nachfolgenden Bericht, der ebenfalls für sich allein stehen kann, unterstrichen wird: der Darstellung Jesu im Tempel.

Im Tempel

Von Johannes wird bezeichnenderweise keine Darstellung im Tempel berichtet wie von Jesus (Lk 2,22–24). Auch über die Reinigung der Elisabeth nicht, die gemäß der atl. Gesetzgebung am 40. Tage nach der Geburt erfolgen musste. Wohl aber von Maria. Der Bezug zur Tora und ihren Reinigungsvorschriften, verdeutlicht nochmals die Tendenz: Jesus ist und bleibt *unter dem Gesetz* (Lev 12,2–8). Der Hinweis, dass Maria wie jede andere israelitische Frau der Reinigungsvorschrift der Tora unterworfen ist, sagt eben auch dieses: Die Geburt Jesu ist jüdischer Alltag, jüdische Normalität. Maria, die Magd Gottes, ist eine von uns.

Symbolort Tempel

Jesus wird im Tempel zu Jerusalem dargestellt (Lk 2,22–28). Eben in diesem Tempel beweist Jesus seine Überlegenheit über die dort vertretenen Lehren (Lk 2,41–49). So ist auch der Tempelort ein Symbol. Nicht irgendwo liegt das Zentrum der jüdisch-messianischen Entwicklung, sondern im heiligen Jerusalem, im Tempel selbst. Jesus, von dem später das Gerücht umgehen wird, er werde den Tempel abreißen und ihn in drei Tagen wieder aufbauen, wobei dieses Gerücht dem Hohen Rat als Indiz für die Todeswürdigkeit Jesu gilt (Mt 26,61), wird selbst zum Tempel; wie erbauliche Bilder es später ausdrücken werden: zum Schlussstein im Tempelbau der Gemeinde, der durch den Schlussstein Jesus Christus zusammengehalten wird (1. Kor 3,16; 2. Kor 6,16; Eph 2,20). So legt die Urgemeinde aus.

Beschneidung, Loskauf aus der Erstgeburt, der übrigens fünf Silberschekel kostete (je 11,5 gr), wie auch die Reinigungszeremonie der Maria hätten im ganzen Lande, bei jedem Priester geschehen können. Warum wird beides für Jesus ausgerechnet im Tempel vollzogen, während doch von des Täufers Beschneidung nichts dergleichen berichtet wird? Nochmals: nicht irgendwo ist der Ort des Messias, sondern im Tempel. Der Tempel, in dem sich die Urgemeinde versammelt, wird zum Symbolort für das wahre Israel, das messianische Volk.

Der Erstgeborene wird Gott geweiht

Jesus ist der Erstgeborene. Er soll Gott geweiht, Gott geheiligt sein (Ex 13,2.11). Für Lk wird so der atl. Rahmen zum Hinweis auf die besondere Sendung Jesu: Der Erstgeborene einer jüdischen Mutter wird zum Erstgeborenen der gesamten Schöpfung (↗*Erstgeborner*, S. 66).

Die Tempeltür öffnet sich.
Menschen strömen ins Heilige.
Lichter leuchten,
Hoffnung strahlt auf.
Wir sind unterwegs,
werden selbst zum lebendigen Tempel:
Liebe und Verständnis,
Toleranz und Gewaltfreiheit
prägen uns.
Halleluja!

Wir alle sind »nachwachsende« Juden

Große Bildergalerie, gedruckt
Gestaltung und Kreativität G&KLk11

Inhalt

Jesus gehörte zum Volk der Juden. Er setzte das, was Abraham erlebt, Mose gelehrt und die Propheten geschaut hatten, für die Menschen seiner Zeit um: *So soll Gottes Reich sein!* Jesus wuchs ganz und gar im jüdischen Glauben auf und lebte für ihn. Das erzählt unsere biblische Geschichte. Wir drucken diese Geschichte in großen Bildern auf große Bögen. Wir schneiden Formen und Figuren aus, streichen sie mit Farbe ein und drucken sie auf die großen Bögen. Mal sehen, was für ein Großbilderbuch dabei herauskommt, vielleicht ein Druckbilderbuch zum jüdischen und christlichen Glauben?

Material

- Styroporplatte/Styroporuntertapete
- DIN A1-Bögen
- Pinsel
- Farbrollen
- Dispersionsfarben
- Farbtöpfe
- Malerfolie zum Unterlegen
- Kreppband
- zwei Zeigestöcke

Weg

Der Entwicklungsprozess, wie er unter *Weg* summarisch vorgestellt wird, wird unter Beispiel ***Lk11.5***, *Styropordrucke herstellen,* genau beschrieben. Hier werden nur Stichworte angegeben.

1. Stuhlkreis, Vorstellungsrunde;
2. Das Ziel wird vorgestellt: *Jesus gehört zum Volk und zur Glaubensgemeinschaft der Juden! Das möchten wir drucken!*
3. Die Kinder werden zum Drucken aufgefordert: *Wir lernen den Styropordruck kennen.*
4. Drucke im Stuhlkreis – die entstandenen Bilder werden noch nicht gedeutet.
5. *Jesus wird im Tempel beschnitten,* Erzählung der Gesprächsleitung.
6. *Erinnerungsmosaik* ***BLk11.3****!*
7. Gesprächsleitung informiert: ***BLk11.1****: Der Jude Jesus.*
8. *Wir drucken die Geschichte von der Beschneidung Jesu und Zeichen des jüdischen Glaubens in einige der vorliegenden Bilder ein.* ***BLk11.2****: Christen haben Juden verfolgt,* gemäß ***BLk11.3***.
9. Sortierung der Druckbilder, Eindruck neuer Druckembleme in vorhandenes Material; Entwicklung einer Bildergalerie: *Einige Bilder sprechen für sich, brauchen keine weiteren Druckzusätze. Diese Bilder werden in der Bilderreihe belassen und nicht aus ihr entfernt;* Bildnamensgebung!
10. Schlussauswertung, die Bilder zur Bilderwand zusammenfügen, Reihenfolge festlegen!
11. Bildergalerie!
12. Präsentation!

Organisation

Altersstufen: Ab 3. Schuljahr möglich; aber die Erzählung und ihre Akzente ragen weit über diese Altersstufe hinaus. Die Inhalte sind bis in Sek 2 interessant und wichtig, ebenso werden die Methoden auch in Sek 1 und 2 gern angewendet.

Struktur: Wir brauchen zwei Projekttage, wobei der zweite Tag bereits der Präsentationstag sein darf. Vor dem Beginn der Präsentation brauchen wir 2 Schulstunden, um unsere Bildergalerie präsentationsfähig zu machen. Am ersten Präsentationsvormittag fassen wir die *Schritte 1–8* aus *Weg* zusammen, am zweiten Tag *Schritte 9–12.*

Tipps

1. Alle Kinder, die in dieser Gruppe arbeiten, werden gebeten, alte Kleidung anzuziehen und dazu ein abgelegtes Hemd o.Ä. als Kittel mitzubringen.
2. Es ist wichtig, sozusagen als Einstieg und Lockerungsübung, mit der Druckarbeit zu beginnen.
3. Dabei soll aber gleich so gearbeitet werden, dass die Weiter- und Wiederverwendung der Bilder im folgenden Arbeitsprozess möglich ist.
4. Die Druckstöcke müssen so groß sein, dass sie den Großteil der DIN A1-Bögen abdecken.
5. Es wird mit Pinsel und Rollen gearbeitet. Die Gesprächsleitung gibt ein Beispiel, wie man druckt, lässt dann aber die Kinder selbst probieren.
6. Es wird den ganzen Tag über paarweise gearbeitet.
7. Der Arbeitsraum muss groß sein. Wir richten ihn so ein, dass es eine Stuhlkreismöglichkeit gibt, dazu Arbeitstische, an denen gedruckt werden kann.
8. In der Grundschule ist für jede Gruppe von zehn Kindern je ein mitarbeitendes Elternteil vonnöten. Die Mitarbeiterin sollte vorher gründlich informiert und eingearbeitet werden
9. Wir brauchen einen großen Flur, denn die gedruckten Bilder, die oft lange zum Trocknen brauchen, müssen nebeneinander gelagert werden.
10. Styropor-Untertapete ist in jedem Malergeschäft erhältlich.

Weiterarbeit

Die stets und immer eindrucksvoller geratende Bildergalerie, wie groß oder klein die so genannte Begabung der Kinder auch sein mag, soll in keinem Fall auf dem Müll landen. Die Bilder sollten in der Pausenhalle, in einem Gemeindezentrum usw. aufgehängt werden. Am wirksamsten ist es, wenn alle Bilder in Glashalte- oder andere Rahmen gefasst werden und einen würdigen Ausstellungsplatz finden. Es ist ratsam, die Bildunterschriften diskret in die Bildecken zu platzieren und nicht mitten in das Bild. Hilfreich ist auch eine kurze Beschreibung, wie das Projekt angelegt wurde und wie es entstand, hinzuzufügen, sodass eine in sich geschossene Meditationswand entsteht; vgl. *Beispiele 4: Kindermund.*

BLk11.1
Der Jude Jesus
Erzählteil

Beispiel: Juden, der Messias und wir Christen

Jesus ist der Begründer des christlichen Glaubens. Aber er wollte gar keine neue Religion gründen. Er wollte seine Religion, die jüdische, den Leuten neu vermitteln und sie neu leben. Jesus selbst war Jude; das erzählt uns die Geschichte aus dem Lukasevangelium. Wenn aber ein Jude unsere Religion begründete, stehen Christen und Juden nahe beieinander. Wir glauben beide an den einen Gott Abrahams und Moses. Jesus wollte keine neue Religion gründen, sondern seinen jüdischen Glauben erneuern. Zur Zeit Jesu warteten die Juden auf den Messias, einen Menschen, den Gott schickt, dass er die Menschen befreien wird aus Angst, Not, Schuld, Hunger und Unterdrückung. Wir Christen sagen: *Jesus ist der Messias und wird wiederkommen.* Die Juden sagen: *Wir warten noch auf den Messias.* Gemeinsam warten Christen und Juden auf das *Kommen des Messias.*

BLk11.2
Christen haben Juden verfolgt
Erzählteil

Beispiel: Eine schreckliche Wahrheit

Die Christen haben nach ihrer Trennung von den Juden die Juden sehr verfolgt. Besonders schlimm waren die Verfolgungen in 20. Jahrhundert, die hauptsächlich durch Deutsche geschahen. Durch Deutsche wurden sechs Millionen Juden ermordet. Das geschah während der Zeit des Nationalsozialismus. Die Nationalsozialisten redeten den Menschen ein, die Juden seien schlechte, böse Menschen. Viele Deutsche glaubten das und machten bei dem Völkermordverbrechen mit. Lange vor der nationalsozialistischen Verfolgung der Juden gab es in Deutschland und anderen Ländern Judenverfolgungen, über Jahrhunderte hinweg. Auch in europäischen Nachbarländern wurden Juden verfolgt, seit 2000 Jahren und länger. Die Menschen ertragen es nicht, dass andere Menschen anders als sie selbst sind.

Beispiel: In die Eigenverantwortlichkeit wird eingeübt

BLk11.3
Erinnerungsmosaik

Ich nenne diese Methode *Erinnerungsmosaik*, da sie immer etwas mit dem vorhandenen, aber vielleicht verschütteten Vorwissen der Kinder zu tun hat. Es gilt, während wir im Stuhlkreis sitzen, das Erinnerungsmosaik vorsichtig durch die Kinder selbst herstellen zu lassen. Der Aufforderung der Gesprächsleitung *Erinnert euch an alles, was ihr über Juden wisst!* folgt eine Stille, die Chance zur Erinnerung. Die Gesprächsleitung wartet. Nach der ersten Kindermeldung wird diese keineswegs von der Gesprächsleitung aufgenommen und eilfertig kommentiert. Sondern die Erinnerung des Kindes, ob nun im Sinne der Gesprächsleitung *richtig* oder *falsch*, bleibt stehen. Der/die Schüler/in, der/die sich als erste äußerte, nimmt nun ein Kind dran, das sich als nächstes zum Thema meldet. Es entsteht ein *schülerorientiertes Gruppengespräch* ↗**BLk7.2**. Durch das partnerschaftliche Gespräch der Kinder untereinander, aus dem sich die Gesprächsleitung zunächst heraushält, wird die Chance eher wahrgenommen, dass die Erinnerung der Kinder tatsächlich wach und nicht gleich wieder durch Lehrer/innenkommentare zugedeckt wird. Erst am Ende dieser Gesprächsrunde füllt die Gesprächsleitung auf, korrigiert, was falsch dargestellt wurde, und betont die ihm wichtigen Akzente! So kann er auf den *Erzvater Abraham, Befreier Moses, König David, die Propheten Amos, Jesaia* und *Jeremia* hinweisen. In den Lehrbüchern wird diese Methode *Gesprächskette* genannt, aber es geht um nichts Mechanisches, sondern um Inhalte! Es ist auch wichtig, dass die Gesprächsleitung während der Gesprächsrunde mit im Stuhlkreis sitzt. Möglich ist auch, dass die Gesprächsleitung die Gesprächsbeiträge der Kinder an der Tafel notiert (ebenfalls ohne zu kommentieren), um sie anschließend auszuwerten.

Beispiel: Was Schüler/innen beim Drucken mit Styropor erleben

BLk11.4
Kindermund

- Ein erstes Kind:

Unser Gruppenleiter war Herr S. Wir haben zusammen Bilder gedruckt: von dem Tempel, dem siebenarmigen Leuchter und dem Davidstern. Das gehörte zum Thema »Auf dem Weg nach Bethlehem«. Ich musste mit einem Partner zusammenarbeiten.

- Ein weiteres Kind:

Die Hauptüberschrift hieß: »Auf dem Weg nach Bethlehem«. Meine Gruppe leitete Herr S. Wir haben große Bilder gedruckt, zuerst haben wir auf große Styroporplatten Farbe gemacht und mit anderen Farben gemischt, dann haben wir große weiße Blätter genommen und auf die Platten gelegt und wieder abgenommen. Wir haben Muster aus kleinen Stücken gemacht und Farbe draufgetan und mit den Stücken auf den Untergrund gedruckt. Am Freitag haben wir alles vorgeführt.

- Ein drittes Kind schreibt:

Wisst ihr überhaupt, was ein Projekt ist? Wir teilen uns in kleine Gruppen auf und machen kurze Zeit anders Schule. Wir brauchen nicht mit Tornister zu kommen. Das finde ich toll! Ich hoffe, ihr wisst jetzt, was ein Projekt ist!

- Ein viertes Kind:

In Herrn S. Gruppe haben Kinder auf dünne Styroporplatten Farbe gemalt. Danach geht's so weiter: Blätter drauflegen und abziehen. Jetzt werden Sterne, Leuchter aus anderen Stücken ausgeschnitten, wieder Farbe drauf und drucken.

Lk11.5
Styropor-drucke herstellen

Beispiel: Styropordruck und Gespräch

1. Stuhlkreis, um uns bekannt zu machen. Jedes Kind bekommt einen Klebebandstreifen, auf den es seinen Namen klebt. Den Streifen klebt jeder an sein Hemd
2. Das Ziel wird vorgestellt: *Wir möchten ein Großbilderbuch drucken: Jesus gehört zum Volk und zur Glaubensgemeinschaft der Juden! Davon erzählt unsere Geschichte, die ihr gleich hören sollt.*
3. Die Kinder werden zum Drucken aufgefordert, das Interesse an der gestalterischen Arbeit geweckt. Es entstehen Großflächendrucke: Eine auf Plakatgröße zugeschnittene Styroporplatte bzw. Untertapete wird mit Farben bedeckt, verschiedene Formgestaltungen werden ausprobiert.
4. Diese Drucke werden im Stuhlkreis niedergelegt, kurz betrachtet, aber noch nicht gedeutet.
5. Der Hinweis des Lukas *Jesus wird im Tempel beschnitten* wird vorgestellt: *Jesus war Jude.*
6. Die Entstehungsgeschichte des jüdischen Volkes (Abraham, Befreier Moses, König David, die Propheten Amos, Jesaia, Jeremia) wird aus der Gruppe zusammengetragen, soweit bekannt. Erinnerungen werden in der Gruppe aufgefrischt (ein *Erinnerungsmosaik* zusammensetzen, ***BLk11.3***).
7. Die Gesprächsleitung informiert über das wichtigste Merkmal des jüdischen Glaubens, *das Bekenntnis zu dem einen Gott. Dieser Glaube verbindet Juden und Christen,* ***BLk11.1****: Der Jude Jesus.*
8. Es gibt Zeichen des jüdischen Glaubens, die in der Gruppe zusammengetragen und von den Kindern in Partnerarbeit in die bereits vorhandenen Bilder eingedruckt werden: *Wir drucken die Geschichte von der Beschneidung Jesu und Zeichen des jüdischen Glaubens in einige der vorliegenden Bilder ein.* Die Stuhlkreisrunde erinnert sich oder wird erinnert: Die Juden wurden verfolgt, vgl. ***BLk11.2****: Christen haben Juden verfolgt.* Es wird wieder gemäß ***BLk11.3*** gearbeitet.
9. Die übrigen vorhandenen Druckbilder werden durchsortiert, einige sind inzwischen mit neuen Druckemblemen versehen worden, die bisherige Druckarbeit galt also als Drucken des Bilduntergrundes. Andere Druckbilder bleiben so, wie sie sind: *Einige Bilder sprechen für sich, brauchen keine weiteren Druckzusätze. Diese Bilder werden in der Bilderreihe belassen und nicht aus ihr entfernt. Sie fügen sich in die Bilderreihe ein. Ihre Namen werden entsprechend ausgesucht.* Sie drücken Trauer und Freude aus, Freude über die Geburt des Messias, Angst in der Verfolgung usw. Die Bildnamensgebung geschieht per Zuruf in der Schlussauswertung, die Bildnamen werden notiert.
10. In einer Schlussauswertung stellt also die Arbeitsgruppe Namen, Titel, Bildunterschriften für die einzelnen Bilder zusammen, die nun zu einer großen Bilderwand zusammengefügt werden.
11. In einer Bildergalerie dieser Art kann eine Reihenfolge der Bilder festgelegt werden, eine Reihen- und Rangfolge ist aber nicht zwingend.
12. Bei der Präsentation wird durch Kinder der Hergang der Arbeit geschildert. Zwei zeigen die Bilder mit einem Zeigestock, die anderen Kinder lesen die Texte zu den Bildern vor, wobei auf die Bilder gezeigt wird.

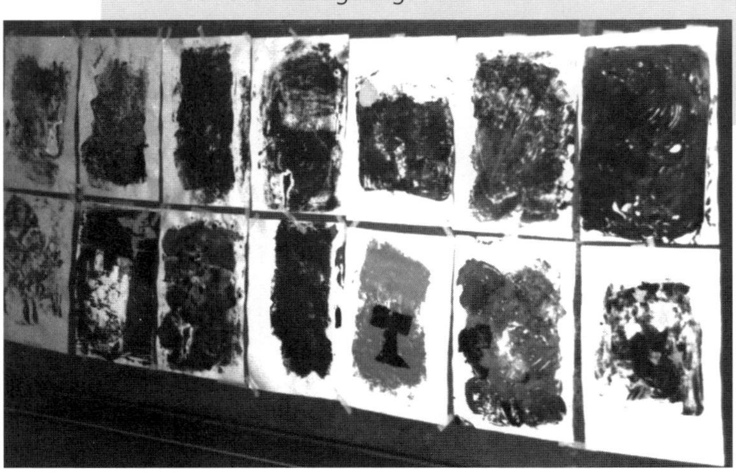

BLk11.6
Druckbilder-geschichte,
Lehrerbericht

Beispiel: Eine Bildergalerie entsteht

28 Druckbilder entstanden an einem Vormittag, Grundschule Raesfeld, 3. Schuljahr. Augangspunkt für diese Arbeitsgruppe war der kurze Bericht bei Lk, Jesus sei im Tempel beschnitten worden. Dieser Hinweis war für die Gruppe der Grund, die Weihnachtsgeschichte ganz vor ihrem jüdischen Hintergrund zu empfinden. Es wird der Messias der Juden geboren, den Gott seinem Volk, aber schließlich der ganzen Menschheit schenkt, wie es Lukas sieht. Hier einige Motive, die den Zusammenhang mit dem jüdischen Glauben, aber auch die Erlösung der Menschheit zum Ausdruck bringen.

Wie Jesus geboren wird

Das Licht kommt nach Bethlehem

Der Stern leuchtet über dem Tempel der Juden

Im Tempel leuchtet das Licht auf dem siebenarmigen Leuchter

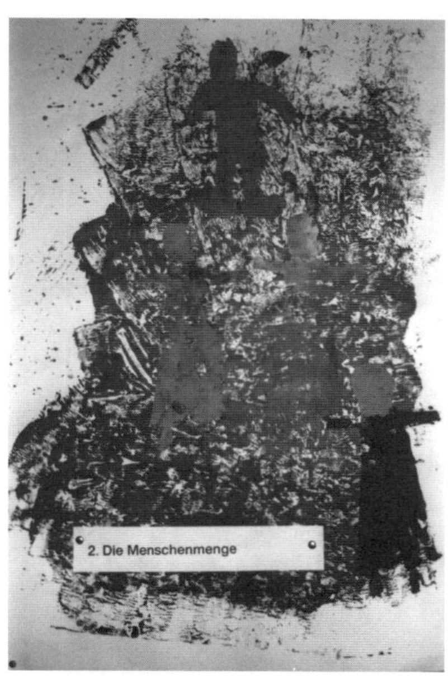

Gottes Botschaft ist für alle Menschen

Sternschnuppe: Das Heil leuchtet über der ganzen Welt auf

Lk12 – Ein Licht, zu erleuchten die Heiden Lukas 2,25–32

Ein Loblied

Der Text

Siehe, es lebte in Jerusalem ein Mann, der hieß Simeon. Er war gerecht und hatte Ehrfurcht vor Gott. Er wartete auf Israels Trost, auf den Messias, den Gesalbten Gottes, den Gott versprochen hatte. Und obwohl Simeon alt war, hatte er vom Geist Gottes eine Botschaft empfangen, an der er festhielt: »Du wirst nicht sterben, ehe du den Messias gesehen hast.«

Er kam in den Tempel, heilige Begeisterung erfüllte ihn. Als die Eltern das Kind Jesus hereinbrachten, um Jesus beschneiden zu lassen und um Gott mit einem Opfer zu danken, nahm Simeon das Kind auf den Arm und sang Gott ein Loblied:

»Gott, nun kann ich, dein Diener,
in Frieden sterben.
Meine Augen haben dein Heil gesehen.
Von Anfang an hast du diese Begegnung
vor allen Völkern vorbereitet
und nun zeigst du es,
dein Licht, das die Zukunft
der fremden Völker hell macht.
Dein Volk Israel leuchtet in dieser Erfahrung
umso heller mit auf.«

Umso heller

Simeon im Tempel

Zum Text

Und Simeon, der unbekannte Prophet im Tempel? Welche Funktion übernimmt er? Ich denke, dass eine biblische Namensethymologie weiterhilft:

Sachinfo

Simeon

Simeon ist zunächst einer der Söhne Jakobs, aus der Ehe mit Lea gezeugt (Gen 29,33). Auf ihn gründet einer der Stämme Israels. Dem Stamm Simeon wird im Jakobssegen die Zerstreuung über ganz Israel geweissagt (Gen 49,7), im Mosesegen wird der Stamm gar nicht mehr erwähnt (Dtn 33,1 ff). Simeon ist also ein Symbolname für das zerstreute Israel, dessen gesamte Zerstreuung droht. Als Lk sein Evangelium schreibt, war soeben ein äußerst blutiger Krieg Judäas gegen Rom zu Ende gegangen, und zwar mit katastrophalem Ausgang für die Juden. Jerusalem und der Tempel, in dem die Simeonszene spielt, waren dem Erdboden gleich gemacht. Die Zerstreuung Israels war, bedingt durch diesen Krieg, voll im Gange.

Mit Simeon und seinem Lobgesang wird an dieses Bild angeknüpft. Zugleich wird es korrigiert. Das zerstreute, ja vernichtete Israel wird neu gesammelt. Wie sich die Weizenkörner über verschiedene Hügel verstreuten, wie die Beeren auf verschiedenen Weinbergen reiften und doch in diesem einen Brot, in diesem einen Wein versammelt sind – so legt dies eine der ältesten Liturgien zur Eucharistie, zu finden in der Didache, aus –, so sammelt Gott seine verstreute Gemeinde aus allen Erdteilen zum neuen Volk Gottes aus Israel und den Heiden.

Symbol

Simeon, Symbol für das Israel in der Zerstreuung, in der Diaspora, singt von der Ankunft des Heiles Gottes unter den Menschen in diesem Jesus, singt von der Sammlung der Zerstreuten aus Israel und den Heiden (Lk 2,29–32). Er ist kein Priester, dieser Simeon, kein etablierter, dem Tempeldienst verbundener Insider des religiösen Judentums. Aber er ist *fromm* und *gottesfürchtig*, trägt also Merkmale, die für alle hoffenden Gerechten galten (↗*Die Gerechten, hebr. zaddikim*, S. 32).

Simeon singt, wie Lk betont, im Heiligen Geist. Simeon gehört zu denen, die bereits in der eschatologischen Fülle leben und den Messias des Herrn (Lk 2,26), also Gottes Gesalbten, in diesem Jesus erkennen. Hatte Gott nicht immer wieder diesen Geist verheißen (Joel 3,1–5)? Und war dieser Geist inzwischen nicht auf so viele Menschen herabgekommen, die sich nun als Urgemeinde im Tempel sammelten, dort Gott lobten, anbeteten, Gemeinschaft übten und feierten (Apg 2,46f)? Simeon, der die Zerstreuung symbolisiert, wird mit seinem Lied zum Vorausbild der sich im Tempel Sammelnden, der ganz Israel und die Heiden einenden Urgemeinde.

Simeons Lobgesang

Das Simeonslied spielt auf die Verheißung für die Heidenwelt an: Der Messias wird zum Licht der Offenbarung für die Heiden, damit Israel verherrlicht werde (V. 32). Israel und die Völkerwelt werden nicht gegeneinander ausgespielt, sondern aufeinander bezogen. Das zerstreute Israel und die von Gott gesammelte Heidenwelt werden zu einer Völkergemeinschaft Gottes auf Erden gesammelt. Im und durch den Messias Jesus wird das geschehen (V. 30f).

Mit Bildern des AT, die alle bei dem Propheten, den wir den Zweiten Jesaia nennen, zu Hause sind, wird dieses Lied ausgeformt: *Alles Fleisch werde die Herrlichkeit Gottes schauen,* heißt es da (Jes 40,5). Der kommende Heiland werde *ein Licht für fremde Völker* werden, werde *blinde Augen öffnen,* werde *die Gefangenen aus dem Kerker holen,* die *im Dunkel sitzen, aus ihrer Haft befreien* (Jes 42,6). Der Knecht Gottes werde *die Gerechten Israels heimführen.* Zum *Licht der Völker* werde er. Bis an *die Enden der Erde* würden die Menschen die rettende Hilfe erfahren (Jes 46,13; 49,6).

Ein Text wird also eingeblendet, der Bilder und Hoffnungen aus dem Zweiten Jesaia zu einem kurzen Hoffnungslied des wartenden Israel und der um Befreiung ringenden Völkerwelt zusammenfasst. Dieses Warten hat ein Ende, die Hoffnung ist erfüllt. Simeon, der das zerstreute und vernichtete Israel repräsentiert, ein alter Mann, der die Einheit der Völker mit Israel schaut, darf ruhig sterben. Etwas Neues kommt. Der Knecht Gottes, auf den Israel hoffte, der Israel und die Völker sammeln wird, ist erschienen.

Die Menschen leben auseinandergerissen in verschiedenen Erdteilen unter unterschiedlichsten Bedingungen. Die einen im Reichtum, die anderen in Armut, die einen im Hunger, die anderen im Überfluss, die einen in Freiheit, die anderen in Unterdrückung. Dieses Unrecht zieht Revolution und Krieg nach sich. Eine gewaltige Sehnsucht geht durch die Menschen, dass Frieden und Gerechtigkeit sich küssen (Ps 85,2–14).

Die Einheiten ***Lk12–14*** *umschreiben diese Sehnsucht und ihre Erfüllung immer neu.*

Hier eine Arbeit zu ***LkG⊕KLk14****,* *↗S. 128*

Ein Licht, die Völker zu erleuchten

Musikinstrumente selber bauen und damit musizieren

Gestaltung und Kreativität G&KLk12

Inhalt

Wir möchten Musikinstrumente erfinden und selber basteln, um mit diesen Instrumenten eine Musik zu machen, mit der wir Gott loben, genauso wie es der alte Simeon tat, als er Jesus, der gerade geboren war, im Tempel sah. Wir werden vielleicht auch unser Orff'sches Instrumentarium hinzunehmen. Auf alle Fälle wollen wir Instrumente erfinden und damit Musik machen. Und weil Musik Freude macht, wollen wir viel Spaß miteinander haben und auch andere daran teilhaben lassen. Wer hat Mut, mitzumachen?

Material

- Gläser und Flaschen
- Nägel
- ein Schwingrohr aus Plastik
- Holzklotz
- Holzbretter
- Saiten aus Nylon verschiedener Stärke
- Draht
- große Nägel
- Kämme
- Butterbrotpapier
- Metallteile
- große, mehrzöllige Nägel
- kleiner Hammer
- Flöte aus einem frischen Weidenstock
- große und kleine Steine
- Trichter und Hohlbecher
- Schläuche
- Orff'sches Instrumentarium

Unter Beispielen ***BLk12.3*** und ***BLk12.4*** *Musikinstrumente selber bauen* werden ausführliche Anleitungen zum Bau von selbstgemachten Musikinstrumenten gegeben.

Weg

Der Weg ist das Ziel. Das Bauen der Instrumente dauert verhältnismäßig lange, aber diese Arbeitsphase dient auch als »Inkubation« des Musikereignisses, das dann wie von selbst kommt. Also, bitte nicht nervös werden, wenn das Bauen lange dauert, die Kinder werden durch die Vorausarbeit für das Musizieren sensibilisiert. Dieses kann natürlich nur mit einfachsten Mitteln und einfachsten Tönen geschehen. Es entsteht aber doch, so ist zu hoffen, durch die lange Anlaufphase ein kreatives Gruppengefühl, das auf eine Gemeinschaftsarbeit hinausläuft, die als kleines Wunder aufgefasst wird. Zwischen die Musikteile werden Textteile eingebaut, oder aber die Musik begleitet eine Art Sprechgesang, der durchaus »rappig« werden darf. Folgender Weg wird vorgeschlagen:

1. Bauen und Erproben der Musikinstrumente in der ganzen Gruppe.
2. Einige möchten sich vielleicht mit einem Text beschäftigen, da ihnen das Bauen zu mühsam wird.
3. Gesprächsrunde mit dem gesamten Arbeitskreis über den Text und seinen Inhalt. Der Erzählteil ***BLk12.1*** sollte dabei verwendet werden, ***BLk12.2*** kann aufgenommen werden.
4. Jetzt kommt es zur offiziellen Aufteilung der Arbeitsgebiete: Es entsteht eine zweite Gruppe, die den Text zu einem Sprechgesang ausformt, Rap o.ä. Der Rest bleibt bei den Instrumenten, deren Bau und Spiel.

5. Die beiden Gruppen müssen miteinander proben und wieder auseinander gehen, weil vielleicht noch am Text oder an der Musik gefeilt werden muss.
6. Endlich wird – sensibel aufeinander hörend – zusammen musiziert.

Organisation

Altersstufe: Möglich ist eine solche Arbeitsgruppe ab dem 3. Schuljahr, wie das Bildmaterial zeigt. Aber der beigefügte Text, als Rap gestaltet, dokumentiert, dass ein solches Projekt auch in einer Altersstufe ab dem 13. Lebensjahr sinnvoll sein kann. Also, wir werden je nach Altersstufe entsprechend anders verfahren. Der Anspruch an den Text, die Instrumentierung, alles hängt vom Entwicklungsstand und dem Projektinteresse der mitmachenden Kinder und Jugendlichen ab. Deswegen werden Beispiele aus zwei Altersstufen vorgestellt. Das beigefügte Foto stammt aus der Grundschularbeit, die Textparaphrase gehört mehr in die Sek 1 oder gar in die Sek 2.

Dauer, Struktur:

1. Innerhalb eines Projektvormittags kann das Projekt entwickelt werden. Das Nachfeilen und die Vorbereitung zur Präsentation erfolgen am nächsten Vormittag, an dem dann auch die Präsentation stattfindet.
2. Wird das Projekt in einzelnen Schulstunden durchgeführt, ergibt sich folgender Plan: 1. Schulstunde: Einführung ins Projekt, Annäherung an den Bibeltext (kurz), Beginn des Instrumentenbaus, Musikimprovisationen. 2. Schulstunde: Weiterbau der Instrumente, Arbeitsteilung, eine Werkstattgruppe »Text« entsteht; erste Versuche, beide Gruppen zusammen spielen zu lassen. 3. Schulstunde: Weiterentwicklungen von Musik und Text, Zusammenspiel der Gruppen, verschiedene Versuche, Festlegung auf eine der entwickelten Varianten, Vorbereitung der Text- und Klangimprovisation, wie sie bei der Präsentation aufgeführt werden soll.

Tipps

1. Obwohl die Schüler/innen vielleicht lieber ein anderes Thema wählen möchten: Das Ziel bleibt die musikalische Interpretation eines Bibeltextes, der zunächst inhaltlich erfasst werden muss. Die Gruppe muss auf dieses erste Ziel eingestimmt werden.
2. Die Beziehung zum Bibeltext wird nicht aufgegeben, sie entsteht bereits in der Eingangsphase. Dazu soll die Textbeziehung auch durch die Werkarbeit intensiviert werden.
3. So bleibt neben dem Musikinstrumentenbau auch die Notwendigkeit, den Lobgesang des Simeon ins eine verkürzende, aber auch verdeutlichende Sprache zu übertragen. Beides, Musik und Sprache, sollen ja zusammenklingen.
4. Es darf der Liedtext, wie er unter ***BLk12.2*** notiert wurde, als Hintergrundinformation oder als (Lied-)Material verwendet werden, entsprechend der Schulstufe.

Weiterarbeit

Mit selbst gebauten Instrumenten können wir weiterspielen und -musizieren. Das selbst komponierte Lied kann in einen Gottesdienst integriert werden, ja, kann dessen Thema sein: Um den Text, den Lobgesang des Simeon, rankten sich die übrigen Teile des Gottesdienstes, u. a. auch das selbst komponierte Lied, auf selbst gemachten Instrumenten gespielt, ein Gegenstück zum Evangeliumstext und zu der Ansprache und der Fürbitte um den Frieden.

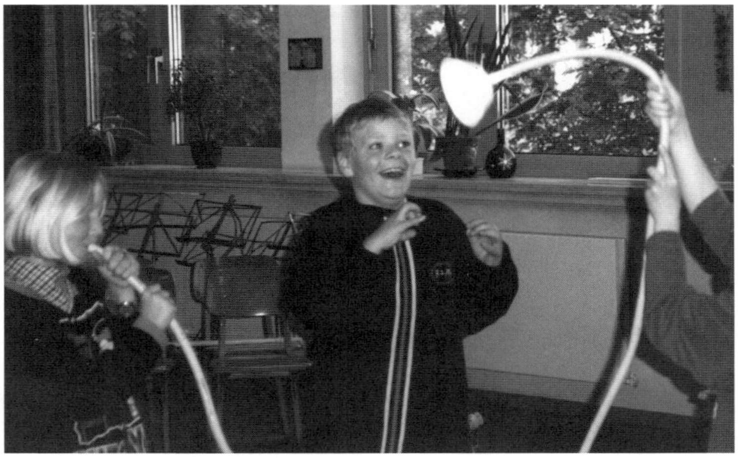

Musikinstrumente selber herzustellen und damit zu spielen, macht Spaß, schon in der Grundschule.

BLk12.1
Erzählteil

Beispiel: Die Zeit ist reif – Teil 1

Die Zeiten waren schlecht, sehr schlecht. Es mündete alles in eine Katastrophe. Vier Jahre hat der blutige Krieg gedauert, Hunderttausende verloren ihr Leben. Alles zur höheren Ehre Gottes, aber genützt hat dieser religiöse Anspruch nichts. Im Gegenteil, Fanatismus und Eifersucht machten alles nur noch schlimmer, brutale Morde waren an der Tagesordnung. Das Ende vom Lied: Jerusalem wurde erobert und vernichtet, kein Stein blieb auf dem anderen stehen, der Tempel ging in Flammen auf. So stand es um die Juden, zu denen sich zu dieser Zeit die messianischen Juden, die sich zum Messias Jesus bekannten, noch deutlich zählten. Hunderte von selbst ernannten Messiassen waren aufgestanden, hatten die Blüte der Jugend Israels in die Schlacht gegen die Römer und in den sicheren Tod geführt, hatten geschrien, sie seien der von Gott erwählte Führer, der den Sieg bringe. Viele hatten geglaubt und gehofft – und nur Tod und Vernichtung erfahren.

Als Lukas sein Evangelium schreibt, kurz nach 70 – wie wir sagen – nach Christus, ist diese Katastrophe gerade geschehen. Umso deutlicher singt Simeon, dessen Namen zum Zeichen für die Zerstreuung und Vernichtung der Juden steht, ein Lied. War nicht der Stamm des Jakobssohnes Simeon schon vor ewiger Zeit in alle Winde zerstreut worden? Lag nicht das Stammesgebiet der Simeoniten schon seit Jahrhunderten im Ausland? Das Lied, das Simeon singt, bezieht sich auf den gewaltfreien und krieglosen Messias Jesus, der seine Ermordung geschehen ließ und seinen eigenen Tod hinnahm, ja, sogar dem Aufstand vorzog. Das Lied sagt diesen Messias an. Ist dieser Messias, der vor einem Menschenalter starb, nicht doch der wahre Messias, der alle die fremden Völker friedlich vereint und die gewalttätig zerstreuten und gedemütigten Menschen zu einer freien Weltgemeinschaft zusammenführt? Ist er nicht der bessere und einzig wahre Messias gegenüber allen messianischen Verführern gestern und heute? Wird nicht dieser wahre Messias die Vertriebenen und Verschleppten anders und besser sammeln als alle diese Kriegstreiber?

BLk12.2
Liedtext

Beispiel: Die Zeit ist reif – Teil 2

Gott, jetzt kann ich die Augen zumachen, Krieg und Völkermord haben sich ausgetobt.
Tausendmal und mehr ließen sich die Leute zu Gewalt und Töten verleiten.
Die Zeit ist reif für eine andere Zeit, für eine Friedenszeit,
in der sich die Völker endlich verstehen und die Versöhnung ausprobieren.
Die eine Menschheit kommt unter die einende Liebe des einen Gottes:
Jesus, Jeschua, Messias des Friedens, Jesus, Jeschua, Messias der Menschheit,
Licht der Völker, Licht der Zukunft, du machst unseren Tag hell.

Nach Lk 2,25–32

Nicht immer funktioniert der Versuch mit den selbst gebauten Musikinstrumenten. Irgendwann sind echte Instrumente vonnöten, auf denen etwas genauer und ernsthafter gespielt wird. Auf dem Bild sind eine Combo und eine Flötengruppe in Aktion zu sehen.

BLk12.3
Musik-instrumente selber bauen

Beispiel: Selbstgebaute Musikinstrumente – ein Überblick

- *Gläser* und *Flaschen* werden unterschiedlich hoch mit Wasser gefüllt, mit *Nägeln* wird an die Flaschen und Gläser geschlagen.
- *Gläser* werden unterschiedlich hoch mit Wasser gefüllt. Mit dem Finger sanft oder fest über den Rand des Glases streichen; es entstehen vibrierende Töne in verschiedenen Tonhöhen.
- Ein *Schwingrohr aus Plastik*, biegsam und mit einem relativ großen Durchmesser, wird in der Luft herumgewirbelt und erzeugt heulende Töne.
- Ein *Holzklotz* wird mit einem Trommelstock betrommelt.
- Auf *Holzbretter* werden *Saiten aus Nylon verschiedener Stärke*, auch *Drähte* aufgezogen; große *Nägel*, an den beiden Brettenden eingehauen, dienen zu ihrer Befestigung.
- Wir blasen auf dem *Kamm:* ein Kamm wird mit *Butterbrotpapier* überzogen. Ich halte den Kamm vor meine Lippen und summe eine Melodie.
- *Metallteile* verschiedener Größe und Machart werden mit *großen, mehrzölligen Nägeln* oder einem *kleinem Hammer* beklopft. Es entstehen verschiedene Töne und (Rhythmus-)Klänge.
- Ich bastle eine *Flöte aus einem frischen Weidenstock*. Dies ist nur im Sommer möglich, wenn die Weiden im Saft stehen: Ein Weidenast wird nach Art einer Flöte ausgehöhlt, innen entsteht ein Hohlraum, der an einem Ende abgeschlossen bleibt.
- Es werden *große Steine* gesammelt und beklopft, *kleine Steine* zur Gegenmusik nutzen.
- *Trichter* und *Hohlbecher*, mit und ohne Schlauchverlängerung, benutzen. Um aus und mit ihnen Töne zu erzeugen, wird hineingeblasen.
- Es sollte nicht vergessen werden: Ein Orff'sches Instrumentarium stabilisiert die Musikgeräusche und ermöglicht ein Arbeiten in einer oder sogar mehreren Tonarten.

BLk12.4
So wird es gemacht

Beispiel: Selbstgebaute Musikinstrumente, Anleitung zum Bau

Werkstatt:
Einfache Musikinstrumente bauen

Zunächst müssen die Kinder genügend motiviert sein bzw. motiviert werden. Manchmal ist es notwendig, selbstgebaute Musikinstrumente vorzuführen und auf diesen etwas zu spielen, um das Interesse zu wecken. Außerdem muss daran gedacht werden, sich werkkundig zu machen oder Mitarbeiterinnen zu befragen oder »Fachleute« um Mitarbeit zu bitten.

Vielleicht kennen Sie schon den einen oder anderen der unten aufgeführten Vorschläge, oder Sie haben schon selber etwas ausprobiert. Wenn nicht, versuchen Sie es doch einmal mit einem ganz einfachen Instrument. Dann können Sie abschätzen, wie viel Spaß es Ihnen selbst macht und wie viel den Kindern.

■ *Rasseln*

Die einfachste Art, eine Rassel herzustellen, besteht darin, in leere Glas- oder Blechbehälter Steinchen, Erbsen o.ä. zu füllen, diese gut zu verschließen und eventuell noch einen Griff anzuleimen.

Auch aus Kronenkorken, die man zwischen einer Astgabel anbringt, kann eine Rassel hergestellt werden. Zunächst werden durch die Astgabel auf der linken und rechten Seite jeweils zwei Löcher auf gleicher Höhe gebohrt. Nun die Kronenkorken durchbohren: Dazu werden sie mit der Innenseite nach oben auf ein Stück Holz gelegt und mit Hammer und Nagel ein Loch eingeschlagen. Die durchlöcherten Kronenkorken so auf den Draht auffädeln, dass immer zwei mit gezackten Rändern zueinander stehen. Die beiden Drähte werden links und rechts in der Astgabel gut verspannt, und die Rasselmusik kann beginnen.

■ *Panflöte*

Eine einfache Panflöte wird aus mehreren, verschieden langen Rohren, die nebeneinander zusammengesetzt werden, hergestellt. Dazu kann man Bambusrohre verwenden. Da diese aber selten mit einem großen Hohlraum zu finden und auch schwerer zu bearbeiten sind, können auch Baurohre verwendet werden, die man in Baumärkten kaufen kann. Das 1 m lange Rohr sollte 16 mm Durchmesser haben. Es wird in folgende Längen zugeschnitten: 17,2 cm; 15,3 cm; 13,8 cm; 11,5 cm; 10,3 cm; 9,0 cm; 8,5 cm. Die Rohre werden an der unteren Öffnung verschlossen – entweder mit Korken oder mit Astlochstöpseln, die ebenfalls im Baumarkt erhältlich sind. Damit die Öffnungen vollständig abgedichtet sind, können sie zusätzlich noch mit Tesakrepp umwickelt werden.

Wichtig ist nun, dass die nebeneinander liegenden Röhren gut miteinander verbunden werden, z. B. mit einem Klebeband.

Eine mit diesen Maßen angefertigte Panflöte ist in C-Dur gestimmt und kann zusammen mit anderen Instrumenten gespielt werden, indem sie am oberen, offenen Rand überblasen wird.

■ *Schlauchtrompete*

In ein Stück Gartenschlauch (oder Plastikrohr) wird an einem Ende ein Trichter gesteckt – eventuell mit einem Klebeband befestigen. Das andere Ende des Schlauches bildet das Mundstück. Nun kräftig reinblasen, und es entstehen – ähnlich wie bei einer Trompete – verschiedene Töne. Eine einfache Gießkanne erfüllt den gleichen Zweck.

■ *Dosenschlagzeug*

Mehrere verschieden große, leere Dosen werden mit dem Boden nach oben aufgestellt und zu einem Bündel zusammengefasst. Man kann die Dosen nun entweder mit einer Schnur fest zusammenbinden oder so in eine auf halber Höhe abgeschnittene Schachtel stellen, dass die einzelnen Teile nicht mehr verrutschen können.

Auch andere Klangkörper sind möglich: alte Töpfe, kleine feste Schachteln (Waschpulvertrommeln) ... Jetzt braucht man nur noch Trommelstöcke für dieses selbstgemachte Schlagzeug!

■ *Stehgeige*

In einigen Gegenden wird die Stehgeige auch Teufelsgeige genannt. Um sie herzustellen, benötigen wir einen Besenstiel und eine Konservendose. Die Dose wird an dem Besenstiel, von oben gemessen, in etwa 2/5 Höhe angebracht. Nun wird von einem Ende des Stiels eine Stahlsaite über die Dose bis zum anderen Ende geführt und befestigt. Durch Zupfen oder Streichen werden je nach Verkürzen der Saite unterschiedliche Töne erzeugt.

■ *Flaschenharmonika*

Zur Herstellung einer Flaschenharmonika sind viel Geduld und Muse notwendig.

Zwei Stühle werden mit dem Rücken zueinander und in einer Entfernung von etwa 1,5 m aufgestellt. Über die Rückenlehne der beiden Stühle legt man eine Latte oder einen Besenstiel. Daran werden nun in gleichen Abständen Flaschen gleicher Größe (z. B. 2 Liter-Weinflaschen) mit festem, dünnem Bindfaden gehängt und verschieden hoch mit Wasser gefüllt.

Durch Gitarrenanschläge und gleichzeitiges Anschlagen der Flaschen kann man herausfinden, ob sie bereits die richtige Tonhöhe haben. Wenn nein, kann dies korrigiert werden, indem entweder noch Wasser in die Flaschen gefüllt oder etwas weggeschüttet wird.

Wenn man will, kann man zusätzlich eine Latte über die Sitze legen und so ebenfalls eine weitere Flaschengalerie anlegen. Auf diese Weise ist es dann möglich, mit der Flaschenharmonika mehrstimmig zu spielen.

Nun können durch Anschlagen der Flaschen mit einem Kochlöffel oder Eisenstab die Töne erzeugt werden.

■ *Weidenflöte*

Obwohl eine solche Flöte nur im Frühjahr angefertigt werden kann, wenn die Säfte in den Bäumen steigen, soll sie zusammen mit den anderen Musikinstrumenten an dieser Stelle erklärt werden.

Man verwendet dazu fingerdicke Haselnuss-, Ebereschen- oder Weidenzweige. In ein astfreies Stück von etwa 10 cm Länge werden auf der einen Seite – ähnlich wie bei einer Blockflöte – die Kerben für die Flötenlöcher und das Mundstück eingeschnitten. Am anderen Ende wird die Rinde bis zum festen Holz rundherum eingeschnitten und dann das angefeuchtete Rindenstück so lange mit einem Messerrücken beklopft, bis es sich ablösen lässt. Nun wird an diesem Ende das Mundstück abgeschnitten und soviel Holz weggeschnitten, dass genügend Luft eingeblasen werden kann. Jetzt wird das Rindenteil wieder auf das abgezogene Holzteil aufgesteckt, das Mundstück eingeführt – ein Pfeifton müsste jetzt schon möglich sein. Wenn nicht, muss das Luftloch vergrößert werden. Durch ein Ein- und Herausschieben des Rindenteiles werden verschieden hohe Töne erzeugt.

Aus: Josef Griesbeck, Spielend durch das Jahr, © Calwer Verlag Stuttgart

Lied

Feiert Gottes Weihnacht – Simeon im Tempel

Text: Dieter Stork
Musik: Siegfried Fietz

4. Menschen, ihr sollt singen,
alle, groß und klein.
Auch ihr Hoffnungslosen
stimmt jetzt fröhlich ein.
Hell wird schon das Dunkel,
hell die dunkle Nacht,
weil Gott seinen Frieden
mit uns Menschen macht.

Feiert Gottes Weihnacht ...

© ABAKUS Musik Barbara Fietz, 35753 Greifenstein

Lk13 – Fall und Auferstehung vieler Lukas 2,33–35

Der Widerspruch

Der Text

Sein Vater und seine Mutter wunderten sich. Ihrem Sohn wurde viel vorausgesagt. Simeon segnete Kind und Eltern. Er sagte zu Maria, der Mutter: »Siehe, dieser wird zu einem Zeichen werden. Für die einen bedeutet er dies, für die anderen das. Einige, die mit ihm in Berührung kommen, werden stürzen, andere werden zu einer guten Zukunft aufstehen. Viele wird er zum Widerspruch herausfordern. An ihm werden sich die Geister scheiden, wie man so sagt. Auch dein eigenes Herz wird von einem Schwert durchbohrt werden. Durch diese Katastrophe kommt heraus, was viele heimlich denken«, wonach sie sich sehnen: Gottes Aufstand für die Menschen, mit ihnen, zu neuer Hoffnung und Zukunft.

Entscheidungen

Simeons Weissagung

Zum Text

Auch die Weissagung des Simeon über das Jesuskind wird aus Bildern des AT heraus entwickelt. Die Vorlagen entstammen ebenfalls dem Jesaiabuch, werden aber in der jüdäischen Tradition weiter ausgeformt. Sie bilden ein im NT variiertes Motiv ab, das sich verschiedenener Bildelemente bedient.

Jesus, so legt Lk die Weissagung an, werde *zu einem Fall und Auferstehung vieler in Israel werden,* zu einem Zeichen, dem man *widersprechen werde*. Marias Herz werde wegen des Schicksals ihres Sohnes ein Schwert durchdringen. Und doch, was viele hoffen und denken, wird gerade so im Kind offenbar (Lk 2,33–35).

Zugrunde liegt zunächst ein Bild aus Jesaia, das bei diesem in abgewandelter Form verschiedentlich auftaucht (Jes 7,10–17; 8,9 ff; 28,16 f) und darüber hinaus in der Psalmenliteratur aufbereitet wird (Ps 118,22 f). Der angekündigte *Immannuel* (Jes 7,13; 8,8.10; Mt 1,23), Gott mit uns, wird in der weiterführenden Auslegungstradition als Befreier bezeichnet. Es geschieht Befreiung aus dem Gericht. Andererseits, so eine Tendenz der nachwuchernden Tradition, wird im Umfeld dieser Texte Gericht angekündigt. Die Simeonsweissagung nimmt diesen Widerspruch wahr und auf.

Sachinfo

- **Ursprüngliche Bilder und ihre Weiterverwertung im NT**

Ursprünglich handelt es sich um ein Wort des Jesaia an seine Jünger (Jes 8,11–15). Er erzählt von seinem persönlichen Weg, er habe bisher im Gegensatz zur Gesellschaft gelebt. Das bringe Schwierigkeiten mit sich. Darum sollten die Jesaiajünger sich nicht darauf einlassen, so wie das Volk es tue, alles Verschwörung zu nennen, was an warnender Kritik von Jesaia komme und dem offiziellen Staatsdenken widerspreche. Nicht Bangemachen und Furcht sind angesagt, so Jesaia, sondern der Glaube an Jahwe: »Ihn sollen die Jünger fürchten! Denn Jahwe, griech. *Kyrios,* wird zum Stein des Anstoßes, zum Fels des Strauchelns für Juda und Israel. Er wird zur Schlinge und zum Fallstrick für die Bewohner der Stadt Jerusalem. Viele unter ihnen werden straucheln und fallen, werden im Sturz von der Stadtmauer zerschmettert werden. Sie werden, in Stricke gebunden, gefangen weggeführt werden.« Die Jüngerweisung geht in ein vernichtendes Gerichtsurteil an das Volk Gottes über.

Lk nimmt das Wort auf. Das Bekenntnis zum *Kyrios* (AT: Gott selbst; im NT: der Kyrios Jesus Christus) wird zum Entscheidungsmerkmal für die Menschen. Wessen Maßstab nicht aus der Kraft des *Kyrios* stammt, der kommt zu Fall. Wer ihm vertraut, erhält eine Zukunft. Fall und Auferstehung vieler entscheidet sich an diesem Kind. Dabei ist das Wort *Auferstehung* bei Lk bzw. in seiner Vorlage neu. Es deutet ursprünglich nicht auf die Auferstehung Jesu, sondern bezeichnet das Erwachen Israels, dessen Aufstand für Gott.

Lk wirbt für den neuen messianischen Weg, den Jesusweg. Viele in Israel sind für die messianische Botschaft offen. Vor Lk nimmt Paulus den Text aus Jes auf. Jesus bleibe *ein Stein des*

Sachinfo

Anstoßes, ein Stein des Ärgernisses (Röm 9,33). Die Situation der Jünger Jesu schwingt im atl. Text ebenfalls mit. Die Jünger Jesu sind bedroht wie Jesaia und seine Jünger. Selbst der Untergang Jerusalems, den Lk unmittelbar vor Augen hat, weil er gerade geschehen war, wird im Jesaiatext umspielt.

- **Auch das Umfeld der Texte**

Es ist nicht nur das jeweils anklingende Kurzzitat, das für die messianischen Juden um und nach Jesus diese und andere atl. Stellen so interessant machte. Auch das Umfeld, aus dem diese Texte kommen, in dem sie sich ereignen, schwingen im Zitat mit. Eine Wiederholung, nein, eher eine unüberbietbare Steigerung der Geschichte Israels ist da im Gange. Die atl. Texte sagen den Jesusjüngern: *Wir leben in der Gerichts- und Ankunftszeit Gottes.*

Die Weiterentwicklung des atl. Bildes (Jes 9,11–15), ja, seine Umkehrung (Ps 118,22f; Jes 28,16f), die auch an anderen Stellen ins NT kam, macht den Absturzfelsen zu einem positiven Bild, wie dies der Psalmist aufnehmen wird (Ps 118,22f): Gott legt in Zion *einen neuen Grundstein, einen kostbaren, bewährten Eckstein. Wer glaubt, wird nicht wanken* (Jes 28,16f).

In dieser Abwandlung wird die Sicht der Menschen um Jesus, der *Kyrios* Jesus sei das Zeichen einer guten Zukunft, bestätigt. Das NT hat Zusammenhang und Bild voll aufgenommen, ja sogar in den Namen des Simon Petrus, hebr. *Kaiphas*, (»Fels«; Mt 16,18) integriert. Übrigens hieß der Hohepriester, unter dessen Ägide Jesus gekreuzigt wurde, auch *Kaiaphas*, also auch »Fels«! Da steht also Fels gegen Fels. Und auf den Felsen *Simon soll die Gemeinde Jesu gebaut werden, nicht auf den Felsen Kajaphas, den Hohenpriester* (Mt 16,18). Weitere Verwertungen des Felsbildes, diesmal auf den Kyrios Jesus gedeutet, finden wir durchgehend im NT (Mt 21,42; Eph 2,20; 1. Petr 2,6).

Unter Umständen hat Lk die Weissagung bereits in gebundener Form vorgefunden. Die Verbindung mit der Todesweissagung Jesu, dies freilich in einer ungewöhnlichen Form (Lk 2,35), kann auf eine sehr frühe Verschränkung von Bildern hindeuten, aus der sich die Urgemeinde die Gewissheit holte, Jesus, der Gekreuzigte, sei wirklich der Messias. Nicht Lk hätte dieses altertümlich klingende Wortbild entwickelt, sondern jemand vor ihm.

Noch ein Gesichtspunkt erscheint mir wichtig: Nicht ohne Grund spielt die Szene im Tempel. Der Tempel ist zunächst der Garant dafür, dass sich die Christen durchaus als Juden fühlten. Sie nehmen ja am Gottesdienst im Tempel bis zum Jahre 70 n. Chr. teil. Der Tempelberg, auf dem nun der Tempel zerstört ist, und der Berg Golgatha, auf dem Jesus gekreuzigt wird, werden nun, nach dem Jahre 70 n. Chr., analogisiert. Beide Katastrophen gehören zusammen, werden als *Schwert empfunden, das die Seele durchdringt.* Und so werden beide Ereignisse, der Tod Jesu und die Zerstörung des Tempels, zu zwei Grundentscheidungen führen, zur Solidarität miteinander von Christen und Juden, aber auch zur gegenseitigen Herausforderung, sich doch endlich messianisch zu verstehen.

Entscheidung

Die Entscheidung für den Kyrios Jesus Christus, die das Volk Gottes spaltet, ist zugleich, so sehen es die messiasgläubigen Juden, die Jesus als dem Messias nachfolgen, eine Entscheidung für den *gekreuzigten Messias* – ein Gedanke, den die Weissagung des Simeon bewusst aufnimmt.

Wie sehr in diesem Zitat das gesamte Israel als Volk Gottes angesprochen wird, wie sehr es hier um Sein oder Nichtsein, tatsächlich um Fall oder Auferstehung vieler in Israel geht, daran sei nochmals mit dem Namen des Weissagenden erinnert: Simeon, das Symbol für die Zerstreuung, ja die angedrohte Vernichtung des Volkes Gottes. *Wer jedoch glaubt, wird nicht wanken* (Jes 28,17), dieses Motiv des Glaubens ist, ein durchgehendes Motiv in den Evangelien. Auch Jeseus wird bei Lukas an einen Felsabhang gebracht, um von dort herunter gestürzt zu werden. Aber er geht »mitten durch sie hindurch« (Lk 4,28–30).

Wer glaubt, wird nicht den Absturzfelsen hinunterstürzen, wie Jes es prophezeit und wie es sich beim Fall Jerusalems 586 v. Chr. und nun auch in diesen Tagen, im Jahre 70 n. Chr., schrecklich erfüllte. Wer dem Messias Jesus vertraut, wird selbst zum griech. *petros*, zum Felsen, wird selbst ein Fels des Glaubens wie Petrus, ein *Kephas* (Mt 16,18), wie ja die gesamte christliche Gemeinde zum Beginn des Judäischen Krieges 66 n. Chr. nach Petra, in die Felsenstadt, aufgrund einer Weisung Gottes auswanderte! So erzählt die Legende.

Weissagung und Erfüllung

Musik-Klang-Collage / Visionäres Hörspiel
Gestaltung und Kreativität G&KLk13

Inhalt
Wort und Musik werden miteinander in Beziehung gebracht, eine Musikcollage wird mit Gedankensplittern ergänzt, aufgefüllt. Beide Elemente sind wichtig, unterstützen sich. Der Text, als eine den Tod Jesu vorausschauende Weissagung entwickelt, beschwört die zukünftig notwendig werdende Entscheidung für den Messias Jesus. Alles bleibt ins jüdische Milieu eingebunden, wird als Tempelszene erzählt: Der Anspruch, dass ganz Israel messianisch werden möge, schwingt ebenso mit wie die Herausforderung, es zu werden.

Material
- Kassettenrecorder mit Mikroanschluss
- eine leere Musik-Kassette, dazu ein zweiter Rekorder oder ein CD-Spieler, mit dem *Musikteile* eingeblendet werden können.

Ausgesuchte *Musikelemente* auf Kassette oder CD und in der Gruppe entworfene *Texte* werden aufeinander bezogen, auch parallelisiert. *Ein ruhig gelegener, lärmgeschützter Raum* ist Voraussetzung für das Gelingen dieser Werkstatt.
- Verlängerungskabel usw. nicht vergessen. ↗***BLk13.1***!

Weg
Unter *Material* wurde das benötigte Material bezeichnet, die Funktionen werden eher unter ***BLk13.1*** beschrieben, sozusagen der Ablaufplan, wie bei der Aufnahme gearbeitet werden könnte. Wichtig bleibt, dass die Textarbeit vorausgeht. Vielleicht möchte die Gruppe auch ein Hörspiel schreiben und aufführen, das mit verteilten Rollen abläuft und Geräusche und Musik einbezieht? Unter *Beispiel* ***BLk13.1*** wird vorgestellt, wie sich Arbeitsschritte entwickeln können. Unter ***BLk13.2*** wird eine Entfaltung vorgetragen, die sich eng an den Text hält. Es kann zu anderen Textentscheidungen in der Gruppe kommen, die auch von anderen Musikentscheidungen gestützt werden.

Organisation
Altersstufe: Ab 12 Jahren; es ist gut, wenn sich jemand in der Technik der Kassettenaufnahme auskennt.
Zeitrahmen, Struktur: Eine Arbeitseinheit innerhalb eines Projekttages (ein Vormittag); auf den regelmäßigen RU verteilt: 2 bis 3 Doppelstunden.

Tipps
1. Manchmal ist der Text zu lang. Ausprobieren!
2. Ein Fachmann könnte in der Aufnahmetechnik mithelfen. So einfach, wie es sich anhört, ist ein Hörbild oder -spiel nicht zu fabrizieren.
3. Das Zusammenbinden und Überlagern von Musik und Text, muss überlegt werden. Der Endzustand des Wort-Musik-Kunstwerks soll nicht zu schnell hergestellt werden, ↗***BLk3.1***.

Weiterarbeit
Wenn eine Musik-Kassette entsteht, ist der Einsatz in weiteren Veranstaltungen möglich; aber Vorsicht mit dem Abspielen. Ein selbst gemachtes Hörspiel erfüllt nicht immer alle Hörerwartungen. Gute Möglichkeiten ergeben sich in einer überschaubaren Gruppe, z. B. einer Klasse. Schwieriger wird es mit Einsätzen in einem Gottesdienst.

BLk13.1
Vom Text zum Hörbild

Beispiel: Ein Hörspiel entwickeln

- **Auseinananersetzung mit dem Text**

Ehe wir überhaupt mit den technischen Geräten hantieren, ist es sinnvoll, sich mit dem Text auseinander zu setzen. Andererseits melden sich viele Jugendliche in dieses Team, weil die technischen Möglichkeiten sie faszinieren. Also wird ein Mischweg vorgeschlagen. Es wird zunächst versucht, sich mit den Geräten vertraut zu machen: *Wie nehme ich einen Dialog auf? Wie überspiele ich Musik? Wie kann ich das eine in das andere übergehen lassen?* Diese Fragen werden nicht theoretisch beantwortet, sondern versuchsweise von den Jugendlichen an und mit den vorhandenen Geräten ausprobiert. Erst anschließend folgt eine Bibelgesprächskreisrunde:

- **Technische Voraussetzungen**

Voraussetzungen zum Gelingen sind: ein *Kassettenrekorder mit Mikroanschluss*, eine *leere Musik-Kassette*, dazu *ein zweiter Recorder oder ein CD-Spieler*, mit dem *Musikteile* eingeblendet werden können. *Herausgesuchte Musikelemente von Kassette oder CD* und in der Gruppe entworfene *Texte* werden aufeinander bezogen, auch parallelisiert. Ob das Ganze als *ein Tonband bzw. als eine Musik-Kassette* hergestellt oder bei den jeweiligen Aufführungen aus *zwei Apparaturen erklingt* und dann aufeinander bezogen wird, hängt von den technischen Möglichkeiten ab. Gibt es eine *Möglichkeit*, die beiden *Lautmaschinen* aufeinander zu beziehen, um so das Tonereignis nochmals *auf ein drittes Band, bzw. auf eine dritte Musik-Kassette bzw. CD* aufzunehmen, kann man dies tun. Der auf diesem Wege *hergestellte Tonträger zeigt* aber u.U. wenig von der Spontaneität der Aktion, nimmt die Spannung, wirkt vielleicht langweiliger als wenn man zur jeweiligen Aufführung noch das eine oder andere ein- oder ausblenden kann. Das vorgefertigte Band (Musik-Kassette, CD) gibt die Sicherheit, dass nichts mehr schief geht, was bei spontaner Ein- und Überblendung immer geschehen kann. *Ein lärmgeschützter Raum* ist Voraussetzung für das Gelingen dieser Werkstatt. *Verlängerungskabel* usw. nicht vergessen.

- **Arbeitsschritte:**

1. Arbeitsphase: Kleine Dialoge und Musikstücke ein- und ausblenden, überspielen, miteinander verbinden usw. Schnell wird klar, dass es ohne inhaltliches Konzept kein Hörspiel geben kann, darum kommt es schnell zur …

2. Arbeitsphase: Gesprächsrunde zum Text, möglich ist es, *Beispiel* ***BLk13.2*** als Vorlage zu wählen. Besser ist aber, es wird anhand des vorliegenden Bibeltextes ein eigenes Konzept erarbeitet. In dieser Arbeitseinheit sollen auch ungefähr die Text- und Musikpassagen festgelegt werden;

3. Arbeitsphase: Das Hörbild wird erstellt, vorläufig, nicht endgültig, aber doch so, dass man es auch vorführen kann.

4. Arbeitsphase: Das Hörbild wird angehört, je nachdem, wie es erstellt wurde, als ein Hörbild, bei dem spontan und von Fall zu Fall Text und Musik collagiert werden, oder als bereits vorgefertigtes Hörbild, bei dem Text und Musik von einer Kassette eingespielt werden. Zu raten ist zu Ersterem, da dann leichter verbessert werden kann.

5. Arbeitsphase: Rundgespräch: *Was muss anders, besser werden?*

6. Arbeitsphase: Verbesserungen am Hörwerk.

7. Arbeitsphase: Anhören und sich zur Präsentation vorbereiten.

BLk13.2
Ein Zeichen, Text- und Musikentwurf

Beispiel: Meditatives Hörbild mit Musik

	Stimmengewirr, sakrale Musik
Sie wundern sich.	
Es wird viel vorausgesagt.	*Geheimnisvolle Klänge*
Er, der Sohn, wird zum Zeichen!	*Zeichen musikalisch hervorheben!*
Ein Zeichen, wofür?	*Rap*
Für die einen bedeutet er dies,	
für die anderen das!	
Die einen fallen, die anderen stehen auf.	
Die einen gehen unter, die anderen fangen neu an.	
Widerspruch und Zustimmung,	
Zustimmung und Widerspruch	
fordert er heraus!	*Passions-Musik, z. B. J.S. von Bach*
An ihm werden sich die Geister scheiden.	
Auch deine Seele wird gespalten.	
Du, Mirjam, musst dich erklären,	
willst du in der Katastrophe,	
die deinen Sohn erfassen wird,	
die uns alle ereilen wird,	
die Wende der Geschichte erkennen?	
In seinem Sterben – unsere Zukunft?	
Bei dieser Katastrophe kommt heraus,	*Rap*
was viele heimlich denken, was sie hoffen:	
Gott stehe auf in deinen Armen und Elenden, halleluja!	

Passions-Musik wechselt mit modernen Klängen
Zwischen den einzelnen Abschnitten sind Musikpausen anzusetzen, der Sprechertext geht mit dem Ausklingen der Musik weiter.

Das unter BLk13.2 vorgestellte Beispiel wird mit Musik von CDs begleitet. Möglich ist auch, dass eine zweite Gruppe der Hörspielgruppe zuarbeitet, vgl. BLk10.1. In unserem Fall wird ein Orff'sches Instrumentarium zum Klingen gebracht. Die Musikelemente werden – vorausgeplant – in die Dialoge eingeblendet.

Lk14 – Die Hoffnung aus dem Untergrund
Lukas 2,36–39

Hanna

Der Text

Im Tempel war auch eine Prophetin, Hanna. Sie war die Tochter eines gewissen Penuëls. Sie gehörte zum Stamm Asser. Hanna war uralt. Sieben Jahre hatte sie eine Ehe geführt und war nun vierundachtzig Jahre alt. Sie lebte im Tempel, wich nie von diesem Ort und diente Gott mit Fasten und Beten Tag und Nacht. Sie kam in dem Augenblick hinzu, als Simeon das Jesuskind in den Armen hielt und die nun anbrechende Messiaszeit besang, diese neue Zeit, die mit dem Jesuskind beginnen sollte. Hanna lobte Gott und redete von dem Messias zu allen, die darauf warteten, dass Jerusalem endlich frei wird.

Eine weitere Frau

Hanna

Zum Text

Hanna, deren Vater Penuël heißt, aus dem Stamme Asser stammend, ist eine Prophetin, eine Witwe, die nur sieben Jahre mit ihrem Manne zusammenlebte, und die nun, nachdem der Mann starb, mit Beten und Fasten täglich im Tempel zugegen ist. Hanna, eine Frau von 84 Jahren, spricht nun vom Messias zu allen, die auf die Erlösung Jerusalems warteten (Lk 2,36–38). Der Name der Hanna, ihre Stammes- und Familienzugehörigkeit, ihr Alter, alle diese Symbole bekräftigen: Es ist hochheilige Zeit, in der sich alle Versprechen Gottes, alle Heilszusagen in diesem Jesus erfüllen. Das bezeugt Hanna nicht nur mit Worten, sondern mit ihrer ganzen Existenz, mit ihrem Namen, mit ihrem Alter, mit ihrer Stammes- und Familienzugehörigkeit.

Sachinfo

Namen

Was Hanna sagt, betet und singt, überliefert Lk nicht. Aber hier sprechen wieder, wie schon anderswo (↗*Das göttliche Muss*, griech. *dei*, S. 133; ↗D. Stork, *Die Macht der Ohnmacht*, Stuttgart 1994, S. 78–80) Namen für sich. *Hanna* meint den Rückbezug auf eine atl. Frau, die von Gott selbst ein Kind verheißen bekommt und Gott für die Erhörung dankt. Wir wissen inzwischen, dass aus dem Lied der Hanna Lk das Lied der Maria gestaltet. Einen weiteren atl. Bezug finden wir in Judith, einer revolutionären Frau, die wie die atl. Hanna als Witwe lebt. Ich verweise auf die außerbiblische Tradition, in der die Großmutter Jesu mütterlicherseits mit Namen *Anna* erwähnt wird, das heißt Hanna. Wir sehen also einen mehrfachen Bezug, auf das atl. Vorbild Hanna (1. Sam 2,1–11), auf Maria, die Mutter Jesu (Lk 1,46–46), und auf Judith, die vorbildhafte Witwe (Jdt 8,4f). Anna ist Jesu Großmutter (↗*Apokryphes Evangelium*, S. 19).

Die ntl. Hanna stimmt in einen Frauenchor ein, der mehr ist. Eine revolutionäre, emanzipatorische Stimmung geht von diesen Frauen aus, die alle den Aufbruch Gottes in diese Welt sowie ihre eigene Befreiung aus Schmach und Erniedrigung besingen.

Hanna und ihre ntl. Freundinnen bejubeln die Ankunft Gottes in diesem Jesus, der in seinem Leben und seiner Jüngerschaft den Frauen einen deutlichen Platz einräumen wird. Dieser Jesus heilt Frauen und tut Wunder an ihnen (Mk 1,29ff par.; 5,21–43 par.; 7,24–30 par.; Lk 13,1–7; 7,11–17; Joh 11,1–44). Er bricht einer Kranken zuliebe den Sabbat (Lk 13,10ff) und ist von Jüngerinnen umgeben, die die Jesusgruppe auch finanziell unterstützen (Lk 8,2f). Im Leiden und Sterben stehen Frauen ihm bei (Mk 15,40f par; 47 par.), gehen als einzige zum Grab (Mk 16,1ff par) und werden so die ersten Zeugen der Auferweckung (Joh 20,1.11ff). So werden Frauen zu hochqualifizierten Zeuginnen des Jesusgeschehens in der Urgemeinde.

Sachinfo

Frauenemanzipation in der Urgemeinde

Die Frauenemanzipation schlägt sich auch in der Urgemeinde nieder: Frauen übernehmen in der Urgemeinde Dienstfunktionen und Leitungsaufgaben (Apg 9,36ff). Aus den zahlreichen Frauen, wie Paulus sie in seinen Briefen häufig anredet, fällt besonders Phoebe auf, die den Titel griech. *diakonos,* also Leiterin der Gemeinde zu Kenchräa trägt (Röm 16,1). Auch Junia, *herausragend unter den Aposteln,* wird auf die Grußliste des Paulus gesetzt (Röm 16,7; vgl. D. Stork, *Ich glaube,* Konstanz 1994, S. 262–264).

Wenn Hanna, eine vierundachtzigjährige Witwe, von Lk zum Schluss der Vorgeschichten ins Blickfeld gerückt wird, deutet Lk auf den urgemeindlichen Aufbruch der Frauen in der Jesusbewegung hin. Hanna wird zum Ur- und Vorbild aller gläubigen, messianisch gesonnenen Frauen, die sich in den Tagen nach Ostern mit der Urgemeinde im Tempel sammeln. Selbst das Alter der Hanna wird zum Symbol, stecken doch in der 84 die Fülle- und Heilszahlen 7 und 12, miteinander multipliziert. Es ist hochheilige Heilszeit, was selbst noch die Altersangabe der Hanna belegt.

Sachinfo

Zwei weitere Namenshinweise

Zwei weitere Namen sind anzumerken: Hannas Vater heißt *Penuël.* Er gehört zum Stamm *Asser.* Penuël, eine Nebenform von Pniël, Angesicht Gottes (Gen 32,30), bezeichnet den Ort einer Furt im Jabbok, an der Jakob mit Gott rang. Später, im Kampf Gideons gegen die Midianiter, wird Penuël als Burg erwähnt (Ri 8,8.17), die Jerobeam I., der erste König des abgespaltenen Israel, befestigte (1.Kön 12,25). Penuël steht also zunächst für Gottesnähe, dann aber vor allem für einen Kampf, der das Volk Gottes in ein Nord- und in ein Südreich spaltet. Penuël war eine Zwingburg des Nordreiches, Symbol für den jahrhundertelangen Bruderkrieg Israels mit Juda.

Und der Hinweis auf den Stamm *Asser?* Während *Simeon* auf eine bereits geschehene und weiter bevorstehende Zerstreuung deutet (↗*Simeon,* S. 112), charakterisiert Asser einen Stamm, der in fruchtbarer Gegend wohnen sollte, in Küstennähe (Gen 49,20; Dtn 33,24), zwischen Karmel und Phönizien, auf dem Westabfall des galiläischen Gebirges (Jos 19,24–31). Allerdings wurden diese Gebietsansprüche kaum je verwirklicht. (Ri 5,17; 6,35). Dieses Gebiet wurde nie richtig unterworfen, sodass hier Israeliten unter Fremden lebten. Die Israeliten, die in diesem Landstrich lebten, wohnten sozusagen im eigenen Lande im Ausland (Ri 1,31f). Asser darf also als Synonym dafür gelten, dass Teile Israels schon immer in der Fremde, in der Diaspora lebten, unter Heiden, und dann, spätestens nach der Auslöschung des Nordreiches, von der Landkarte und aus der Geschichte verschwanden. Gerade aber die nördlichen Stämme Israels wie Naphtali, Sebulon und eben auch Asser wurden in späteren apokalyptischen Botschaften immer wieder mit Verheißungen bedacht, wobei Texte aus Jesaia (Jes 8,23; 9,1ff) diese Hoffnungen für diese *Stämme des Nordens* auslösten.

Dass in der Genealogie der ntl. Hanna plötzlich der Name des verschwundenen Stammes *Asser* auftaucht, dass darüber hinaus im Vaternamen der Hanna der Name einer Burg, *Penuël,* anklingt, der Israels und Judas Spaltung symbolisiert, ist nachdenkenswert. Diese Umschreibung enthält Hinweise:
Zwei Namen erinnern mitten in einer *Spaltung* der israelitischen Religion durch das Bekenntnis zum Messias Jesus, dass Gott in der Vergangenheit Trennung und Verlust anordnete. Der Jesusname jedoch meint nicht Trennung, sondern *die Chance zur Wiedervereinigung des Volkes Gottes aus Juden und Heiden.* Die von Lk beschworene griech. *Oikumene* meint die eine bewohnte Welt unter dem einen Gott und Jesus, seinem Sohn, dem einen Messias. Die Sammlung der Menschheit aus Juden und Heiden ist mit der Geburt des Messias voll im Gange.

Auch zur Zeit des Lk lebte der größte Teil der Juden in der Zerstreuung, zumal nach der Zerstörung Jerusalems im Jahre 70 n. Chr. das Siedeln in Jerusalem, also in Tempelnähe, durch Rom verboten wurde. Das Evangelium, wie Lukas es versteht, meint tatsächlich die in der Diaspora lebenden Juden und mit den zerstreuten Juden die Völker, die Gott zusammen mit seinem Volk zu einer gemeinsamen messianischen Zukunft entwickeln möchte.

Vom Urgrund der Hoffnung

Scherenschnitte und dazu Texte
Gestaltung und Kreativität G&KLk14

Inhalt

Hannas Name, Geschlecht, Alter und Wohnort zeigen an: Die Zeit ist gekommen, dass Ferne und Nahe, Fremde und Einheimische, Juda und Israel, Israel und die Völker, die ganze Menschheit sich in Frieden und Freiheit einten. Hanna besingt die heraufziehende Zeit, eine Zeit, wo vom Tempel und von Gott selbst die Einigung der Menschen ausgeht. In Gottes Messias, in diesem Kind, beginnt diese Zeit.

Material

- Scheren
- schwarzes Tonpapier
- weiße DIN A1-Bögen
- Klebstoff
- Kohlestifte
- große Tische, an denen wir arbeiten können

Weg

1. Textgespräch, die Namensetymologien müssen zur Entfaltung herangezogen werden.
2. Gestaltungsversuche: Jede Person der Kleingruppe entwickelt einen Scherenschnitt; bei größeren Gruppen ist Partnerarbeit anzustreben; ↗***BLk14.1***.
3. Vorstellung der Scherenschnitte in der Kleingruppe, gemeinsame Entwicklung von Gedanken.
4. Vorbereitung der Präsentation: Aufhängung der Bilder, Einübung der Texte.

Organisation

Altersstufe: Ab 10 Jahren.
Zeitrahmen, Struktur: 1 Arbeitseinheit innerhalb eines Projekttages; wegen der klassenzimmergerechten Technik wird es leicht, diese Einheit in den normalen RU zu übernehmen; Zeitbedarf: 3 Schulstunden.

Tipps

Es müssen einige Verabredungen in der Gruppe getroffen werden:
1. Inhaltliche Aspekte: Es kann sein, dass Gruppenmitglieder den äußeren Rahmen des Kurzberichtes aufgreifen und gestalten wollen: den Tempel, Hanna (die singt), usw.. Das ist nicht unwichtig, erschöpft aber nicht den Inhalt des Erzählten. Es sollten die Assoziationen aus den Namensetymologien hinzutreten, ↗*Zum Text, Sachinfos.*
2. Insgesamt ist es gut, sich über die Aufgabenstellungen des Einzelnen vor Arbeitsbeginn zu unterhalten: *Welches Motiv möchte ich gestalten?*
3. Es muss eine weitere simple Vereinbarung vor Arbeitsbeginn geben, *ob wir unsere Bilderwand in Hoch- oder Querformat gestalten möchten.* Die Mehrheitsentscheidung zählt.
4. Auch darüber muss diskutiert werden, wie die Gesamtgestaltung der Bilderwand angelegt werden soll.
5. *Vorschlag:* Wir entscheiden uns für eine Scherenschnittart, bei der nicht – wie bei den Profis – jedes Motiv zusammenhängend aus einem Gesamtbogen herauszuschneiden ist. Es ist möglich, Einzelteile auszuschneiden und diese dann auf dem DIN A1-Bogen aufzukleben. Die Flächenmaße des Schnittkartons aus Tonpapier, meistens Größe DIN A2, sollte aber erhalten bleiben, um so Ruhe für das Auge in Bezug auf das Gesamtkonzept zu gewinnen. Der DIN A1-Bogen wird als Aufklebfläche verwendet.

Weiterarbeit

Aufhängungen im Schulflur, dann aber mit der entwickelten Meditation; am besten wird eine kurze Projektbeschreibung hinzugefügt.

BLk14.1
Vom Text zum Scherenschnitt zum Eigentext

Beispiel: Arbeitsschritte – Scherenschnitte entwickeln

1. Wir sitzen im Stuhlkreis und entfalten den Text. Das kann auf verschiedene Weise geschehen (***BLk3.1; BLk6.3; BLk7.5***).
2. Im Stuhlkreis wird in offenem Gespräch der Bibeltext entfaltet, seine verschiedenen, auch verdeckten Aspekte werden hervorgehoben.
3. Anschließend soll es zur Schwerpunktbildung kommen, zunächst ohne Schere und zu zerschneidendes Tonpapier:
4. Jedes Gruppenmitglied zeichnet mit einem Kohlestift auf einen DIN A1-Bogen sein Motiv. Was ausgeschnitten werden soll, bleibt weiß, die Tonpapierfiguren und -zusammenhänge werden schwarz angemalt.
5. Es folgt eine Diskussion der Kohlebilder zur Vorstellung in Stuhlkreis: Jeder stellt sein Werk vor.
6. Vertiefung im Rundgespräch!
7. Jetzt erfolgt das Ausschneiden. Der Vorteil der Scherenschnitt-Technik liegt in der Konzentration auf das Wesentliche: Ich muss das, was ich ausdrücken will, auf seinen Kern reduzieren.
8. Dieser Werkprozess hilft mir, nach einer nochmaligen Vorstellungsrunde der Bilder, meine Gedanken zum Text zu sammeln. Wenige Worte oder Zeilen reichen aus, um meine Bildaussage zu bekräftigen.
9. Der von der Gestalterin bzw. dem Gestalter entworfene Meditationstext wird auf einem extra Zettel notiert und nicht ins Bild hineingeschrieben.
10. Auf das vorsichtige Entwickeln von Kohlezeichnungen, die dann als Vorlage für die Scherenschnitte dienen, kann verzichtet werden, wenn vor dem geistigen Auge klare Bilder entstanden sind.

Hunger, Angst, Krankheit, Verfolgung treiben die Menschen nun. Die einen leben in großen Städten, die anderen überqueren Kontinente, um Hunger und Not zu entgehen. »Gott will, dass alle Menschen frei leben. Sie sollen erkennen, wer ich bin« (1. Tim 2,3f).

BLk14.2
Unterwegs in eine neue Zukunft

Beispiel: Der Messias der Völker kommt aus Bethlehem

Noch leben die Menschen getrennt, in verschiedenen Erdteilen. Keiner hat zum anderen eine Beziehung, jeder lebt für sich allein.

Misstrauen und Angst sind die Folge, Menschen fliehen von einem Land ins andere, von einer Stadt in die andere. Hass wird geschürt, Kriege entstehen, Völkerelend greift um sich.

Manchmal finden Menschen zueinander, Flüchtlinge, Kranke, Arme helfen sich gegenseitig. Hoffnung keimt auf: Es kommt eine andere, bessere Zeit. Liebe und Verstehen kehren zurück.

Grenzen werden aufgehoben, Menschen können von einem Land ins andere ziehen, wo sie Arbeit und Brot finden werden, Schutz vor Verfolgung. Menschen in Not helfen sich gegenseitig. Ehen werden geschlossen, Kinder geboren.

Die Hoffnung auf eine neue Zeit geht von einem Kinde aus: Ein Kind wird die Herzen der Menschen bekehren. Er wird die Liebe neu zur Welt bringen. Ein Kind schenkt Hoffnung.

Die eine Welt, zersplittert in tausend Welten, wird durch das Kind zur Einheit in der Vielfalt gerufen. Menschen und Völker der Erde wachsen zur einen Menschheit des einen Gottes zusammen. Dieses Kind kommt aus der Familie Isais, Davids Vater, die in Bethlehem zu Hause ist (Ruth 4,18–21).

Lk15 – Im Tempel, aber mehr als der Tempel
Lukas 2,41–51

Fassungslos

Der Text

Jedes Jahr zogen seine Eltern zum Passafest nach Jerusalem. Als Jesus zwölf Jahre alt war, es war das Jahr, in dem er religionsmündig wurde, zogen sie ebenfalls nach ihrer Sitte in die heilige Stadt und Jesus zog mit. Als die Festtage vorüber waren, kehrten sie heim. Jesus, der ja noch ein Kind war, blieb in Jerusalem. Seine Eltern merkten es zunächst nicht. Sie dachten, er sei bei der Reisegesellschaft. Sie zogen einen Tag lang weiter und fragten bei Verwandten und Bekannten nach ihrem Sohn. Als sie ihn nicht fanden, kehrten sie schließlich nach Jerusalem zurück und suchten ihn dort.

Es kam so: Nach drei Tagen fanden sie ihn im Tempel. Er saß mitten unter den Lehrern, hörte ihnen zu und fragte sie. Alle, die ihn hörten, staunten über seine einsichtigen Antworten.

Als ihn seine Eltern sahen, waren sie fassungslos. Seine Mutter fragte ihn: »Kind, warum hast du uns das angetan? Dein Vater und ich haben dich mit Schmerzen gesucht.« Er sagte nur: »Warum habt ihr mich gesucht? Wusstet ihr denn nicht, dass ich dahin gehöre, wo mein Vater ist?« Und die Eltern verstanden das Wort nicht, das er zu ihnen gesagt hatte.

Wusstet ihr nicht?

Im Tempel, wo sonst?

Zum Text

Nach einem ersten Abschluss der Kindheitsgeschichten (Lk 2,39f) fügt Lk eine weitere Erzählung aus dem Kindheitserleben Jesu an, eine Geschichte, die auf der Schwelle von der Kindheit zur Mannbarkeit spielt. Mit zwölf Jahren wird der männliche Jude religionsmündig, also auch Jesus. Diese Geschichte spielt wieder im Tempel zu Jerusalem. Jesus sitzt unter den Lehrern im Tempel und diskutiert mit ihnen (Lk 2,41–50). Eine endgültiger Abschlussnotiz zur Kindheitsgeschichte folgt (V. 51).

Jesus, der jedes Jahr mit seinen Eltern zum Tempel zieht, bleibt in seinem zwölften Lebensjahr im Tempel zurück, was seine Eltern zunächst nicht wissen. Die Eltern vermuten ihr Kind, so Lk, unter Verwandten und Bekannten bei der übrigen Reisegesellschaft. Schließlich kehren sie um und suchen ihn in Jerusalem. *Nach drei Tagen* finden sie ihn im Tempel. Die Leute im Tempel staunen über Jesu Antworten; seine Eltern sind fassungslos. Der folgende Wortwechsel, seine Mutter und sein Vater hätten Jesus *mit Schmerzen gesucht,* und die Antworte Jesu, eine Frage, müsse *er nicht dort sein, wo sein Vaters ist,* machen vorsichtig erzählend auf den Gegensatz aufmerksam, der sich zwischen Jesus und seiner Familie auftut. Die bei Lk erzählte Geschichte legt diesen Konflikt auf die Grenze von Kindheit und Mannwerdung Jesu.

Versteckte Hinweise

Die Erzählung enthält auch versteckte Hinweise auf den Weg, den Jesus, den Messias Gottes, gehen wird: *Nach drei Tagen* finden die Eltern Jesus im Tempel! Und weiter: Die Eltern haben ihn *mit Schmerzen* gesucht. Wie schon in vorhergehenden Erzählungen der lukanischen Vorgeschichte wird auch hier auf *die Schmerzen* angespielt, die Jesu Eltern empfinden, wenn ihr Sohn der Verfolgung und Kreuzigung ausgeliefert werden wird. Selbst die Auseinandersetzungen, die sich durch das Leben Jesu hindurchziehen und auf die auch andere Evangelisten anspielen (*↗Bruch,* S. 132), tauchen wieder auf.

Es handelt sich bei der lukanischen Vorgeschichte um eine Flucht- und Krippengeschichte in Fortsetzungen, die Lk in immer neuen Varianten ausspinnt. Der Hinweis, Jesus habe sich im Tempel mit den Lehrern so gut unterhalten, dass diese über ihn ins Staunen gerieten, ist ein Hinweis auf seine späteren Auseinandersetzungen mit Pharisäern und Schriftgelehrten. Sie werden seine Gegner werden. Aber er wird sie durch Wort und Tat widerlegen. Beides wird hier sozusagen antizipierend erzählt. Es wird also nicht nur die Passion Jesu vorausgebildet, sondern auch sein österlicher Sieg, wie ihn die nachösterliche Gemeinde empfindet und wie Lk es schließlich in der Apg ausführlich schildert.

Sachinfo

Bruch

Von dem Bruch zwischen Jesus und seiner Familie erzählen andere Evangelisten auf ihre Weise (Mk 3,20f; ↗ *Familienverhältnisse*, S. 20). Eine weitere Notiz spiegelt diesen Bruch nochmals: Jesus lehnt ab, mit seinen Verwandten zu sprechen (Mk 3,31–35, Mt 12,46–59). Lk mildert die Szene ab: Jesus habe wegen der Volksmenge nicht zu seinen Verwandten, die ihn ja riefen, kommen können (Lk 8,19–21). Bei Mk schimmert am heftigsten die grundlegende Spannung zwischen Jesus und seiner Familie durch.

Lk verlegt mit der Erzählung vom zwölfjährigen Jesus im Tempel (Lk 2,41–50) die Spannung zwischen Jesus und seiner Familie in die Kindheit bzw. in den Augenblick, da Jesus religionsmündig wird und seine eigenen Entscheidungen in Bezug auf Religion und Glauben trifft.

Lk übernimmt darüber hinaus aus der ihm bekannten Überlieferung eine Warnung vor einer zu hohen Bewertung der Familie Jesu. Er heißt die voreilige Verherrlichung der Mutter Jesu nicht gut, eine Warnung, die auch im Tomasevangelium, einem außerkanonischen Evangelium, vorkommt. Jemand preist die Frau selig, die Jesus geboren und gesäugt hat. Die Antwort Jesu ist, in Tom und Lk fast identisch. Glücklich seien die, *die Gottes Wort hörten und bewahrten* (Lk 11,27f; Tom 79).

Die kritische Substanz aus den Evangelien, die das gebrochene Verhältnis Jesu zu seiner Familie, das dieser zunächst hatte, umschreibt, wird auch von Lk, wenn auch mit anderen Erzählmitteln, übernommen. In der Anmerkung des Lk, Jesu Eltern hätten nicht verstanden, was Jesus mit dem Hinweis meine, dort, wo sein Vaters sei, sein zu müssen, wird die Distanz der Angehörigen zu Jesus sichtbar. Indem vom Unverständnis der Eltern wie vom Missverständnis der Jünger berichtet wird, wird von diesem Gegensatz erzählt (Lk 2,49f; vgl. Messiasgeheimnis, in: Die Macht der Ohnmacht, Stuttgart 1994, S. 73).

Später, nach dem Tode Jesu und der Gründung der messianischen Urgemeinde, hat sich dieses Verhältnis geändert (↗ *Familienverhältnisse*, S. 20). Für Lk ist wichtig: Die Berichte von Geburt und Kindheit Jesu bleiben Erzählungen, die den gekreuzigten und auferstandenen Herrn verkündigen wollen, nicht dessen Eltern.

Das Kreuz, die Auferstehung

Mit Schmerzen haben Maria und Josef Jesus gesucht, und dies *drei Tage* lang (V. 46f). Sind dies versteckte Hinweise auf das Kreuzesgeschehen, worauf Jesus mit der Frage antwortet, *ob er nicht dort sein müsse, wo sein Vater sei?*

Diese Rückfrage spielt auf die religiöse Bedeutung an, die diesem Vater anhaftet: Er ist Zentrum der jüdischen Religion. Aber in dieser sokratisch fragenden Antwort verbirgt sich auch das Kreuz: Jesus wird den Weg des Vaters gehen, den Willen des Vaters tun, wie das Getsemani-Gebet aufzeigt (Lk 22,39–45). Lk malt die Ölbergszene besonders aus: Jesu Schweiß war wie Blutstropfen. Den Willen des Vaters zu tun, nämlich den Kreuzesweg zu gehen, ist für Jesus keine leichte Pflicht, sondern Last und Bedrohung. Wenn er dennoch in dem, was seines Vaters ist, lebt, wenn er im Tempel weilt, von dem aus die Bedrohung seines Lebens ausgeht, wo schließlich sein Tod inszeniert wird, tut er dies in deutlichem Gehorsam zum Vaterwillen. Dieser Vaterwille drückt sich im griech. *dei*, »es muss«, »es ist nötig«, aus (V. 49). Das ist eine Formulierung, die Lk gebraucht, wenn er den Leidensweg Jesu aus dem göttlichen Vaterwillen erklärt (z.B. Lk 24,44). In den Anmerkungen der Eltern wie auch in Jesu Antwort stecken Andeutungen auf das Kreuz sowie Hinweise auf die Auferstehung: Die Eltern empfinden *Schmerz über den Verlust* ihres Sohnes. Nach *drei Tagen* begegnen sie ihm wieder. Auch überwindet Jesus seine Disputanten in der Kraft der Auferstehung. Kreuz und Auferstehung werden in Andeutungen vorausentworfen.

Was ist des Vaters?

Die Wendung scheint eigentümlich zu schweben (V. 49). Abgesehen vom göttlichen *dei*, »muss«, wäre eine vorschnelle Zuspitzung auf gewisse Eigentumsverhältnisse verkehrt, etwa: Muss ich nicht in dem sein, was meinem Vater *gehört*, nämlich im Tempel Gottes? Der Tempel als Gottes Sitz, Eigentum und Wohnort? Es sieht so aus, als ob Lk den Tempel in Jerusalem zum Gründungsort der Gemeinde machen möchte. Aber das wäre wieder zu historisch gedacht. Es werden weder Besitzverhältnisse geklärt noch Gründungsorte behauptet. Vielmehr wird der Tempel, der zu des Lk Zeiten nicht mehr stand, zum Symbol für die Kontinuität des Heiles von Israel zu Israel, vom ersten zum zweiten Israel, das auch die Völker einschließt. Darum spielt soviel von den Kindheitsgeschichten Jesu im Tempel, angefangen von seiner Beschneidung bis zur Auseinandersetzung des religionsmündigen Jesus mit der Theologenschaft seiner Zeit.

Sachinfo

Das göttliche Muss, griech. *dei*

Das göttliche Muss, gr. *dei*, das hier erstmals bei Lk auftaucht (Lk 2,49), wird vom Autor des Lukanischen Werkes durchgehend als theologisches Grundelement eingesetzt. Das Motiv erscheint in den Leidensansagen: Des Menschen Sohn müsse leiden und werde verworfen werden (Lk 9,21 f; 9,43–45; 12,49 f; 13,31–33; 18,31–34). In nachösterlichen Zusammenhängen wird dieses Thema weiterhin aufgenommen. In der Emmausgeschichte (Lk 24,13–35) und im Bericht über die Begegnung des Philippus mit dem Kämmerer der Königin Kandaze von Äthiopien erscheinen ähnliche Motive (Apg 8,26–40). Ein Zitat aus den Gottesknechtsliedern wird eingearbeitet (Jes 53,7–8, Apg 8,32 f).

Wie ist das gr. *dei* auszulegen? Lk verweist auf Zusammenhänge in der Schrift (L 18,31; 24,27; Apg 8,30). Hätte sich Gott auf ein Knechts- bzw. Sohnesopfer festgelegt – im Griechischen hat *pais*, hebr. *ebed*, Knecht, auch die Bedeutung von Sohn –, dem er selbst nicht ausweichen könne? Nur das unüberbietbare Sohnesopfer könne die Schuld der Welt tilgen? Das Bild vom Opferlamm, das geduldig den Tod auf sich nimmt, scheint diese Gedanken zu bestätigen? Nein, nicht so ganz? Was aber dann?

In der Emmausgeschichte lüftet Lk das Geheimnis ums griech. *dei*: Die Entscheidung für das Kreuz ist eine Entscheidung für den Weg des gewaltfreien Messias, der stirbt, wie er predigt und so seiner Verkündigung treu bleibt. Der Messias möchte in den Herzen der Menschen, auf der Erde, ein Feuer anzünden – und will, dass es schon brennt (Lk 9,49 f). In der Feldrede Jesu, wie Lk sie komponiert, ist auf klassische Weise angesagt, wie sich der Messias diese Entwicklung vorstellt und wie der Messiasgläubige auf diesen Messiasweg treten könne: Indem der Christ in die gewaltfreie, vergebende Liebe eintritt, lebt sich der Christ in die Nachfolge Jesu ein (Lk 6,17–49).

Als Lk die Emmauserzählung niederschreibt, ist Emmaus bereits ein Trümmerhaufen, mehrfach im Judäischen Krieg (66 bis 70 n. Chr.) zerstört. In den Makkabäerkriegen, ab 166 v. Chr. hatte es seinerzeit bei Emmaus einen wunderhaften Sieg über Israels Feinde gegeben (1 Makk 4,1 ff). Während des Judäischen Krieges war es nun zu mehreren messianischen Aufstände gekommen, die von Emmaus ausgingen, in der Hoffnung, Gott werde das militärische Wunder wiederholen. Aber alles endet im Desaster Judas.

So predigt Lukas: Die Kriegsmessiasse versagten. Heiliger Krieg soll nach Gottes Willen nicht sein, eine späte Einsicht des jüdischen Volkes, die der Messias Jesus längst verkündet hat. Auch die PAX ROMANA bildet nicht den Sieg aus, sondern eben die PAX CHRISTI, was die Eucharistiefeier in der Trümmerstadt symbolisiert (Lk 24,30). Ein Zitat aus einer atl. Geschichte, die den Heiligen Krieg ad absurdum führt, unterstreicht, wie sinnlos eine gewalttätige Errichtung des Reiches Gottes ist (Ri 19,8 f; insgesamt Ri 19,1–21,25; Lk 24,29). Auch der Name des Jüngers, dem diese Erfahrung offenbart wird, Kleophas, Sohn eines berühmten Vaters, deutet aus. Dieser Jünger ist nämlich identisch mit Alphäus, dem Vater des Jüngers Jakobus (Lk 6,15). Jakobus wurde bereits 43 n. Chr. ermordet (Apg 12,1–6).

Die Emmausgeschichte verkündet also: Es gibt ein göttliches Muss: Inmitten von Gewalteskalation und Verfolgung gilt der Weg Jesu, das Gebot der Liebe, das auch Verfolger und Feinde umschließt. Jesus proklamiert die Gewaltfreiheit, die vergebende Tat der Liebe, vergegenwärtigt den Friedensweg. Bezeichnenderweise folgt bei Lk der

Sachinfo

Emmausgeschichte die Proklamation des Auferstandenen als Friedensstifer (Lk 24,36).

So können wir auf unseren Text zurück schließen (Lk 2,49). Auch er redet in die Eskalation von Hass, Verfolgung, Krieg hinein. Der Messias Jesus wird aus dem leben, was das Wesen des Vaters ausmacht, Gottes Barmherzigkeit (Lk 6,36). Der Tempel weitet sich – Er wird zum Symbol der wahren Lebenswirklichkeit Gottes unter uns. Das Reich Gottes ist mitten unter uns, wie Lk verdeutlicht. Durch Gottes Geist als Gabe des Friedens und der Gerechtigkeit können wir es in Jesu Namen entwickeln (Lk 17,21).

Disput

Der Disput und die Reaktionen, die dieser hervorruft, besagen, mit welchem Anspruch Jesus auftritt. Er, der ganz unter das Gesetz gehört, wird es auflösen und uminterpretieren. Er wird es erfüllen. Denn in der Liebe, die das Gesetz umfassend entwickelt, vollenden sich das Gesetz und Gottes Gerechtigkeit (Mt 3,15f; Röm 13,10f; Gal 5,14). Er, selbst ein Rabbiner, wird sich gegen die Mehrheit des Rabbinats stellen und furchtlos Gottes Gegenwart ansagen (V. 47).

Nach drei Tagen

Jesus ist derjenige, von dem man später erzählen wird, er habe versprochen, den Tempel abzubrechen und ihn in drei Tagen wieder aufzubauen, eine Bemerkung, die formal zu seinem Todesurteil führte (Mk 14,57–59), die aber auch den Zukunftsweg Jesu und seiner Nachfolger andeutet: Die Auferstehung Jesu nach drei Tagen wird zum Fundament für einen neuen Tempel Gottes, für den Leib Christi, die Gemeinde, in welchem Jesus, der Gesalbte Gottes, den lebendigen Schlussstein bildet. So vertieft der Hinweis des Erzählers, die Eltern hätten den Sohn nach drei Tagen gefunden, die Kreuzessymbolik: Nach den drei Tagen von Kreuz und Auferstehung wird Israel erkennen, dass Gott ganz neu und anders mit seinem Volke ist, wie es die Urchristenheit aus einem Hoseatext herausliest (Hos 6,2).

Sachinfo

Tempel

Der Tempel, von Salomo zunächst als Königsheiligtum errichtet, avancierte schnell zum Heiligtum des Volkes, vor allem nach dessen Spaltung, wobei in Samaria ein neues Kultheiligtum für das Nordreich errichtet wurde (1. Kön 5,20.24; 6,7f). Nach der Zerstörung des Tempels und der Stadt Jerusalem (586 v. Chr.) wurde dieser 516 v. Chr. durch Esra wiederhergestellt (Esra 3,12; 6,15) und von Herodes 20 v. Chr. prächtig erweitert. Seit Herodes nahm die nordwestliche Ecke des Tempelberges die Burg Antonia ein (Apg 21,34ff).

Der Vorhof war vom Tempelgebäude getrennt. Man unterschied einen äußeren und einen inneren Vorhof. Im inneren Vorhof lag der Frauenvorhof. Dort stand auch der Brandopferaltar. Das Tempelgebäude war in das Heilige und das Allerheiligste gegliedert. Im Heiligen stand auch der Räucheraltar, der Volk und Priester voneinander trennte und im aufsteigenden Rauch wieder vereinte (↗*Sacharja, Zacharias*, S. 8). Im herodianischen Tempel war das Heilige nicht nur vom Allerheiligsten, sondern von den Vorhöfen, in denen sich das Volk sammelte, getrennt (Lk 2,21).

Wichtiger als alles Wissen über die Ausgestaltung des Tempels ist ein anderer atl. Bezug: Stets warnen die Propheten vor einem magischen Verständnis des Gottesortes. Gott werde seinen Tempel nicht verlassen, werde ihn nicht den Feinden preisgeben. Wurden im Tempel nicht herrliche Gottesdienste Gott zur Ehre gefeiert? Aber gerade der Gegensatz zwischen den herrlichen Gottesdiensten und dem Ungehorsam des Gottesvolkes gegenüber den Geboten und der Sozialgesetzgebung des AT forderte die Propheten zu harscher Kritik und zur Prophezeiung des Untergangs Jerusalems und des Tempels heraus (Jer 7,1ff).

Wenn Lk dennoch am Tempel als einem überaus wichtigen Ereignisort des Messias und seiner Gläubigen festhält, tut er das in Anlehnung an andere ntl. Schriften: Der Tempel des heiligen Geistes, das ist die Gemeinde des Messias, ein lebendiges Gebäude. Diese Entwicklung wird beschleunigt, nachdem der Tempel in Jerusalem abgebrannt und vernichtet ist. Die Konti-

Sachinfo

nuität von Altem und Neuem wird im Symbol des Tempels ausgedrückt. Ist nicht die Gemeinde des Kyrios Christos auferstanden und blüht und atmet, ein lebendiger Tempel, der sich im Zeugnis der Gemeinde zu einem wunderbaren Bau zusammenfügt (1. Kor 3,16; 2. Kor, 6,16f; Eph 2,20ff)? Ja, selbst der einzelne Christ ist Tempel Gottes, Tempel des Heiligen Geistes (Röm 8,11; 1. Kor 6,19).

Lebendiger Tempel

Die ersten Christen waren gläubige Juden, die die messianische Erneuerung aus der Tempelidee heraus glaubten. Während sich die Qumranleute vom Jerusalemer Tempel absonderten und an ihrem Rückzugsort in der Wüste eine verkleinerte Nachbildung des Tempels etablierten, um auch *im Tempel* sein zu können, sagt Lk die Anwesenheit Jesu und seiner Bewegung im Tempel an. Der Tempelbesuch Jesu steht stellvertretend für die Anwesenheit der ersten Christen im Tempel, ein Symbol der Kontinuität zwischen dem vormessianischen und dem messianischen Israel. Inzwischen ist das Jahr 70 n. Chr. heraufgezogen. Der Tempel ist kein konkreter historischer Ort mehr, er wird vielmehr zum Symbol für die den heiligen Geist atmende, lebendige, zur Hoffnung auferstehende Christusgemeinde: Die Gemeinde ist Gottes Tempel, die einzelnen messianischen Menschen sind die Bausteine, Christus der Eckstein (vgl. Ps 118,22; Jes 28,16; 1. Pt 2,7, Eph 2,20). Weihnachten wird nun weltweit. Weihnachten ist überall.

Lied

Weihnachten sei überall

Text: Dieter Stork
Musik: Siegfried Fietz

© ABAKUS Musik Barbara Fietz, 35753 Greifenstein

Wenn Kinder in Israel erwachsen werden

Herstellen einer Schriftrolle – Darstellendes Spiel
Gestaltung und Kreativität KLk15.1

Inhalt

Jesus zieht, als er zwölf Jahre alt wird, mit seinen Eltern nach Jerusalem in den Tempel. Die Eltern wollen dort das Passafest feiern. Und was passiert dann? Das wird noch nicht verraten. Aber es ist einiges los in Jerusalem. Übrigens, Jesus war Jude, und nach dem Gesetz der Juden, der Tora, wird ein Junge mit zwölf Jahren religionsmündig. Das heißt, er wird mit diesem Alter ein Mann, der in der Synagoge, der Kirche der Juden, mitarbeiten und mitreden darf. Was sich ereignet, wollen wir spielen und es auch den anderen darstellen, dazu auch eine Torarolle herstellen.

Material

- Tapetenrolle oder Packpapier
- Kleister
- Stifte
- Malutensilien
- Sachen zum Verkleiden
- Zwei Stiele, auf denen die Tapetentrolle zu einer Torarolle werden kann.

Weg

Unter *Beispiel* ***BLk15.1*** wurde die Werkstattarbeit vorgestellt. Es wurde berichtet, welche Schritte von der Gruppenleiterin vorgeschlagen und gestaltet wurden. Diese Schritte werden noch einmal genannt:

1. Wir beschreiben, was wir von der *Bar Mizwa*, von der *Bat Mizwa* wissen, Gesprächsrunde.
2. Wir erzählen vom Passafest in Jerusalem, Gesprächsrunde.
3. Es folgt die Erzählung *Der zwölfjährige Jesus im Tempel* nach Lukas, Erzählung.
4. Wir lernen die Tora zu lesen, ansatzweise.
5. Eine Torarolle herstellen und beschriften, ansatzweise.
6. Es entsteht ein dreigliedriges Rollenspiel mit den Abschnitten: *Auf dem Wege nach Jerusalem – Schriftlesung im Tempel – Maria und Josef finden Jesus im Tempel*, vorgestellt unter ***BLk15.5***.

Organisation

Altersstufe: Ab 3. Schuljahr bis zum 10. Schuljahr. Der hier vorgestellte Weg kann bis zum 5. Schuljahr gegangen werden.

Zeitrahmen, Struktur: Ein Projektmorgen reicht aus, um die einzelnen Schritte der Projektarbeit zu entwickeln. Auf Schulstunden verteilt ergibt sich ein Volumen von 5 Schulstunden.

Tipps

1. Das Arbeitsvolumen ist umfangreich. Die aufeinander folgenden Schritte können vereinfacht werden, je nach Bildungsstand der Kinder und nach ihrem Leistungs- und Aufnahmevermögen.
2. Zur Gestaltung des Rollenspiels werden in dieser Arbeitseinheit keine Vorschläge gemacht, dazu ist vorher viel notiert worden. Wie wir von einem Text zu einem Rollenspiel gelangen, wird z.B. unter ***BLk3.1**; **BLk 3.2**; **BLk3.3**; **BLk4**; **BLk6.1*** beschrieben. In diesen Arbeitsvorschlägen werden verschiedene Methoden zur Entwicklung eines Rollenspiels vorgestellt. Unter ***BLk15.2*** werden vertiefende Ansätze angeboten.

Weiterarbeit

Es gibt einiges zu Lernen in der Gruppe, so z. B. über den jüdischen Glauben, Bar Mizwa und Bat Mizwa usw. Auf jeden Fall soll die von den Kindern hergestellte Torarolle in der Klasse aufbewahrt werden und zu anderen atl. Anlässen nochmals in den Mittelpunkt rücken. Anderes, zum Beispiel das Rollenspiel, kann Baustein eines Gottesdienstes werden zum Thema *Aufbruch nach Jerusalem*.

BLk15.1
Kindermund, literarisch

Beispiel: Ja, so war unser Projekttag – ein Bericht

Also, wir haben am Projekttag eine Menge gemacht. Zuerst haben wir darüber geredet, was bei den Juden der Tag ihrer Konfirmation bedeutet. Der Tag heißt bei ihnen nicht Konfirmation, sondern für Jungen »Tag der Bar Mizwa«, für Mädchen »Tag der Bat Mizwa«. Dies ist also der Tag, an dem der jüdische Junge ein Sohn der Pflicht wird oder das Mädchen eine Tochter der Pflicht. Bar heißt nämlich im Hebräischen Junge, und Bat Mädchen. Mizwa heißt Pflicht. Also, die beiden kriegen am Tag ihrer Konfirmation vielleicht auch Geschenke, aber das größte Geschenk ist: Sie dürfen an diesem Tag im Gottesdienst in der Synagoge eine Stelle aus der Bibel vorlesen. In den strengen Synagogen dürfen nur die Jungen lesen, die Mädchen nicht. Die Mädchen hören zu.

Dann wurden uns Bilder gezeigt, auf denen war abgebildet, wie die Juden zur Zeit Jesu gekleidet waren. Ganz interessant. Wenn ich heute so rumlaufen würde, würden alle gucken. Damals nicht, kein Wunder, denn damals lief ja jeder so rum. Wenn ein Jude zwölf wurde, durfte er mit zum Passafest nach Jerusalem. Das ist das größte Fest der Juden bis heute. Damals, als der Tempel noch stand, durfte man das Passafest nur in Jerusalem feiern.

Dann wurde uns die Geschichte erzählt, wie Jesus zum ersten Mal mit seinen Eltern nach Jerusalem zieht. Aber er ist seinen Eltern weggelaufen, das war ziemlich interessant. Dass Jesus einfach wegläuft, habe ich nicht gewusst – ist ja wirklich auch unerhört, wenn man denkt, dass er der Sohn Gottes ist. Aber er war zwölf Jahre alt, und ab dem Alter kann ein Jude über sich selbst bestimmen. Aber nicht so ganz, wie sich in der Geschichte herausstellt, denn Jesus wird von seinen Eltern wieder eingefangen und muss wieder mit nach Hause. Ich will erwähnen, dass Jesus nicht einfach weggelaufen ist. Er ist im Tempel in Jerusalem geblieben, als seine Eltern genug

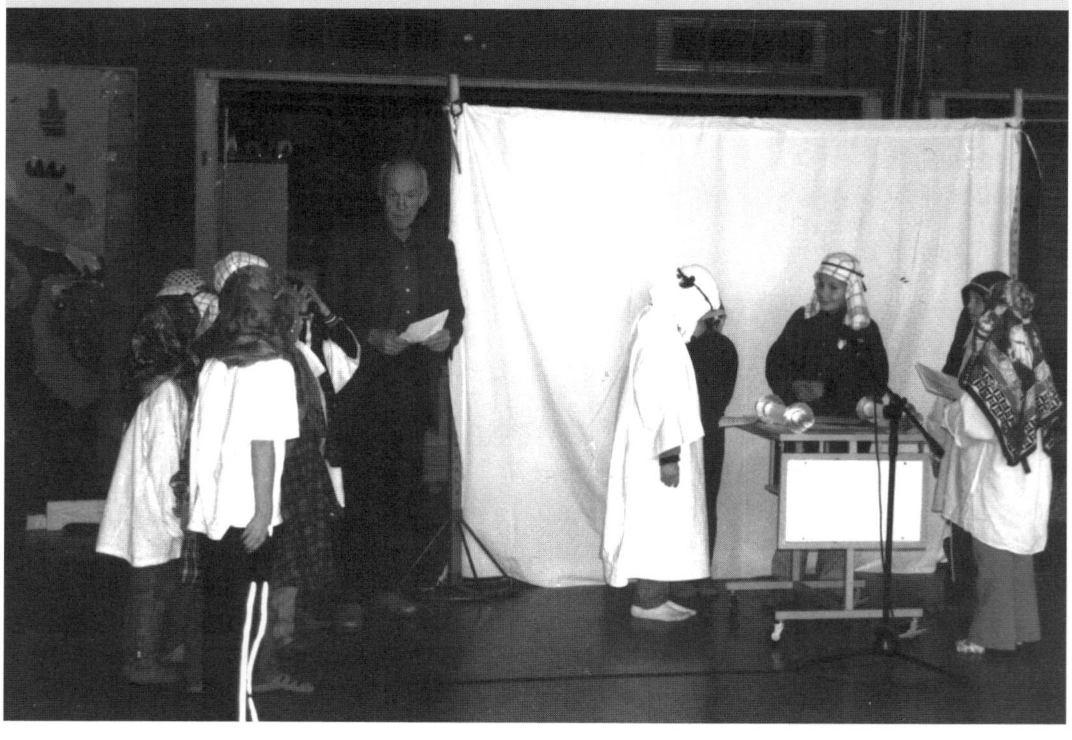

vom Fest hatten und wieder nach Hause wollten.

Im Tempel hat Jesus aus der Bibel vorgelesen, auf Hebräisch. Die Leute haben gestaunt, nicht darüber, dass er flüssig lesen konnte, das war selbstverständlich, das muss jeder jüdische Junge in dem Alter können. Die Schriftgelehrten staunten über seine guten Antworten.

Ich finde Hebräisch ganz schön schwer, man liest nämlich von hinten nach vorn. Aber wenn man sich daran gewöhnt hat, klappt es.

Dann haben wir auch Hebräisch geschrieben, zum Beispiel das Wort für »Gott«. Wenn man es laut liest, heißt dieses Wort *Jahwe*, der Name hat auch eine Bedeutung: »Ich werde sein«. Manche sagen auch, es heißt »Ich werde für Euch da sein«. Das hat uns unser Lehrer erklärt. Das hebräische Wort für *Gott*, und andere Wörter auf Hebräisch, die ich aber vergessen habe, haben wir auf eine Rolle geschrieben. Das war eine Tapetentrolle. An beiden Enden der Rolle haben wir Stöcke befestigt, auf die man die Tapete aufrollen konnte. Nun war die Tapete keine Tapete mehr, sondern eine »Torarolle«, wo alles drinsteht, was Gott den Menschen mitteilt.

Anschließend haben wir Theater gespielt. Dazu mussten wir uns Kleider anziehen, die wir mitgebracht hatten. Diese Kleider waren eigentlich Säcke oder Laken, die wir auf unserem Körper mit Sicherheitsnadeln befestigt und mit Schnüren zusammengebunden haben. Es hat ganz schön gekratzt.

Es gab drei Szenen, die unser Lehrer mit uns eingeübt hatte. Die erste Szene hat am meisten Spaß gemacht. Da sind wir immerzu gewandert und haben die Arme hochgeworfen. Denn die Juden beten mit erhobenen Armen zu Gott. Da wollten wir zum Passafest nach Jerusalem wandern, in den Tempel. Schließlich waren wir angekommen. Da mussten wir ganz still sein. Unser Lehrer hat sich auch verkleidet, wie wir, und hat aus der Tora vorgelesen, auf Hebräisch, nur ein kleines Stück. Er hat gesagt, er hat Hebräisch gelernt, aber ich glaube, er kann es nicht mehr richtig, denn er hat sehr holperig vorgetragen. Aber immer noch besser als ich. Ich kriege das praktisch überhaupt nicht hin.

Die letzte Szene spielte im Tempel, als die Eltern wieder zurückkamen und Jesus fanden. Einerseits waren die Eltern ziemlich froh, dass sie ihr Kind wieder zu fassen kriegten, andererseits haben sie tüchtig mit ihm geschimpft. Schließlich haben sie wer-weiß-was gedacht, als sie merkten, dass Jesus nicht mit ihnen auf dem Rückmarsch war. Geschimpft haben wir natürlich auf Deutsch, denn schimpfen kann man immer noch am besten in seiner Muttersprache. Das ist verständlich, denn die spricht man schließlich jeden Tag.

Wem muss Jesus gehorchen: diesem oder jenem Vater?

Rollenspiel mit Doppeln – eine Wandzeitung erstellen
Gestaltung und Kreativität G&KLk15.2

Inhalt

Wer ist der Vater Jesu? Wenn wir die Vorgeschichte in ihren Einzelheiten ernst nehmen, stoßen wir auf Josef. Unbefangen wird von ihm als Vater Jesu erzählt. Wieso wird in unserer Geschichte Gott als Vater Jesu ins Spiel gebracht? Diese Geschichte erzählt, dass Gott in einem anderen, geistigen Sinne Jesu Vater ist, so wie er Vater eines jeden Menschen ist, der anfängt, sich selbst als ein Kind Gottes zu verstehen. Ich kann also wie Jesus zwei Väter haben. Das ist ziemlich natürlich, nichts Geheimnisvolles, denn Gott ist mein Vater in einem geistigen und geistlichen Sinne. Die Geschichte erzählt auch, dass die Autorität des leiblichen Vaters in der Autorität Gottes ihre Grenze findet.

Material

- Rollenspiel: Ein von Tischen befreiter Raum, ein größerer Stuhlkreis, in dem Bewegung möglich ist. In der Mitte zwei Stühle, auf der die jeweiligen Rollenspieler/innen Platz nehmen.
- Eine Wandzeitung erstellen: Kohle, Filzstifte, Buntstifte, Wollfäden, Heftzwecken bzw. Stecknadeln, Bildmaterialien, Scheren, Papierkleber.

Weg

In ***BLk 4.1*** wird die Methode des Rollenspiels mit Doppeln ausführlich beschrieben. Es müssen hier also nur die besonderen Beziehungen zur biblischen Erzählung herauskristallisiert werden:

1. Alle sitzen im Stuhlkreis. Unsere Geschichte wird erzählend vorgestellt. In etwa können wir stringent an dem vorgestellten Text entlanggehen, diesen Text nacherzählen.
2. Im Stuhlkreisgespräch werden die Positionen herausgeschrieben, die Autorität des leiblichen und des himmlischen Vaters dafür gesammelt: *Welche Autorität bleibt? Wie wird jede dieser Autoritäten begründet?*
3. Es gibt also zwei Positionsstühle, die jetzt in die Mitte gestellt und mit je einem Positionsinhaber besetzt werden. Die Person für die Position des leiblichen Vaters vertritt die Elternargumente, die andere Person für die Position des himmlischen Vaters die Jesusargumente.
4. Die Argumente erschöpfen sich nicht in einer Rezitation der biblischen Geschichte. Vielmehr soll der jeweilige Standpunkt mit eigenen Worten formuliert werden und zu einer offenen Diskussion führen. ↗***BLk15.2***.
5. Wie das Rollenspiel mit Doppeln läuft, wird in ***BLk4.1*** beschrieben. Ziel dieser Lerneinheit ist es, das Gefühl für die jeweiligen Verantwortungsdimensionen zu gewinnen.

Organisation

Altersstufe: Ab 8 Jahren die Geschichte bietet einen lebendigen Hintergrund, den Kinder in der GS gut verstehen, den sie auch lebhaft aufnehmen.

Rahmenbedingungen, Struktur: Es ist sinnvoll, einen Vormittag mit dem Rollenspiel zu besetzen und auszufüllen. Wegen der guten Bedingungen für einen RU im 45-Minuten-Takt, eignet sich das Rollenspiel in jeder Schulstunde.

Tipps

Zwei Schwierigkeiten tauchen innerhalb eines Schulprojektes bei Wahl dieser Methode auf;

1. Die Methode ist schnell erlernbar, das bedingt aber auch, dass eine Spannung durch die drei Zeitstunden hindurch (9.00 bis 12.00 Uhr) aufrecht erhalten werden muss, die nun einmal den Arbeitstag einer Projektgruppe innerhalb eines geplanten Schulprojektes ausmachen. Es wird also wichtig sein (und dies nicht nur aus methodischen bzw.

zeitlichen Gründen), die Lerninhalte zu erweitern. Hier bietet sich grundsätzlich die Autoritätenfrage als Stichwort an: *Man muss Gott mehr gehorchen als den Menschen!* Die Lerngruppe findet selbst Beispiele, die sie zu Rollenspielen mit Doppeln ausbaut. Unter *Beispiele* ***BLk 15.2*** werden Fallbeispiele aufgelistet, die zur Vertiefung der Fragestellung dienen und als Fortsetzung und Erweiterung des ursprünglichen biblischen Rollenspiels eingesetzt werden können.

2. Es ist schwierig, das Lernergebnis eines Rollenspielvormittags mit Doppeln in eine Präsentation zu überführen. Das Rollenspiel mit Doppeln im Plenum zu wiederholen, erscheint schier unmöglich. Es bieten sich zwei Wege an. *Der erste*: Wir machen aus unseren Ergebnissen eine Wandzeitung, die wir erläuternd vorstellen. Zur Erstellung einer Wandzeitung Hinweise unter ***BLk15.3*** *und* ***15.4***. *Der zweite*: Es werden auf sparsame Weise kleine, kurze Rollenspiele aus dem Rollenspiel mit Doppeln entwickelt, die dann gezielt und im Einvernehmen mit der Arbeitsgruppe im Plenum vorgestellt werden.

Weiterarbeit

Die Rollenspiele, wenn sie denn entstehen, können vielleicht in einen Schulgottesdienst aufgenommen werden, die Wandzeitung sollte für eine längere Zeit im Schulflur hängen. Es lohnt sich auch, anhand beider Elemente weitere Unterrichtseinheiten zu entwickeln. Es kann sich aus den Rollenspielen auch ein Anspiel entwickeln, wie unter ***BLk15.5*** notiert.

BLk15.2
Wessen Autorität gilt? – Weitere Hilfe zum Rollenspiel mit Doppeln, ***↗BLk 4.1***

Beispiel: Rollenspiel mit Doppeln, thematisch vertieft: »Autoritäten«

Es wäre schade, den Konflikt der Autorität Gottes und der Autorität der Menschen bei den Rollenkonstellationen, wie sie unsere Erzählung bietet, zu belassen. Hier einige Erweiterungen:

- Grundposition:

Die Autorität der Eltern ist in der Fürsorge für ein minderjähriges Kind begründet, das noch nicht den gesamten Überblick übers Leben haben kann. Deshalb ist ein Fürsorgerecht der Eltern sinnvoll, aber auch eine Informations- und Gehorsamspflicht des Kindes den Eltern gegenüber. In diesem Fall wird der Autorität der Eltern diejenige Gottes gegenübergestellt. Jesus muss seinem Vater im Himmel gehorchen. Die Geschichte bildet seinen gesamten Weg bis zum Kreuzestod ab, den die Eltern Jesu weder verstehen noch billigen. Bemerkenswert: Der Konflikt bricht in dem Augenblick auf, als Jesus nach jüdischen Recht volljährig bzw. religionsmündig wird, nämlich mit zwölf Jahren.

- Erweiternde Position 1:

Ein Kind, das sich von seinen Eltern nicht verstanden fühlt, vielleicht schon ein Jugendlicher, verbündet sich mit seinen Schulkameraden; vielleicht verbünden sich Freund und Freundin. Je nach Altersstufe wird sich das Thema in der Gruppe entfalten. Inwieweit sind die Eltern ins Vertrauen zu ziehen? Warum gibt es in den Freundschaftsbeziehungen eine Eigenexistenz des Kindes?

- Erweiternde Position 2:

Das Konfliktfeld Schule, Cliquendenken oder Vertrauensaufbau zwischen Schüler/in und Lehrer/in, zwischen der Klassengemeinschaft und der Lehrperson?

- Erweiternde Position 3:

Der Gewissenskonflikt ist immer noch gegenwärtig in der Frage Zivildienst oder Militärdienst? Auch, wenn diese Probleme nicht mehr aktuell zu sein scheinen, müssen sie unter uns, in unserer Gesellschaft bewusst bleiben, dazu ↗Sachinfo *»Das göttliche Muss«*, S. 133.

- Erweiternde Position 4:

Gewissenskonflikte stellen sich überall ein, auch im Leben von Kindern. Es ist bitter notwendig, in einer Welt, in der Erwachsene, Werbung und Wirtschaft pragmatische, also machbare, mehrheitsfähige und bequem durchzusetzende Lebensmodelle fordern und praktizieren, nach der Wahrheit meines Gewissens zu fragen. Gibt es ein solches Gewissen überhaupt noch? Beim Einzelnen, in der Gesellschaft, z. B. in einer Klassengemeinschaft, einer Clique? Hier gilt es, die Positionen klar herauszuarbeiten, vor, im und nach dem Rollenspiel mit Doppeln. Ein Vormittag wird da vermutlich nicht reichen.

BLk15.3
Wandzeitung
– verschiedene Typen

Beispiel: Eine Wandzeitung erstellen

Beliebt sind Tapetenbahnen, auf die dann gekritzelt und gemalt wird. Bilder werden hinzugeklebt. So entsteht das buntes Bild einer Wandzeitung, die zum Lesen animiert.

Besser geeignet sind m.E. große weiße Plakatkartons, die aneinandergeheftet eine große Fläche ergeben, auf der die Jugendlichen freier operieren können als auf einer schmalen Tapetenbahn. Es wird mit Kohle, Filzstiften, Buntstiften, Wollfäden, Heftzwecken bzw. Stecknadeln und Bildmaterialien gearbeitet. Noch übersichtlicher und lesefreundlicher ist es, wenn Überschriften oder ganze Texteinheiten mit dem Computer geschrieben werden. Vielleicht kann die Gruppe sogar die Bilder einscannen und ausdrucken.

Ein Problem entsteht, wenn einige Kinder schneller fertig sind als andere oder keine Lust auf die Computertechnik haben usw. In diesem Fall hat sich bewährt, sie mit einem Malauftrag zu versehen. Die großflächig in bunter Dispersionsfarbe gemalten Bilder werden in die Wandzeitungsflächen eingefügt und bilden einen schönen Kontrast zum geschriebenen Wort, eine *bunte Illustrierte* entsteht.

BLk15.4
Wandzeitung
– verschiedene Entwicklungen

Verschiedene Beispiele von Wandzeitungen

Einige Beispiele, auch wenn sie aus anderen Projektbereichen stammen, veranschaulichen, wie vielfältig Wandzeitungen aussehen können, weil verschiedene Möglichkeiten genutzt werden:

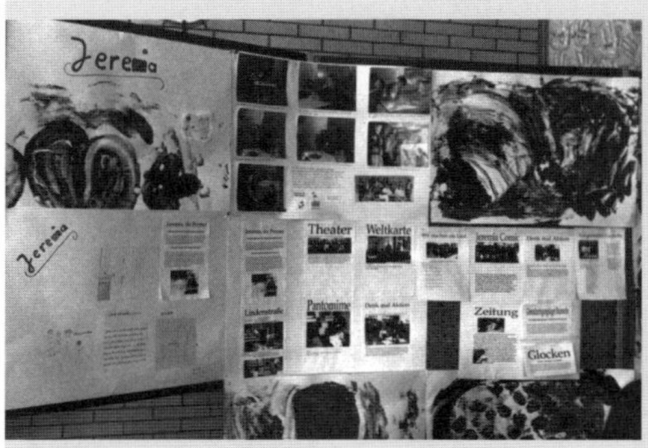

Wandzeitung Typ 1:
Eine Gruppenarbeit, die alle Projektarbeiten veranschaulicht, entsteht.
Computergraphik und Drucke werden zusammengefügt.

Wandzeitung Typ 2:
Das Arbeitsergebnis einer Gruppe wird veranschaulicht.

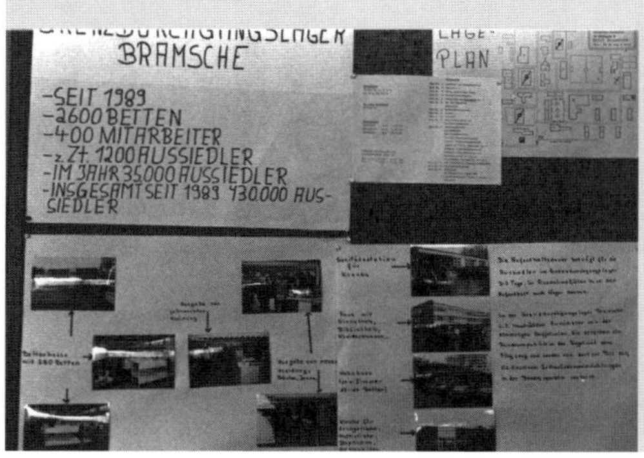

Wandzeitung Typ 3:
Bildmaterial und Texte veranschaulichen, wie eine Diakonische Einrichtung arbeitet.

BLk15.5
Anspiel

Irgendwie verstanden sie ihn nicht

1. Szene
Menschen gehen nach Jerusalem.

ALLE MITWIRKENDEN:	*(Gemurmel)*
ERZÄHLER:	Es ist Passafest in Jerusalem. Viele Menschen brechen in diese heilige Stadt auf. Sie möchten in den Tempel gehen und dort beten und opfern. Es ist Pflicht eines jeden Juden, zum Passafest nach Jerusalem zu kommen und im Tempel am Gottesdienst teilzunehmen. Auch Jesu Eltern gehen regelmäßig zum Passafest nach Jerusalem. Als Jesus zwölf Jahre alt ist und er religionsmündig wird, nehmen ihn die Eltern das erste Mal mit in die heilige Stadt. Aber was passiert? Das Fest ist zu Ende, sie kehren nach Nazareth um, sie haben Jesus nicht bei sich. Sie denken, er ist wohl bei den anderen Pilgern. Dann bemerken sie, dass er nicht in der großen Pilgergruppe ist. Was sollen die Eltern machen? Sie kehren um und suchen Jesus überall in der Stadt, auch im Tempel.

2. Szene
Der zwölfjährige Jesus im Tempel.

JESUS:	Was liest du da?
1. SCHRIFTGELEHRTER:	Ich lese gerade von Jakob und seinen zwölf Söhnen.
JESUS:	Ja, das waren die Urväter der zwölf Stämme Israels.
2. SCHRIFTGELEHRTER:	Einen der Söhne hat Jakob ganz schön verwöhnt.
JESUS:	Das war Josef, aber er war auch etwas Besonderes.
3. SCHRIFTGELEHRTER:	Das glaubten seine Brüder aber nicht.
1. SCHRIFTGELEHRTER:	Sie hassten ihn und haben ihn nach Ägypten verkauft.
JESUS:	Das stimmt, aber Gott hatte mit Josef etwas Gutes vor.
2. SCHRIFTGELEHRTER:	Wie meinst du das?
3. SCHRIFTGELEHRTER:	Der ist doch sogar ins Gefängnis gekommen.
JESUS:	Lies doch weiter! Im Gefängnis wurde bekannt, dass Josef mit Gottes Hilfe Träume deuten konnte. Die Träume des Pharao hat Josef gedeutet.
2. SCHRIFTGELEHRTER:	Ja, und deshalb wurde er sogar ein Teilkönig.
JESUS:	Er wurde ein besonders guter Teilkönig. Er konnte vielen Menschen in Ägypten und seiner Familie in der Hungersnot helfen.

3. Szene
Erzähler, Jesu Eltern und Jesus.

ERZÄHLER:	Die Pharisäer und Schriftgelehrten staunten, was Jesus alles wusste, wie gut er die Bibel verstand und erklärte. Da kommen Maria und Josef in den Tempel zurück. Sie suchen Jesus und finden ihn. Sie freuen sich, dass sie Jesus gefunden haben. Sie sind aber auch ärgerlich, dass er sich einfach von seinen Eltern trennte, ohne etwas zu sagen.
MARIA:	Jesus, mein Sohn, warum machst du uns solchen Kummer? Dein Vater und ich haben dich verrückt vor Angst gesucht.
JESUS:	Warum habt ihr mich gesucht? Wisst ihr nicht, dass ich dorthin gehöre, wo mein Vater ist?
ERZÄHLER:	Maria und Josef waren ratlos. Sie hatten keine Ahnung, was er mit diesen Worten meinte. Irgendwie verstehen sie ihn nicht.

Lk16 – Das verborgene Leben des Jesus von Nazareth
Lukas 2,39f.51f

Who is who?

Der Text

Nachdem Jesu Eltern alles getan hatten, was das Gesetz Gottes von Juden verlangt, kehrten sie nach Galiläa in ihre Heimatstadt Nazareth zurück. Das Kind wuchs heran, wurde stark und sicher in Gottes Weisheit. Gottes Freundlichkeit lag auf ihm. Das ist ein zusammenfassender Satz. Mehr wissen wir nicht über den heranwachsenden Jesus, außer einer Geschichte.

Von Lukas wird die Geschichte *Jesus unter den Lehrern im Tempel* erzählt. Sie schließt ebenfalls mit einem zusammenfassenden Satz ab: Jesus ging mit seinen Eltern nach Nazareth zurück und gehorchte ihnen. Seine Mutter behielt alle diese Worte und bewegte sie in ihrem Herzen. Jesus nahm zu an Weisheit, Alter und Freundlichkeit, vor Gott und den Menschen.

Wer ist Jesus?

Verzicht auf Spekulation

Zum Text

Die Versuchung ist groß, das mangelnde Wissen über Jesus aufzufüllen. Das Kindheitsevangelium des Thomas tut das, andere apokryphe Evangelien auch (↗*Apokryphes Evangelium*, S. 19). Die Kirche hat sich anders entschieden: Obwohl Legenden oft viel hergeben und für den Glauben sensibilisieren, ist der Verzicht auf Spekulation besser als die Erfindung der Legende.

Die Kirche hat manches Legendenhafte, Abenteuerliche ausgeschieden. Für Jahrhunderte waren diese Bücher den Christen verboten, durften von ihnen weder besessen noch gelesen werden.

In den Dienst des Kreuzes

Freilich darf nicht der Eindruck entstehen, was übrig blieb, sei die lautere, objektive historische Wahrheit. Auch die Evangelien strotzen von Bildern und Anspielungen, nutzen die Technik des spekulativen Erzählens, bauen aus und bauen um, um die frohe Botschaft zu transportieren.

Aber das ist nun doch sympathisch: Es wird bei der Auswahl das Mirakel, das zum Spektakel zu werden droht, zurückgedrängt. Das Mirakel wird in den Dienst des Kreuzes gestellt. *Die Evangelien sind Passionsgeschichten mit längeren Einleitungen* (Martin Kähler). Nur so sind die Geburts- und Kindheitsgeschichten bei Lukas zu verstehen. Sie stehen im Botschaftsdienst des gekreuzigten Auferstandenen. Die Evangelien sind keine Biographien, sondern Predigten, die sich zu einer Predigt von Kreuz und Auferstehung des Menschen Jesus aus Nazareth verbinden.

Und warum doch Geburts- und Kindheitsgeschichten?

Und warum doch Geburts- und Kindheitsgeschichten? Sie werden aufgenommen und ins Evangelium geflochten, weil sie vom gekreuzigten und erhöhten Gottesknecht erzählen, und zwar auf ihre besondere, uns zunächst ungewohnte Weise.

Heiteres Beruferaten über Herrn J.

Ein Gruppenspiel
Gestaltung und Kreativität KLk16

Inhalt

Das Spiel eignet sich, abgesehen von der Arbeit einer einzelnen Projektgruppe, gut zur Einführung ins Thema *Wer ist Jesus?* Es soll auf eine leise, aber doch unkonventionelle Art über den Menschen Jesus nachgedacht werden: Er ist ein Mensch ohne Sensationen, kein Wunderkind, denn die Ansätze des Wunderbaren, wie sie schamhaft aus der Geschichte *Der zwölfjährige Jesus im Tempel* hervorlugen, halten sich in Grenzen. Mit dieser Story wird eher das Judesein Jesu betont. Es war der jüdische Mensch Jesus, der Rabbi aus Nazareth, der lehrte, Menschen um sich sammelte und ans Kreuz geschlagen wurde. Mehr nicht. Aber das ist schon eine Menge.

Material

Eine Tischrunde, die in etwa analog der früheren Fernsehsendung »Was bin ich?« abläuft. Wir benötigen einen Stuhlkreis. In der Mitte sitzt die *Stammtischrunde*, die den Weg und die Berufung Jesu erraten soll.

Weg

Um das Spiel spannend zu gestalten, wird die Jesus-Fragerunde in Fragen um andere Persönlichkeiten eingebettet. Statt des obligatorischen Geldes, das verspielt oder gewonnen werden kann, gilt ein Punktesystem.

1. Es gibt genügend Anregungen, z. B. im Fernsehen, ein Quiz- und Ratespiel selbst in der Gruppe zu entwickeln.
2. Wir setzen die Arbeit um die Person Jesu mit einer vertiefenden Aufgabenstellung fort: *Bildet Fragen, sucht nach Antworten! Findet heraus, was für die Person Jesu charakteristisch ist!* Sammlung von Beschreibungen, Fragen und Antworten zum Jesusthema in Partnerarbeit oder in Kleingruppen bis zu vier Personen. Diese Arbeiten werden auf großen Bogen (Packpapier oder DIN A1-Bögen) in einer Art *Wandzeitung* notiert. Wie eine Wandzeitung entsteht, wird unter ***BLk15.3*** und ***BLk15.4*** beschrieben. Diese Wandzeitung bildet den Ausgangspunkt für ein Gespräch in der Gesamtgruppe, das Inhalte der Jesusbotschaft zusammenstellt.
3. Die Jugendlichen lösen die von ihnen gestellten Fragen innerhalb einer Gesprächsrunde selbst. Anleitung zu diesem schülerorientierten Rundgespräch finden sich unter ***BLk7.2*** und ***BLk11.3***.
4. Aufnahme von Beiträgen der Schüler/innen durch die Gesprächsleitung, die ergänzt und erweitert, evtl. auch korrigiert, falls Gottessohnvorstellungen aufkommen, die aus der griechischen Antike stammen und zu leichtfertig auf den jüdischen leidenden Gottesknecht Jesus übertragen werden.
5. Es wird festgelegt, wie das Ergebnis dem Plenum vorgestellt werden soll.
6. Vielleicht können Person und Werk Jesu am ehesten in kurzen Rollenspielen veranschaulicht werden, die sich aus den Fragen und Antworten in der Schülerrunde erarbeiten lassen. Anregungen zum Rollenspiel unter ***BLk4.1, BLk4.2, BLk4.3***; Anregungen zu Inhalten unter ***BLk16.2.***
7. Möglich ist aber auch die Darstellung der erörterten Komplexe in verschiedenen *Pantomimen* oder *Standbildern*. Die vorgestellten Pantomimen bzw. Standbilder müssen von der Kleingruppe bzw. später auch im Plenum erraten werden. Daraus ergibt sich ein Gespräch in der (Gesamt-)Gruppe usw. Wie eine Pantomime entwickelt wird, wird unter ***BLk8.8*** berichtet. Nach der Vorstellung der Pantomimen und Standbilder Rundgespräch und Schlussauswertung in der Gesamtgruppe bzw. im Falle eines Großprojektes, im Plenum.

Organisation

Altersstufe: Ab 14 Jahren

Rahmenbedingungen, Struktur: Eine Projekttageeinheit reicht aus, die in insgesamt drei Schulstunden problemlos gegliedert werden kann:

1. Stunde: Ratespiel – Sammlung von Fragen und Beiträgen zum Thema »Jesus« in einer Wandzeitung.

2. Stunde: Gespräch aus und mit der Wandzeitung – Entwicklung der Pantomimen – Vorstellung einiger Pantomimen – Rundgespräch, Auswertung der Erfahrungen.

3. Stunde: Weitere Pantomimen bzw. Standbilder – Auswertung dieser Standbilder – Gesamtauswertung, Stuhlkreisrunde.

Tipps

1. Es ist zu fragen, ob das Ratespiel, dessen Entwicklung unter Material und Weg kurz angedeutet wird, analog dem »Heiteren Beruferaten mit Robert Lembke«, überhaupt noch bekannt ist. Und ob sich nicht ein von den Schüler/innen selbst entwickelter Jesus-Quiz oder ein ähnliches Spiel besser eignet, das Jesus-Thema anzugehen. Die im Ratespiel entstandenen Fragen und Antworten werden jedenfalls in die kommenden Aufgaben integriert, *Wandzeitung*, evtl. weiterführend *Rollenspiel, Pantomime, Standbild* …! In jedem Fall werden ausführliche Auswertungsgespräche werden notwendig.
2. Wie sich aus den Anregungen unter *BLk14* ergibt, kann es sich bei dem Spiel, mit dem wir in das Thema einsteigen, nicht um reine Fragen handeln, eher um Erzähl- und Berichtskomplexe, die spielerisch erörtert werden sollen.

Weiterarbeit

Die *Wandzeitung* soll im Schulgebäude für alle sichtbar liebevoll und ordentlich aufgehängt werden. Die *Pantomimen* bzw. *Standbilder* können in einen Gottesdienst übernommen werden.

BLk16.1
Fragen und Anregungen zur Person und zum Werk Jesu

Beispiel: Fragen und Antworten: Wer war Jesus? Aus Wandzeitung notiert

Projekttag Jesus von Nazareth – Es wird gesungen, gespielt, gemalt, vorgestellt: In all unserem Tun suchen wir die Spur des Messias Jesu in unserem Leben.
Hier Fragen und Texte zum Weg Jesu, als Wandzeitung notiert.

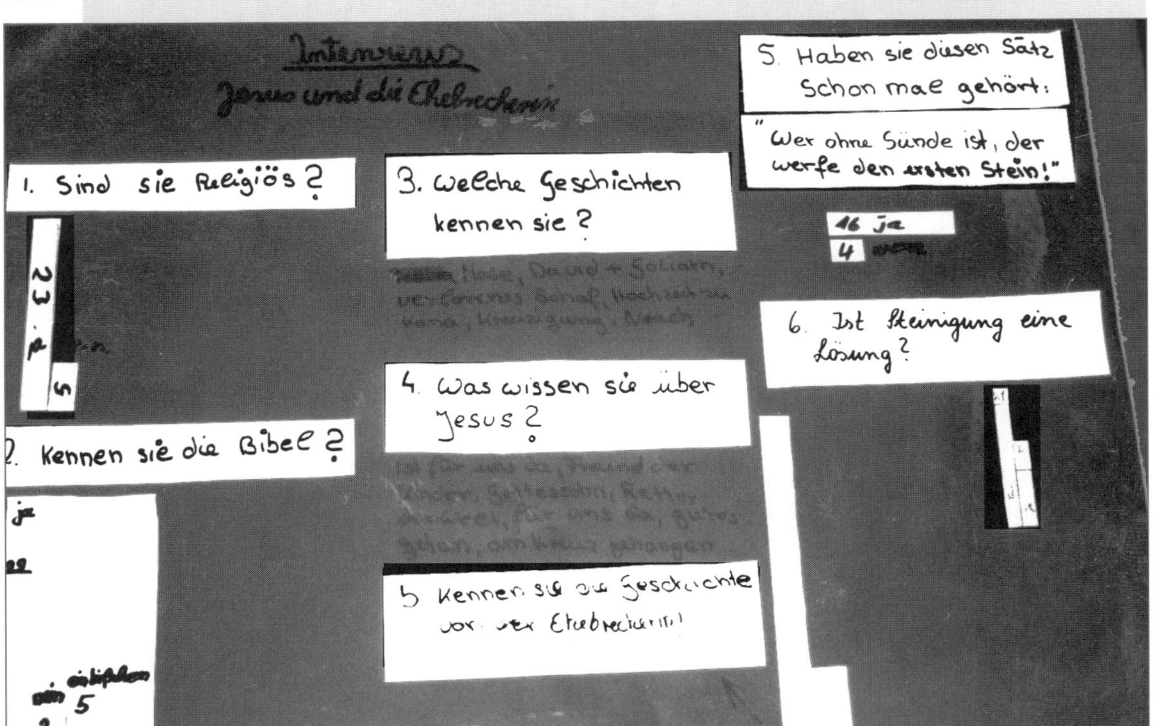

BLk16.2
Fragen und Anregungen zur Person und zum Werk Jesu

Beispiel: Wer war Jesus – Anregungen zur Weiterarbeit

- Die Umstände der Geburt dieses Menschen werden in einer merkwürdigen Mischung aus Armut und Glanz dargestellt, so die Legende. *Beschreibe die Spannung und deute sie.*
- Der Lebensweg dieses Menschen war widersprüchlich und komplex, ganz abgesehen davon, dass vieles als Legende bzw. als verkündigende Erzählung präsentiert wird. *Gibt es eine Beziehung zwischen Lebensweg und Geburtsgeschichte, die als erzählte Theologie gedeutet werden muss.*
- Auch wenn wir es nicht gern hören: ein biographisch/biografisch genauer Lebensweg Jesu lässt sich weder aus den Evangelien und schon gar nicht aus dem übrigen Schrifttum des NT herauslesen. Die Evangelien sind deutende und predigende Verkündigungen, in denen der Weg Jesu mit nachösterlichen Blicken gesehen wird. Und in den Briefen? Paulus weist energisch darauf hin, dass wir vom historischen Jesus nur zwei Dinge wüssten, er stamme aus der Davidsippe (Röm 1,3) und habe eine jüdische Mutter gehabt, sei also Jude (Ga 4,4).
- Das Leben Jesu endet in einer Katastrophe. Das ist sicher, anderes ist weniger sicher. *Suche nach Zügen aus den so genannten Vorgeschichten und der Geburtsgeschichte, die diese Katastrophe vorausbilden, sie sozusagen symbolisch andeuten.*
- Die Geburts- und Vorgeschichten enthalten wundersame Ereignisse, die auf unterschiedliche Weise gedeutet werden können. An ihnen kann ich eine gewisse Göttlichkeit und Transzendenz des Menschen ablesen, von dem hier die Rede ist. Ich kann darin aber auch Zeichen einer ankommenden (Friedens-)Erfahrung erkennen, die von Gott zum Menschen kommt. ↗*Sachinfo, Das göttliche Muss*, S. 133.
- Es ist merkwürdig, dass wir, abgesehen von einer Legende, nichts über die Jugend dieses Menschen kennen. Sein erstes öffentliches Auftreten beginnt mit seiner Taufe. *Bitte diese Linien ausziehen und deuten!*
- Zwischen der Lehre, die dieser Mensch seit seinem öffentlichen Auftreten vertritt, und seinem Sterben gibt es eine Korrespondenz. *Beschreibe diese Korrespondenz und stelle Beziehungen zur Tradition der Vor- und Geburtsgeschichten her.*
- In der Geburts- und Vorgeschichte dieses Menschen und seines ›Vorläufers‹ kommen verschiedene Titel vor, die auf sein Leben und Wirken hindeuten. Selbst die Namen der Vorgeschichte sind Programm. *Nenne Namen und Titel, deute sie und stelle sie in einen biblisch-geschichtlichen Zusammenhang.*

Lk17 – Nachklang
Lukas 3,23–38 – Mt 1,1–17

Woher, wohin, wozu?

Der Text Auf die Übernahme des Textes wird verzichtet. Besser ist es, sich eine Synopse zusammenzustellen, in der der Matthäustext parallel läuft. Diese Synpose, die, wie gesagt selbstständig zusammengestellt werden sollte, muss den Schüler/innen an die Hand gegeben werden (Lk 3,23–38; Mt 1,1–17).

Sag mir, woher du kommst, und ich sage dir, wer du bist

Keine Spekulationen!

Zum Text Erinnern wir uns? *Gewisse Leute* sollen sich nicht endlos mit Geschlechtsregistern beschäftigen, heißt es im Timotheusbrief (1.Tim 1,4). Titus erhält den Rat, Streitfragen über Geschlechtsregister zu meiden (Tit 3,9). Wahrscheinlich werden hier, so die Exegese, Erzählungen und Spekulationen über atl. Geschlechtsregister verworfen (Kleines Lexikon zur Bibel, S. 125). Diese Vermutungen sind nicht unbegründet. Aber warum sollten in diesem Streit innerhalb und außerhalb Jerusalems kursierende Geschlechtsregister Jesu ausgenommen sein (Lk 3,23–38; Mt 1,1–17)?

Für Mt war der Stammbaum Jesu wichtig, um die beiden atl. Positionen Abraham und David sowie die besondere Funktion der vier Urmütter Jesu herauszuarbeiten. Mit den fünf Müttern Jesu, die alle, einschließlich Maria, nach Männeransicht dunkle Stellen in ihrer Vergangenheit haben, wird aus dem Sprössling der letzten dieser Reihe, Maria, das neue Zeitalter der begnadigten und aus dem Staub erhobenen Frauen eingeläutet.

Was ist für Lk wichtig? Schließlich ist der Stammbaum Jesu, wie Lk ihn bietet, von dem des Mt verschieden. Und warum bringt er ihn erst hier, nach der Taufe Jesu? Hätte er nicht hinter die Geburtsgeschichte gehört?

Noch einmal: Theologie statt Geschichtsschreibung

Wie kaum an anderer Stelle können wir verdeutlichen, wie sehr Lk an der Deutung der Geschichte Jesu, also an Theologie, und nicht an Geschichtsschreibung interessiert ist.

Zunächst: Auch bei Lk ist eine in seiner Umgebung kursierende Liste in Gebrauch, die er wie Mt nicht unmittelbar aus dem AT entnommen hat. Gewisse Namensveränderungen deuten darauf hin: Obed wird bei Lk zu Jobed, Salmon zu Sala (Lk 3,32; 1. Chr 2,11f; Rut 4,20f). Ein Name wurde in die Liste bei Lk gegenüber dem AT eingefügt und verändert: Im AT steht statt Admin und Arni nur Ram (Lk 3,33; 1. Chr 2,9f; Rut 4,19). Kainam kommt nicht im Urtext der Masora vor, sondern nur in der LXX (Lk 3,36; Gen 10,24; 11,12.13). Also, es gab eine verbreitete, aus der Bibel herausgelöste Stammbaumtradition.

Berührungen zum Stammbaum Jesu bei Mt gibt es in der Abrahams- und Davidtradition bis zu David. In den Abrahams- und Davidtraditionen stimmen die Stammbäume mit bereits erwähnten Variationen überein. Lk weitet den Stammbaum Jesu von Abraham auf Adam aus. Auf eine Gliederung durch die Zahl 14, den Zahlenwert des Namens *David*, wie Mt dies handhabt, hat Lk verzichtet, sie kommt bei ihm nicht einmal im Ansatz vor.

Eine Ahnung

Wir erhalten eine Ahnung davon, wie Lk, und sei es auch nur in seiner Wiedergabe eines schlichten Stammbaums, als schriftstellernder Theologe wirkt: Indem er erzählt, predigt er. Daran, wie Lk den Stammbaum Jesu anlegt, wird deutlich, mit welch einfachen Mitteln Theologie betrieben werden kann. Lk liegt, wie Mt, nichts an der Geschichtsschreibung, sondern an der Theologie.

Sachinfo

Beobachtungen zum Geschlechtsregister bei Lk

Lk wählt als Abstammungslinie von David an bis zu Josef eine in der Bibel nicht vorhandene Nebenlinie, während die übrigen Genealogien alle biblisch belegt sind. Freilich treffen sich die Namensebenen beider Stammbäume von Mt und Lk unvermutet beim Namen Serubabel (V. 27; Mt 1,12). Im Übrigen sind die Quellen für Lk mit Abwandlungen zumeist in der LXX zu finden, mit Ausnahme des Geschlechtsregisters von David bis Josef (Lk 3,23–31).

In der nachexilischen Chronik wird sehr großer Wert auf Stammbäume gelegt. Auch der Stamm Abrahams wird auf Adam zurückgeführt (1. Chr 1,1–34). Die Söhne Jakobs sowie der Stamm Juda werden vorgestellt (1. Chr 2,1–15). Die in der Chronik folgende Stammlinie der judäischen Könige wird von Lk nicht berücksichtigt (1. Chr 3,1–24), dies mit der Ausnahme von *Serubabel*, den auch Mt als zur königlichen Linie gehörig aufzählt (1. Chr 3,19; Lk 3,24; vgl. Mt 1,12). Das Buch Rut liefert weiteres Material, obwohl die Ruterzählung von den Masoreten unter die Weisheitsliteratur und nicht unter die Geschichtsbücher eingeordnet wurde (Rut 4,18–22). In der LXX läuft Rut aber bereits unter den Geschichtsbüchern. Die Stammbäume aus der Genesis werden ebenfalls verwertet (Gen 11,18–22; 5,1–32).

Lk wählt eine Nebenlinie, um das Zeugnis der Urgemeinde, Jesus sei ein Nachkomme Davids, der ja ein Weltreich sammelte, politisch zu entschärfen. Immerhin hatte Rom gerade gegen Juda vier Jahre lang Krieg geführt, die blutige Bekämpfung des judäischen Aufstandes. Lk, der schließlich für sein Evangelium den Weltort Rom als Endziel, und damit die griech. *oikumene*, die ganze bewohnte Welt des Römischen Imperiums, vorgesehen hat, muss alles tun, um den Verdacht zu entschärfen, irgendwie sei das Christentum doch eine Religion, die unterschwellig die militärisch-politische Weltregierung anstrebe.

Und warum wird der Stammbaum Jesu auf *Adam* zurückgeführt? Hier verknüpft Lk sehr geschickt verschiedene Traditionen miteinander. Immerhin gilt bei Mk die Taufe Jesu als der Beginn seiner Tätigkeit, bei der er in sein Amt als Sohn Gottes, als Knecht Gottes, durch Gott berufen wird. Sehr gute Textzeugen belegen das Berufungszitat bei Lk direkt aus Ps 2,7: *Du bist mein geliebter Sohn, heute habe ich dich gezeugt* (Lk 3,22, anders als Mk 1,11 und Mt 3,17). Wenn also das Taufdatum Jesu der Beginn seiner Berufung ins Amt des Sohnes und Knechtes Gottes ist, dann macht an dieser Stelle der Einschub des Geschlechtsregisters Sinn. Es ist kein Geschlechtsregister im historischen Sinn. Es predigt erzählend, berichtend. Dem ersten Sohn Gottes, Adam, *dem aus Erde Gemachten*, wird der zweite entgegengestellt: Jesus, was heißt: »Gott hilft, befreit«!

So wie in der Geschichte des ersten Adam bis zur Ankunft des Messias das Elend der Entfremdung des Menschen von seinem Gott, genauer: der einen Menschheit, von ihrem einen Gott anklingt, so klingt in der Taufe Jesu der radikale Neuanfang Gottes in Jesus, dem Messias, mit der gesamten Menschheit an. Dass Lk wirklich die beiden Gottessöhne Jesus und Adam gegenüberstellen möchte, bekräftigt er nochmals damit, dass der den Stammbaum Jesu mit *Adam* abschließt und mit einem besonderen Vermerk versieht, Adam sei *Gottes* gewesen (Lk 3,38).

Es wird nun auch deutlich, warum der Titel *Sohn Gottes* bisher bei Lk die gesamte Vorgeschichte über so sparsam eingesetzt wurde. Er wird nur zweimal in Texten mit weissagendem Charakter angedeutet. Zacharias weissagt, das ankommende Kind werde *Sohn des Höchsten* genannt werden (Lk 1,32), der Engel Gabriel kündigt Maria an, der geboren werde, werde heilig genannt werden, *Sohn Gottes* (Lk 1,35). Die Weihnachtsgeschichte des Lk verzichtet trotz der Ballung christologischer Titel nahezu auf dieses Prädikat (Lk 2,1–20). Erst später, aus der Taufprädikation, macht dieser Titel Sinn: Jesus, *der zweite Sohn Gottes, der Gegenspieler des ersten Gottessohnes Adam*, ist derjenige, in dem sich alle Welt aus Gott und zu ihm hin erneuert.

Sachinfo

Serubabel

Und warum wird *Serubabel* im Stammbaum des Lk so deutlich erwähnt? Serubabel heißt *Spross aus Babel*, oder: *Same Babels*. Serubabel ist der in Babylonien geborene Enkel des judäischen Königs Jojachin. Er gehörte zur ersten Gruppe von Heimkehrern, die nach Juda zurückkehren durften. Sofort entstanden Pläne für den Wiederaufbau des Tempels, der 520 v. Chr. begann, als Serubabel Statthalter der Perser in Jerusalem war. Serubabel war eben nicht selbstständiger König oder Freiheitskämpfer, sondern ordnungsgemäßer Statthalter einer Großmacht, die ihm gewisse religiöse Rechte einräumte. Die Vollendung des Tempels 517 v. Chr. hat er höchstwahrscheinlich nicht mehr erlebt. Unter seiner Ägide wird ein Vernunftfriede angestrebt und erreicht. Es kann keine Rede von nationalen Befreiungskämpfen sein, die ihrerseits, wie unter Judas Makkabäus und der nachfolgenden Dynastie der Hasmonäer (167–63 v. Chr.), zwar die Freiheit bringen, aber doch in neue Unterdrückungen, Unrecht, zu politischem Mord und neuem sozialem Elend im befreiten Land Juda führen.

Die Propheten Haggai und Sacharja begrüßen Serubabel als den von Gott gesandten charismatischen Führer des Volkes Israel und als den Vorläufer des Messias, als friedlichen David (Esra 3,2; 5,2; Hag 2,22; Sach 3,8ff; 6,12ff).

Sachinfo

Das Geschlechtsregister Jesu bei Matthäus

Während Lk seine Genealogie im Anschluss an die Taufe Jesu platziert (Lk 3,23–38), setzt das Matthäusevangelium mit dem Stammbaum Jesu ein (Mt 1,1–17). Das ist nicht der einzige Unterschied zwischen den beiden Stammbäumen. Wie das Geschlechtsregister des Lk ist auch das des Mt eine theologische Konstruktion, also: eine Predigt. Ich stelle einige Punkte dieser Matthäuspredigt zusammen.

- Lk lässt sein Geschlechtsregister mit Adam beginnen, Mt mit Abraham – und flicht gleich zu Beginn die Abstammung von David ein (Mt 1,1): Zwei Gottesbünde der Vergangenheit, der Bund mit Abraham und der mit David, sind die Wurzeln des neuen Bundes im Messias Jesus, aus Davids Stamm kommend.
- Mt scheut sich also nicht, die offizielle Königslinie der Familie Isais, Davids Vater, und auch Davids herauszustellen (Mt 1,1.6.12). Der Messias bleibt Jude, ist wie Abraham und David an Juda gewiesen – und durch den Messias Jesus wird Juda an die Völker gewiesen.
- Mt bindet bewusst Frauen in den Stammbaum Jesu ein, die keineswegs Stammmutterglanz umgibt: Tamar muss um ihren Sozialsstatus kämpfen, auch mit sexuellen Mitteln (Gen 38,29–30; Mt 1,3). Bei Rahab handelt es sich um eine Tempeldirne (Jos 2,1; Mt 1,5), bei Ruth um eine Ausländerin, die sich charmant in die Ehe einbringt (Ru 4,18–22; Mt 1,5). Bathseba, Davids Geliebte und spätere Frau, Mutter des Salomo, ist eine Frau, die von David zum Ehebruch gezwungen wurde (2. Sam 12,24; Mt 1,7). Alle diese Frauen tragen sexuelle Stigmata, die ihnen von Männern zugefügt wurden. Maria ist die fünfte Frau mit einer derartigen Stigmatisierung, die sie in höchste Gefahr bringt: Einer Frau, die sich sexuell verfehlt, droht die Steinigung (Dtn 22,13ff). Der Clou der genannten Beispiele ist aber: Diese Frauen werden in ihre Rolle durch eine übermächtige Männerwelt gezwungen. Im Messias Jesus, den Maria zur Welt bringt, so die Botschaft des Mt, wird alle Stigmatisierung der Frau, alle Willkürherrschaft des Mannes über die Frau aufgehoben. Jesus, was ja *Befreier* heißt, sagt eine noch nie dagewesene Frauenbefreiung an, was Mt im Evangelium erzählend ausführt (Mt 11,25–30; 15,28; Mt 19,7–9; 26,6–13; 27,55–61; 28,5–10).
- Im Hebräischen hat jeder Buchstabe einen Zahlenwert, so auch der Name David = 14. So werde auf kunstvolle Weise Stammbaum und Namensfolge kombiniert. Es entsteht eine Art Zahlenmystik. Diese belege, so Mt, dass Jesus wirklich der von David abstammende Messias sei. Von Abraham bis David, vom ihm bis zur Babylonischen Gefangenschaft, von dort bis zu Josef, dem Vater Jesu, seien es jeweils 14 Generationen (Mt 1,17).

Ergo, auch der Stammbaum bei Mt ist kein Polizeibericht, sondern er erzählt Theologie.

Die eine und die andere Wahrheit

Zwei Stammbäume malen
Gestaltung und Kreativität G&KLk17

Inhalt

Erst im Vergleich werden die beiden Stammbäume Jesu reizvoll. Da sie sich voneinander unterscheiden, werden wir darauf gestoßen, dass sie eben nicht Geschichte, sondern erzählende Theologie betreiben. Was der eine Autor, Lukas, und was der andere, Matthäus, aussagen will, machen wir anhand zweier Stammbäumen klar, deren Äste und Blätter wir ausmalen und so ihre Aussage veranschaulichen. *Alternativen:*

1. Es können großflächige Stoffbahnen genutzt werden; in diesem Fall werden benötigt: Dispersionsfarbe, Pinsel, Farbrollen, Druckstöcke aus Styropor, Unterlegfolie, ein Großbild entsteht, wie unter ***BLk17.1*** zu sehen.
2. Vgl. auch die Klassenzimmervariante, die sehr praktisch ist, ***BLk17.1***.
3. Es kann auch mit der Möglichkeit ***BLk17.3*** weiter gearbeitet werden: Der Stammbaum wird wie bei Mt und Lk zu unserem eigenen Wunschbaum. So wie Lk und Mt ihre eigenen Hoffnungen, Wunschbilder und Theologien jeweils in ihre Stammbäume gemalt haben, so schreiben und malen wir unsere Wünsche auf und heften sie jeweils an einen Lukas- und einen Matthäusbaum. Es ist freilich gut, sich vorher die Theologie beider Stammbäume klar gemacht zu haben – und im Gespräch daraus die eigenen Gedanken und Interessen abzuleiten!

Material

Die Beispiele ***BLk17.1 bis BLK 17.3*** arbeiten mit verschiedenen Techniken, wie Bäume – Stammbäume – hergestellt werden können.

- als *Styroporruck*, ***BLk17.1***, ↗***G&KLk11***, Beispiele: ***BLk11.4–6***
  Material: wie unter G&KLk11
- als *Großbildmalerei*, ↗***BLk17.2*** und Tipps 1–2
  Material: Stoffbahn, Dispersionsfarben, große Pinsel, Folie oder alte Zeitungen zum Unterlegen, Stifte, Scheren, Zettel, Sicherheitsnadeln; ↗Tipps 1 + 2 und ***BLk 5.3***.
- als *Druckvorlage*, Klassenzimmertechnik, ↗Tipps 3
  Material: Buntstifte, Kohlestifte, Klebstoff, Scheren, Wollfäden usw., ↗Tipps 3
- aus *Naturmaterialien*, ↗***BLk17.3***
  Papierkorb, in die Zweige gestellt werden, Zweige, Bindfaden, Draht, Scheren, Papier. Die Wunschzettel müssen irgendwie am Wunschbaum befestigt werden können, ↗***BLk17.3***.

Weg

Zur Grundlage der Arbeitseinheit werden die biblischen Texte bei Lk und Mt, die zu einer Synopse zusammengestellt den Schüler/innen vorliegen sollten. Es reicht aber auch eine ganz normale Bibel.

1. Lesen und vergleichen der Texte in Partnerarbeit, schülerorientiertes Rundgespräch, wie es unter ***BLk7.2*** beschrieben wird, Herausarbeiten der Unterschiede. Die Gesprächsergebnisse werden an der Tafel notiert, entweder von der Gesprächsleitung, die freilich nicht in das Gespräch eingreift, oder von einer Schülerin oder einem Schüler.
2. Das Ergebnis wird nochmals in der Arbeitsgruppe gemeinsam reflektiert.
3. Es gibt zwei Unter-AGs: die eine malt den Stammbaum Jesu nach Lukas, die andere nach Matthäus.
4. Die beiden Bilder werden in der Arbeitsgruppe vorgestellt, es ergibt sich eine Diskussion, etwaige Ergänzungen werden eingearbeitet.
5. Vorbereitung der Präsentation: Die Gesprächsergebnisse werden als schriftlich fixierter Meditationstext unter beide Großbilder geheftet.

Organisation

Altersstufe: Ab 13 Jahren

Zeitrahmen, Struktur: Die Zeit eines Projektvormittages reicht aus, um die Arbeitsaufgabe zu bewältigen, 9.00 bis 12.00 Uhr, einschließlich der Vorbereitung der Präsentation, wofür ich 30 Minuten ansetze: aufhängen der Bilder, Stell- und Sprechprobe usw. Im Rahmen einer schulisch gebundenen RU-Abwicklung setze ich 3 Schulstunden an: 1. Stunde: Lesen und Textvergleich, Partnerarbeit, nachfolgendes schülerorientiertes Gruppengespräch, Ergebnisse festhalten, die Ergebnisse werden auch von den Schülerinnen notiert; 2. Stunde: Auffrischen der Erinnerung, Ergebnisse der letzten Stunde; Malen der Stammbäume; 3. Stunde: Wir sitzen im Stuhlkreis um unsere beiden Großbilder herum und besprechen sie. Die Gesprächsergebnisse werden als Stammbaummeditation an die Großbilder geheftet, Stammbaum – Wunschbaumideen!

Tipps

1. Vielleicht ist das Malen auf Stoff dem Malen oder Drucken auf Packpapier vorzuziehen. Diese Baumbilder sind transportfähiger und somit mehrfach einsetzbar. Es lässt sich sehr schön auf festem Markisenstoff, aber auch auf dünnerem Baumwollstoff malen.
2. Für den Fall, dass ein Stoffbild entsteht, ist an die Unterlegfolie zu denken, wie auch an die übrigen, unter *Materialien* genannten Dinge, die für diesen Arbeitsprozess benötigt werden. Das Stoffteil liegt zum Bemalen auf dem Fußboden, ↗*Stammbaum gemalt, **BLk17.2**.*
3. Das Beispiel ***BLk17.2*** dient als Kopiervorlage, die vergrößert werden kann. Dieses Vorhaben ist als klassenzimmergerechte Alternative gedacht. Die Vorlage wird für den Fall benötigt, dass es im Rahmen des RU nicht möglich ist, zwei große Bäume auf Packpapier oder Stoff zu malen, auf die dann die Zettel geheftet werden. Mit ***BLk17.2*** haben wir eine bequeme Vorlage. Die Aufgabe wird in Partnerarbeit durchgeführt.
4. Das Beispiel ***BLk17.3*** wird unten vorgestellt, es bildet ebenfalls eine Alternative zur Großbildmalerei, kann aber auch, wie unter ***BLk17.3*** dargestellt, weiterführen »Mein Wunschbaum«!

Weiterarbeit

Aufhängung der Großbilder im Schulgebäude, Verwendung dieser Gruppenarbeit in einer weiteren Klasse, in einem Gottesdienst als Baustein zum Thema *Wer ist Jesus?* Hier können auch die Ergebnisse aus der Arbeit ***KLk16.2*** einbezogen werden.

BLk17.1
Zwei Bäume, zwei Welten – Zukunft entwerfen

Beispiel: Zwei Stammbäume – zwei Hoffnungen

1. Bringt die Unterschiede beider Stammbäume in die beiden Bäume ein, erstellt Namensschilder der verschiedenen Stammeltern Jesu!
2. Heftet in beide Bäume Schnipsel und Symbolschilder, die ihr bemalt und beschriftet.
3. Spürt den Aussagen nach, die der eine und der andere Evangelist macht.
4. Zeigt auf, was beide gemeinsam betonen, was beide unterschiedlich sehen.
5. Beschreibt, welche verschiedenen Hoffnungen mit den beiden verschiedenen Stammbaumlinien verbunden sind!

Beispiel: Ein Stammbaum – und viele Sehnsüchte

Ein mächtiger Baum.
Er hat tiefe Wurzeln,
zeigt neue Triebe
und eine vollbelaubte Krone.

Menschen strömen zu diesem Baum.
Es ist ihr Hoffnungsbaum.
Sie wollen unter ihm leben!

BLk17.2
Aus der Vergangenheit – der Baum der Zukunft.
Auch als zu vergrößernde Kopiervorlage gedacht, DIN A4, ↗Tipps 3

Blk17.3
Stammbaum, Wunschbaum

Beispiel: Mein Traumbaum – mein Wunschbaum

Wir gehen einen Schritt weiter. So wie Lukas und Matthäus ihre eigenen Wünsche, Hoffnungen und Sehnsüchte in ihre Stammbäume hineingedacht haben, so entwickeln wir unseren eigenen Traumbaum. Unsere Wünsche und Hoffnungen, die wir mit dem Messias Jesus verbinden, schreiben oder malen wir auf Zettel, die wir an unseren Traumbaum heften!
Wir benötigen Zeit zum Überlegen. Jeder bekommt die Möglichkeit, auf ein Blatt Papier Wünsche, Hoffnungen und Ängste niederzuschreiben. Diese Texte werden ausgeschnitten und mithilfe von Draht und Sicherheitsnadeln am Traumbaum befestigt.
Wir haben Äste und Zweige gesammelt und daraus diesen Baum geformt. Als Behältnis eignet sich eine große Vase oder ein großer leerer Papierkorb.
Aus dem Stammbaum Jesu wird mein Hoffnungsbaum. Und wie lauten meine Hoffnungen, mit denen ich mich an den Messias Jesus, an die Zukunft wende?

LK18 – Die Weihnachtsgeschichte des Lukas im biblischen Kontext Lukas 2,1–20; Matthäus 1,18–25; 2,1–23

Wir sind mit dabei

Der Text

Der Text ist zunächst in Lk 2,1–20 und Mt 1,18–25; 2,1–23 zu finden, in einem weiteren Sinne insgesamt in Lk 1–2 und Mt 1–2. In der abendländischen Christenheit hat sich eine Krippen- und Krippenspielkultur entwickelt, in der sich Erzählelemente des einen Evangelisten, nämlich Lukas, mit denen des anderen Evangelisten, der eine Vorgeschichte erzählt, nämlich Matthäus, verbinden. Darüber hinaus mengen sich häufig biblische und nicht biblische Inhalte in dieser Tradition. Werden in einem Krippenspiel, wie es häufig vor Ort gestaltet und wie es hier eingefügt wird, nicht Dinge und Personen genannt, die im biblischen Umfeld von Lukas 1–2 gar nicht vorkommen, nicht vorkommen konnten? Und auch bei Matthäus nicht auftauchen? Und werden so nicht Prinzipien, nach denen wir in dieser religionspädagogischen Auslegung vorgehen, über den Haufen geworfen?

Die Krippenspiel- und Krippenbautradition geht ihre eigenen Wege. Von vornherein wachsen Krippenbilder in der Volksfrömmigkeit und in unsere eigene Lebensgeschichte hinein. Die Phantasie kennt da kaum Grenzen. Der Text steht in diesem Fall nicht nur in der Bibel. Wir selbst, als Spielende, Agierende, Miterlebende werden zum Text. Unsere Lebensweisen und –umstände werden zum Kontext eines Krippenspiels, das zum Lebensspiel, zum Lebensereignis wird. Ob wir nun singen, erzählen oder spielen, immer sind wir selbst, unser Erleben, unsere Phantasie der Hoffnung mit dabei.

Der Wert der gewachsenen Tradition

Krippenspieltradition und biblische Theologie

Zum Text

Weiterentwicklungen und Neuakzentuierungen des Weihnachtsgeschehens sind bereits in der Bibel zu beobachten. Lukas, ein relativ später Zeuge, stellt mit seiner Erzählung eine andere Theologie vor als es Matthäus mit seiner Vorgeschichte tut (Mt 2,18–25; 21–23). Johannes fasst die Weihnachtsgeschichte (und das ganze Wirken Jesu) in einem Satz zusammen: *Er kam in sein Eigentum, aber die Seinen nahmen ihn nicht auf* (Joh 1,11). Weil bereits die Evangelisten entsprechend ihrer Zeitsituation das Weihnachtsmaterial weiterentwickeln, ist eine Weiterentwicklung der biblischen Botschaft, ein direktes Anschaulichmachen der Weihnachtsnachricht auch für uns sinnvoll. Es ist nicht nur legitim, sondern geboten: Die Botschaft wird in unsere Zeit hinein übersetzt! So ist ein Weihnachtspiel, das Aspekte biblischer Verkündigung in unsere Zeit überträgt (wie es jede Predigt tut), sinnvoll, ja notwendig.

Bibel und Krippenspiel

Unter ***G&KLk18.1*** wird ein Krippenspiel aufgenommen, das so agiert. In den *Szenen 1 und* 7 kommen die Leute von Bethlehem vor, die in Lk 2,1–20 keine Rolle spielen. Diese Menschen symbolisieren unsere Lebenswelt heute. Wir sind diese Leute von Bethlehem. Jedoch spiegeln weitere Szenen biblische Sachverhalte: Der Hinweis des Lukas, dass Maria ihr erstgeborenes Kind in eine Futterkrippe betten muss, legt bildhaft aus: Die Etablierten sind gegen Flüchtlingsfamilien mit Flüchtlingskindern eingestellt. Gott aber macht sich mit Flüchtlingen und Ausgegrenzten solidarisch, mit allen Schutzlosen und Schwachen dieser Erde, im Kind in der Krippe. Die Menschheit insgesamt will von einer Umkehr zu messianischen Forderungen wenig wissen. Allerdings gewinnen die Menschen eine Chance aus der Begegnung mit dem Messias, *Szene 7*, so die biblische Botschaft.

Die Hirten stehen auf der Schattenseite des Leben, das wurde mehrfach exegetisch ausgeführt und realisiert. Im Schatten lernt man besser zu sehen, schärfer zu analysieren, *Szene 3*. Nicht Distanz, sondern Solidarität ist angesagt, zwischen den Armen auf dem Hirtenfeld und dem einen Armen in der Futterkrippe. Beide entwickeln ihre Solidarität aus Gottes Solidarität mit ihnen, den Armen. In *Szene 2* wird angedeutet, dass auch Jesu Eltern in diese Armuts- und Ohnmachtsatmosphäre eingetaucht sind und mit dem Kind und für es auf Gottes Solidarität hoffen.

Die Tiere, die Natur, die Elemente, gehören sie in die Weihnachtsgeschichte? Schon in der Legendbildung der frühen Christenheit wird das Vieh in die Szene einführt. Die Krippe, von der Lukas erzählt, regt die Phantasie an, auch vom Vieh zu berichten. Tiefergreifender: Aller Kosmos wartet auf Erlösung und Befreiung, sehnt sich aus Unterdrückung und Missbrauch heraus in ein messianisches Zeitalter der Befreiung hinein, auch die Tiere, die gesamte Natur (Röm 8,19–26). Übrigens, im Lobgesang des Zacharias wird dieser Aufschrei laut –, und es wird die Zusage einer messianischen Veränderung entfaltet (Lk 1,77–79). Aus der Sehnsucht nach Befreiung entwickeln sich Sensibilität fürs und Solidarität mit dem Krippenkind, wie *Szene 4* es darstellt. Die Natur und Menschen im Schatten sind sensibler und offener für das Christusereignis als der bürgerliche Mensch? Das wird in Szene 5 weiter ausgeführt.

In *Szene 6* kommen die Weisen aus dem Morgenlande vor, ein Kernelement der Weihnachtsgeschichte nach Matthäus. Unmöglich für ein Krippenspiel nach Lukas? Gewiss, wenn wir auf die Figuren schauen und historisieren! Unser Krippenspiel basiert tatsächlich auf einer Harmonisierung der beiden Evangelien, wie so viele andere Krippenspiele auch. Aber Lukas nimmt ja unmissverständlich das Anliegen, das sich bei Matthäus in der Erzählung von den drei Weisen spiegelt (Mt 2,1–12), auf: *Dass es alle Völker sehen können, richtet Gott sein Heil auf, ein Licht, die Heiden zu erleuchten*, wie es Simeon singt (Lk 2,31 f) und wie es die Engel den Hirten verkünden, Gott finde an seiner Menschheit ein neues Wohlgefallen und werde der Erde Frieden schenken: *Gottes Heil, sein Friede, kommt zu allen Menschen, zu allen Völkern* (Lk 2,14). Eben das erzählt Matthäus auf seine Weise in der Geschichte von den Weisen. Lukas vertritt die Ökumenizität des Evangeliums mit seinem gesamten Werk, Evangelium und Apostelgeschichte.

Bleibt zu fragen, ob in ein selbst entwickeltes Krippenspiel Bilder einfließen dürfen, wie sie Kinder selbst aus ihrer Anschauung und Lebenswelt erfinden, wie in *Szene 5* vorgestellt: *Eine Flasche Milch, ein Sparbuch für das Christkind?* In der Weihnachtsgeschichte des Lukas (Lk 2,1–20) wird längst narrative Theologie betrieben, wie dargelegt. So weisen auch die Erzählungen des Matthäus neue Erzählschwerpunkte auf (Mt 1–2). Ich meine, wir dürfen so entwickeln! Um der Phantasie der Kinder, um des Evangeliums und um der Evangelisten willen, die bereits sehr früh sehr frei mit dem Weihnachtsstoff verfuhren! Warum nicht wir, unsere Kinder? Narrative Theologie ist auf Weiträumigkeit, auf bunte Vielfalt und Jetztzeitlichkeit angelegt.

In einem Erzählstrom, Bibel-Rap

Unter ***G&KLk18.2*** wird eine Rap vorgestellt, mit dem der Versuch unternommen wird, die Vorgeschichten nach Lukas, also Inhalte aus Lk 1–2 ohne außerbiblische Traditionselemente, auch ohne das Erzählgut des Matthäus nachzuerzählen. In einem Erzählstrom, unterbrochen von einem Refrain, wird erzählend gesungen.

Was ist los in Bethlehem?

Ein Weihnachtsspiel für Kinder
Gestaltung und Kreativität G&KLk18.1

Inhalt, ein Bericht

Die Entscheidung für dieses Spiel fiel in der Gruppe: Es sollte ein Krippenspiel entstehen, das alle Weihnachtsgeschichten aufnahm, also auch die Weisen aus dem Morgenlande aus Matthäus. Alle vorhandenen Weihnachtstraditionen sollten aufgenommen werden, sofern sie den Kindern gefielen und einfielen. Die folgenden Positionen werden als Bericht gestaltet. Das Spiel entstand so, wie es niedergeschrieben wurde.

Material

In einer ersten Phase brauchen die Kinder nur sich selbst. Wenn die Dialoge vorläufig entwickelt worden sind, sollen recht bald Spielutensilien, Kleider, Stöcke, Hüte einbezogen werden.

Weg

Das Spiel entstand in einer Spielgruppe von Grundschulkindern.

1. Aus dem Wunsch heraus, ein ›richtiges Krippenspiel‹ aufzuführen, kam es zunächst zu einem Gespräch in der Gesamtgruppe:
2. Im Stuhlkreis sitzend wurde festgehalten, welche Spielgruppen vorkommen müssen: die Leute von Bethlehem – die Hirten und die Engel – Maria, Josef und das Kind – die Weisen und der Stern. Es kam eine weitere Kategorie hinzu: die Elemente, die Kräfte der Natur.
3. In Kleingruppenarbeit wurden nun Szenen und Dialoge entwickelt. Für die einzelnen Spielgruppen meldeten sich jeweils einige Kinder, bis alle Kinder in Spielgruppen untergebracht waren.
4. Die Kinder erarbeiteten ihre jeweilige Szene spontan und machten sich sparsame Notizen.
5. Die Szenen wurden im Plenum vorgestellt. Der Spielleiter notierte sich ebenfalls einige Dialoge als Gedächtnisstütze für die weitere Entwicklung.
6. Im Plenum kam es zu Einwänden, Rückfragen und hilfreichen Ergänzungsvorschlägen.
7. Das Spontanspiel wurde nun von den Kindern selbst verschriftlicht und diente als Grundlage für weitere Erprobungen. Dies geschah wieder in den vorher gebildeten Kleingruppen.
8. Texte wurden entsprechend den Vorschlägen der Kinder, die sie im Plenumsgespräch machten, erweitert oder verkürzt. So wurde festgestellt, dass Tierrollen fehlten, die dann sehr beliebt waren und durch Umbesetzungen schnell besetzt werden konnten.

Organisation

Altersstufe: Grundschule, erweitert um das 5. bis 6. Schuljahr, wenn entsprechende Spielgruppen vorhanden sind. Ansonsten bleibt es bei der GS-Stufe.

Zeitrahmen, Struktur: Zu Beginn der Adventszeit wurde das Stück in der Klassengemeinschaft erfunden und auch gleich geprobt. In der Schlussphase halfen Mütter mit, sodass Kostüme entstanden und die Kulissen entwickelt wurden. Da das Spiel in der Kirche aufgeführt wurde, waren wir es mit den Kulissen sparsam. Dennoch, das eine oder andere Teil musst sein: Sonne, Mond Sterne, die Wolke und natürlich die Krippe mit dem Kind darin.

Tipp

Ins Krippenspiel sind traditionelle Weihnachtslieder eingebunden. Das Liedgut dieses Werkheftes eignet sich ebenfalls, in das Spiel übernommen zu werden.
Auswahl:

- *Wo liegt denn nur das Bethlehem* (S. 67); *Leise, leise, leise* (S. 75); *Das Hirtenvolk* (S. 90); *Hirten sind gekommen* (S. 93); *Feiert Gottes Weihnacht* (S. 120).

Weiterarbeit
Von einer Klassengemeinschaftsarbeit bis zur Aufführung auf einer Schulfeier oder in einem Weihnachtsgottesdienst ist es nicht weit. Kinder und Eltern sind gerne dazu bereit, da das Weihnachtsfest nach wie vor in unserer Tradition verankert ist.

BLk18.1
Spielentwicklung

Beispiel: Was ist los in Bethlehem?

1. Szene: Maria und Josef im Stall (Hauptszene als bleibende Hintergrundszene): Das Kind wird geboren. Die Leute aus Bethlehem rechts und links vom Kind und seinen Eltern. Sie erklären weitschweifig, inklusive des Dorfpolizisten, warum sie den Fremden keine Unterkunft gewährten. Alle haben richtig gehandelt. Derjenige, der das Paar aufnahm, wird als Spinner abgetan.

2. Szene: Maria und Josef im Gespräch. Alles läuft auf eine Katastrophe hinaus, das Kind friert, Maria hat keine Milch. Aber hatte Gott nicht gesagt, dass mit diesem Kind ein Wunder geschähe? Man merkt nichts davon. Die beiden beten zu Gott, dass er sein Versprechen wahr mache. Sie schlafen ein.

3. Szene: Die Hirten untereinander sind empört, als sie hören, dass ein Kind im Stall geboren wurde. Die Hirten beschließen: Wir gehen hin und helfen! Ein Engel tritt auf, erklärt, dass es eine besondere Bewandtnis mit diesem Kind habe. Umso wichtiger wird es für die Hirten, zum Kind zu gehen und ihm Geschenke zu bringen.

4. Szene: Über dem Stall ist die Natur wach geworden. Die Kräfte der Natur möchten das Kind beschützen, wenn die Menschen das nicht wollen. Maria und Josef hören im Unterbewusstsein die Sorge und auch die Hilfe der Natur.

5. Szene: Die Hirten kommen zur Krippe, jeder dankt und huldigt dem Jesuskind, dem neugeborenen Messias, auf seine Weise. Maria und Josef spüren die Hilfe und sind dankbar. Die Hirten gruppieren sich um die Krippe.

6. Szene: Der Stern geht auf. Er ruft und lockt die Weisen. Er unterhält sich mit ihnen, lockt zum Stall. Dort erfolgt die Anbetung.

7. Szene: Die Leute von Bethlehem bedauern: »Wir haben da wohl einen Fehler gemacht.«

BLk18.2
Was ist los in Bethlehem?
– Ein Spiel

✦
Szene 1
Erstes Gespräch in Bethlehem
✦

Leute von Bethlehem

ERSTER: Also, es sind viele Leute am Ort. Alles ist schwarz von Menschen.

ZWEITER: Das ist wegen der Volkszählung, die der Kaiser Augustus angeordnet hat. Alle müssen in ihre Heimat gehen und dort Namen, Beruf und Alter aufschreiben lassen.

DRITTER: Und ihren Besitz, dass die Steuern richtig eingenommen werden können.

VIERTER: Gestern kam noch 'ne Familie an.

ERSTER: Ich habe davon gehört. Die Frau soll noch ein Kind gekriegt haben.

ZWEITER: So ein Unverstand, in so einem Zustand loszureisen. Konnten die sich nicht anders einrichten?

DRITTER: Die mit dem Kind hat keiner haben wollen. Die sollen ganz arm sein.

VIERTER: Armen Leuten kann man keine Unterkunft geben.

ERSTER: Die müssen sehen, wo sie bleiben!

ZWEITER: Warum sind die auch so arm? Selber schuld!

DRITTER: Wir können uns nicht ruinieren!

VIERTER: Wir können sie auch nicht nehmen. Ausländer, die will doch keiner haben! Wer weiß, was die für Krankheiten einschleppen. Vielleicht sind es sogar Verbrecher. Man kann nie wissen.

ERSTER: Ich hatte auch keinen Platz. Unser Sohn ist aus der Stadt zurückgekommen. Der studiert Theologie. Kein Zimmer frei.

ZWEITER: Wir konnten sie auch nicht nehmen. Eine Frau, die ein Kind kriegt, hat meine Frau gesagt, das macht zu viele Umstände.

DRITTER *(Polizist)*: Ich habe alles kontrolliert. Die Papiere sind in Ordnung. Der Mann heißt Josef, kommt aus Nazareth. Die Frau Maria. Das Kind wollen sie Jesus nennen, naja, so heißt heutzutage fast jeder. *(Pause)* Aber verdächtig bleiben sie. Ich kontrolliere morgen, ob sie die Miete bezahlen. Die sind fremd und arm. Auf solche Leute müssen wir Acht geben. Auf Dauer können wir sowas hier nicht gebrauchen.

ERSTER: Und wie sind die untergebracht?

DRITTER: Im Stall am Dorfende, der dem Schulzenbauern gehört. Der hat doch da den großen Kuhstall.

ZWEITER: Da können sie bleiben. Der Stall ist gut genug für die.

VIERTER: Wir hätten sie wohl aufgenommen. Aber mein Mann ist krank. Unser Jüngster hat die Masern. Da ging es eben nicht. Die müssen sehen, wie sie fertig werden, leider.

ERSTER: Dass der Bauer Schulze sie aufnahm, wo der doch auch keinen Platz hat! Pass auf, die zünden ihm das Haus überm Kopf an.

ZWEITER: Wir hätten sie nicht nehmen können.

DRITTER: Wir sowieso nicht!

VIERTER: Wir auch nicht!

ERSTER: Wer die aufnimmt, muss doch ein Spinner sein. Der Schulze fällt mit seiner Gutmütigkeit bestimmt noch mal rein!

✦

Szene 2

Maria und Josef

✦

MARIA: Wir haben noch eine Unterkunft gefunden. Gott sei Dank!

JOSEF: Es könnte besser sein. Aber wir wollen nicht meckern.

MARIA: Es war schrecklich. Niemand wollte helfen. Ich dachte, ich bringe das Kind auf der Straße zur Welt.

JOSEF: Jetzt ist alles überstanden. Die Leute wollten keine Umstände. Und wir haben kein Geld. Du musst das verstehen. Die Menschheit guckt nur aufs Geld. So einfach ist das.

MARIA: Einer hat uns aufgenommen. Das muss ein guter Mensch sein.

JOSEF: Vielleicht. Ich weiß noch nicht einmal, wie ich den Tag morgen bezahlen soll. Ob er uns rausschmeißt?

MARIA: Ich hatte gehofft, er würde uns ein warmes Zimmer geben.

JOSEF: Hier zieht es mächtig. Es zieht auch durch. Das Kind schreit. Hoffentlich passiert ihm nichts.

MARIA: Es hat Hunger. Außerdem habe ich keine trockenen Windeln mehr. Das Kind friert. Seine Hände sind ganz blau.

JOSEF: Hier hast du meinen Mantel. Ob das was hilft?

MARIA: Hör mal, wie der Wind pfeift.

JOSEF: Der Mond hat sich hinter den Wolken versteckt. Kein Stern ist zu sehen.

MARIA: Wenn es erst nur Morgen wäre. Ich habe erbärmlichen Hunger. Und Durst. Die Geburt hat mich geschwächt.

JOSEF: Milch gibt es keine. Die Geschäfte sind geschlossen. Außerdem können wir nicht bezahlen. Kein Geld.

MARIA: Keine Hebamme.

JOSEF: Den Arzt hatte ich noch benachrichtigt. Er sagte, er käme nur, wenn etwas schief ginge. Eine Hebamme konnte ich nirgends auftreiben.

MARIA: Es ging auch so gut. Gott hat geholfen.

JOSEF: Der hat uns viel versprochen. Erst erscheint ein Engel im Traum dir, dann mir. Uns beiden wurde mitgeteilt, bei der Geburt des Sohnes geschähe ein Wunder. Nichts ist passiert, eher das Gegenteil von einem Wunder.

MARIA: Sag das nicht. Gott hilft uns weiter.

JOSEF: Ich weiß nicht, bis jetzt habe ich davon wenig gemerkt.

MARIA: Ich werde mit ihm sprechen: Lieber Gott, du hast mir und meinem Mann ein Versprechen gegeben. Unser Kind würde der Retter der Welt werden. Aber wir merken davon nichts. Du stellst uns auf eine harte Probe. Hilf uns. Lass uns nicht allein.

JOSEF: Komm Maria, morgen früh ist die Nacht um. Lass uns jetzt schlafen.

✦
Szene 3
Die Hirten auf dem Felde
✦

Hirten lagern bei der Herde.

ERSTER: Hast du gehört, in Bethlehem soll ein Kind im Stall zur Welt gekommen sein?
ZWEITER: So eine Bosheit. Ich hab's auch gehört. Keiner wollte die Familie aufnehmen. Es sind viele Fremde in der Stadt, wegen der Volkszählung.
DRITTER: Einer hätte sie doch aufnehmen müssen!
VIERTER: Das ist so eine Sache. Die haben kein Geld.
ERSTER: Und dann die Umstände, die so eine Geburt und ein neugeborenes Kind machen. Die wollte keiner haben.
ZWEITER: Wenn du kein Geld hast, kannst du heute nichts mehr machen.
DRITTER: Denen geht's wie uns. Wir bringen es zu nichts.
VIERTER: Wir bleiben die dummen, armen Hirten von Bethlehem.
ERSTER: Die Sache mit dem Kind, ist die wirklich wahr?
ZWEITER: In einem Stall soll es liegen. In eine Krippe haben sie es gelegt, aber doch in Windeln gewickelt.
DRITTER: Die haben in Bethlehem einen Arzt, der hätte sich doch um die Geburt kümmern müssen.
ERSTER: Keine Zeit!
VIERTER: Und ein Krankenhaus gibt es dort, mit vielen schönen Betten!
ERSTER: Überfüllt!
ZWEITER: Und die guten Gasthäuser in der Stadt!
DRITTER: Ohne Geld?
VIERTER: Außerdem ist die Stadt voll.
ERSTER: Irgendein Privatmann hätte sich doch kümmern müssen!
ZWEITER: Die Privatleute sind zu sehr mit sich selbst beschäftigt.
DRITTER: Ich verstehe nichts mehr. Gott hat uns verlassen.
ERSTER: Ob wir den Eltern und dem Kind helfen können?
VIERTER: Wir haben selbst kein Dach überm Kopf.
ZWEITER: Was soll's! Ich lege mich jetzt schlafen.
DRITTER: Horch, was ist das?
VIERTER: Dort, ein Lichtschein.
ERSTER: Ist da jemand?

Engel tritt auf.

ENGEL: Siehe, ich verkündige euch große Freude, die allem Volke widerfahren wird. Euch ist heute der Heiland geboren, der Retter der Welt, in der Stadt Davids, in Bethlehem. Und das habt zum Zeichen: Das Kind liegt in einer Krippe und ist in Windeln gewickelt.
GESANG: EHRE SEI GOTT IN DER HÖHE
ERSTER: Hast du das gehört?
ZWEITER: Das Kind in der Krippe ist Gottes Bote, der Retter!
DRITTER: Gott hat uns nicht verlassen.
VIERTER: Wir haben lange genug gewartet.
ERSTER: Ich muss hin, das Kind sehen!
ZWEITER: Ich auch!
DRITTER: Ich auch!
VIERTER: Und ich auch!
ERSTER: Vorhin sagtest du: Wir könnten nicht helfen. Das stimmt nicht. Wir können viel tun.
ZWEITER: Ich nehme ein Schaffell mit, damit es nicht mehr friert, das Kind.
DRITTER: Ich bringe ihm eine Flasche Milch mit. Es hat doch Hunger.
VIERTER: Ich nehme die gebratene Hammelkeule mit. Die Eltern haben heute noch nichts gegessen, bei der Aufregung, und haben bestimmt Hunger.
ERSTER: Ich nehme meine Ersparnisse mit. Die Leute sollen doch so arm sein.
ZWEITER: Ich nehme meine Flöte mit. Ich spiele dem Kind was vor, damit es nicht so traurig ist.
DRITTER: Ich nehme mein Lämmchen mit, damit es was zum Spielen hat.
VIERTER: Kommt, wir gehen!

Die Hirten gehen im Kreis oder im Raum umher.

✦

Szene 4

Im Stall – die Natur

✦

Um den Stall herum.

DACH: So ist das also. Bis hierher habe ich die Engel singen gehört. Ärgerlich, das Ganze. Man hätte es eher wissen müssen, dass der Retter unter mir geboren wird. Das hab ich altes Dach nicht gewusst. Überall diese Löcher in mir. Und der Regen tropft aufs Jesuskind. Der Wind pfeift durch die Ritzen. Was soll ich altes Dach machen? Du, Regen, bist an allem schuld!

REGEN: Natürlich ich, immer ich. Aber habe ich denn gewusst, dass der Retter in Bethlehem geboren wird? Ich hab es nicht gewusst. Und hätte ich es gewusst, meinst du, ich hätte hier in Bethlehem geregnet? Ganz bestimmt nicht! Das würde ich gewiss nicht tun, so einfach das Christuskind nass regnen! Aber du, Wind, hättest ja auch anders wehen können, dann wären meine Wolken gar nicht nach Bethlehem gekommen.

WIND: Jetzt bin ich es also gewesen! Aber hat mir einer irgendetwas gesagt? Ich habe doch alles jetzt erst erfahren. Und was hab ich gemacht? Sofort aufgehört mit Blasen habe ich. Das Kind soll sich doch nicht erkälten. Aber du, Mond, könntest etwas heller scheinen, damit die Hirten den Weg durch die dunkle Nacht besser finden.

MOND: Ich will mein Möglichstes tun. Ich will leuchten, dass es die reinste Wonne ist. Wie ich mich freue! Der Retter ist geboren, in einem Stall, wer hätte das gedacht. Hallo, ihr Bäume, rückt zur Seite, damit ich besser scheinen kann!

BÄUME: Wie wir uns schämen, Mond. Die ganze Nacht über haben wir gebraust. Maria und Josef und das Kind haben kein Auge zugetan, weil unsere Äste so knarrten. Jetzt sind wir still, damit die drei gut schlafen können. Aber zur Seite rücken können wir nicht. Das musst du verstehen, guter, alter Mond.

ESEL: Die dummen Bäume! Erst merken sie nichts und dann können sie nicht einmal zur Seite rücken. Aber ich, der Esel, habe es gewusst. Ich habe es immer gesagt: Mit diesem Kinde stimmt was nicht! Das Kind im Stall – ein Gotteskind! Das ist doch sonnenklar. Nicht alle Tage wird ein Kind im Stall geboren!

KUH: Ich will helfen und ich kann helfen. Ich gebe dem Kind meine Milch. Es soll satt werden und nie mehr vor Hunger schreien. Ob ihm meine Milch wohl schmeckt?

OCHSE: Und wer dem Kinde was tun will, der kriegt es mit mir zu tun. Ich werde meine Hörner in Schwung bringen und ihn verscheuchen. Wehe, wer dem Christkind etwas zuleide tut!

✦
Szene 5
Im Stall – Maria, Josef und die Hirten
✦

Maria und Josef im Stall, das Kind.

JOSEF (*wacht auf*): Maria, hörst du nichts, der Wind hat aufgehört zu pfeifen.

MARIA: Es regnet auch nicht mehr.

JOSEF: Der Mond scheint auf einmal so hell.

MARIA: Und im Stall wird es warm.

JOSEF: Das macht der Mantel. Der wärmt das Kind. Es schreit auch nicht mehr.

MARIA: Nein, Josef, es ist noch etwas anderes. Ich fühle mich nicht mehr so verzweifelt.

JOSEF: Ja, alles ist anders geworden.

MARIA: Schau mal zum Ochsen 'rüber. Sieht der uns nicht mit großen Augen an, als sagte er: »Ich beschütze euch«?

JOSEF: 'st, da kommen Leute.

Hirten kommen.

ERSTER: Hier ist das Kind.

ZWEITER: Alles stimmt: der Stall, die Krippe, die Windeln. Alles, wie es der Engel gesagt hat.

DRITTER: Du bist also der Retter. Klein bist du ja. Und deine Umgebung ist armselig.

VIERTER: Lass ihn, er kann uns nicht antworten.

ERSTER: Das macht nichts.

ZWEITER: Der Weg hat sich trotzdem gelohnt.

DRITTER: Wir haben dir etwas mitgebracht.

VIERTER: Die Sachen kannst du sicher gut gebrauchen.

ZWEITER: Ich bringe dir ein Schaffell mit, damit du nicht mehr frierst.

DRITTER: Ich schenke dir eine Flasche Milch. Du hast doch Hunger.

VIERTER: Hier ist eine gebratene Hammelkeule für deine Eltern. Die haben doch seit heute morgen nichts mehr gegessen.

ERSTER: Hier sind meine Ersparnisse, wo ihr doch so arm seid.

ZWEITER: Ich spiele dir etwas auf der Flöte vor, damit du nie mehr weinst.

DRITTER: Ich schenke dir ein kleines Lämmchen, damit du was zum Spielen hast.

VIERTER: Warum wir das tun?

ERSTER: Du beschenkst uns viel mehr.

ALLE (*durcheinander*): Du schenkst uns Gottes Frieden. Du bist doch unser Retter.

HIRTEN (*knien nieder*): Darum sind wir nach Bethlehem gekommen.

✦
Szene 6
Unterwegs nach Bethlehem
✦

Der Stern, kommt von hinten.

STERN: Ich bin Gottes Stern. Ich muss noch viele Menschen nach Bethlehem bringen, nicht nur die Weisen und die Hirten. Die bilden erst den Anfang. Ich bin der Morgenstern, ich leuchte und leuchte für alle Welt, für alle Menschen. Ihr Leute, schaut mich an, ich führe euch den Weg nach Bethlehem.

Die Weisen treten auf.

ERSTER: Habt ihr es bemerkt: Ein neuer Stern ist aufgegangen.

ZWEITER: Wann? Wo? Zeig mal her!

Er nimmt das Fernrohr.

DRITTER: Ein großer Stern. So etwas ist noch nie da gewesen.

ZWEITER: Was das wohl bedeutet?

ERSTER: Das weißt du nicht? Ich wohl. Der König der Menschen wird geboren. Der Stern zeigt ihn an.

DRITTER: König der Menschen?

ERSTER: Der Retter. Er bringt den Menschen Gottes Liebe.

STERN: Jetzt haben die Menschen mich entdeckt, drei Wissenschaftler aus dem Morgenland. Ich werde sie anreden. Hallo, ihr Menschen, hört mal her.

ZWEITER: Der Stern kann reden!

STERN: Ja, ich bin Gottes Stimme. Ich will euch den Weg zeigen.

DRITTER: Wohin willst du uns denn führen?

STERN: Zum Retter!

ERSTER: Auf den warten wir schon lange. Jetzt ist er also geboren. Wir müssen uns auf den Weg machen, zum neu geborenen König der Juden, zum Kind in der Krippe. Wir werden es anbeten, weil Gott uns einlädt.

STERN: Ich will euch den Weg zeigen. Ich leuchte vor euch her. Ihr Menschen, schaut her! Ich zeige euch den Weg nach Bethlehem, zum Retter, den Gott uns schickt.

✦
Szene 7
Zweites Gespräch in Bethlehem
✦

Leute von Bethlehem.
ERSTER: Ich glaube, wir haben einen Fehler gemacht.
ZWEITER: So ist es. Wir haben das fremde Kind und seine Eltern verachtet.
DRITTER: Uns nicht gekümmert.
VIERTER: Es ausgestoßen.
ERSTER: Jetzt sind wir die Blamierten.
ZWEITER: Es ist Gottes Kind.
DRITTER: Der Retter.
VIERTER: Es ist noch nicht zu spät.
ERSTER: Was können wir denn tun?
ZWEITER: Wir können zum Stall gehen und auch anbeten.
DRITTER: Ihm etwas schenken.
ZWEITER: Was denn?
ERSTER: Unser Geld?
DRITTER: Auch.
ERSTER: Unsere Häuser?
DRITTER: Sicher, die auch.
ERSTER: Sonst noch etwas anderes?
ZWEITER: Unsere Spielsachen?
ERSTER: Warum nicht?
VIERTER: Sachen zum Anziehen?
DRITTER: Das wäre nicht verkehrt.
LEUTE (*durcheinander*): Sonst noch irgendetwas?
ERSTER: Wir können hingehen und dem Kind unsere Herzen schenken.
ZWEITER: Da sind hier viele, die mitgehen werden.
DRITTER (*Polizist*): Übrigens, mit oder ohne Gotteskind – blamiert haben wir uns in jedem Fall. Ob es sich hier um ein Gotteskind handelt oder nicht, Flüchtlinge sollen wir hier künftig anders aufnehmen, so oder so.
ERSTER: So ist das, wenn wir uns hier besser um Flüchtlinge kümmern, egal wie die heißen oder was die sind, die nehmen wir hier in unserer Stadt Gottes auf, echt.

LIED: MIT DEN HIRTEN WILL ICH GEHEN

Weihnachts-Rap nach Lukas

Musikszene

Gestaltung und Kreativität G&KLk18.2

Inhalt, ein Bericht

Die Idee, die Vorgeschichten des Lk 1–2 zu einem zusammenfassenden Gedicht zu verarbeiten, entstand als Vorarbeit zu einem Projekttag. Für die Einführung in dieses Großprojekt wurde eine Methode gesucht, die die Großgruppe der Kinder fesseln und einbinden kann. Die Entscheidung für ein Gedicht wurde dann in eine Rap-Idee umgewandelt. Dabei wurde die Verbindung zwischen den einzelnen Erzähl- bzw. Rap-Teilen wichtig. Der Refrain sollte die einzelnen Erzählteile verbinden und die Gruppe mit einem Chorus, den alle singen, einbeziehen.

Material

- Großer Saal oder Turnhalle. Alle sitzen auf dem Boden. Ein Sänger trägt den Rap vor, eine nach den vorhandenen Möglichkeiten besetzte Band begleitet und unterstützt den Gesang. Es ist sinnvoll, dass Vorsänger und Bandmitglieder sich kostümieren, sich dem vorgetragenen Text kleidungsmäßig anpassen. Noch wichtiger wäre die »Gründung« einer Band, die mit Instrumenten und »Nichtinstrumenten« besetzt werden kann.

Weg

1. Es ist nicht schlecht, wenn sich Schulband und Musikfachleute ans Werk machen.
2. Wenn es Schüler/innen gibt, die selbst gern texten, wird die Textentstehung in die Gruppe verlegt.
3. Ansonsten wird der vorgelegte Rap-Text übernommen.
4. Die Melodie lässt sich beim Sprechgesang leicht finden; sie wird durch das Versmaß vorgegeben.
5. Die Melodie für den Refrain sollte getragen, sogar feierlich sein, sich gegen den Stakkato-Rhythmus des Rap absetzen. Die Refrainmelodie sollte den Kinder- und Jugendgeschmack treffen.
6. Alles liegt in der Hand der Durchführungsgruppe, die die Sache eigenständig entwickelt.
7. Hier wird also keine Projektarbeit vorgestellt, sondern die Vorarbeit zu einem Projekt: Der Rap-Text wird als Einführungsszene für das Plenum entwickelt, als Einstieg in die Gruppenarbeit. Grundlage bildet Lk 1–2; ***BLk18.3*** kann als Anregung dienen.
8. Werden Zuhör- und Mitmachgruppe den langen Atem haben, den Rap zu singen, anzuhören und immer wieder in den Refrain einzustimmen? Andernfalls ausgewählte Einzelteile vorstellen!
9. Es ist auch möglich, Gedichtvortrag und Rap-Gesang abzuwechseln, damit das Ganze nicht zu lange dauert.
10. Der Refrain wird nach jedem Abschnitt eingesetzt, der durch Römische Zahlen gekennzeichnet ist. Also: Änderungen, Umstellungen, Kürzungen sind möglich.

Organisation

Altersstufe: Grundschule, erweitert um das 5. bis 6. Schuljahr, wenn entsprechende Spielgruppen vorhanden sind. Ansonsten bleibt es bei der GS-Stufe.

Zeitrahmen, Struktur: Es handelte sich in diesem Fall um eine Vorarbeit zu einem Projekt. Die Einstimmung aufs Projekt kann mit dem entwickelten Text als Rap geschehen. ↗*Weg*!

Tipps

1. Die Rap-Verse können auch in der Gruppenarbeit verwendet werden.
2. Die Mischung aus Frömmigkeit und Keckheit könnte einige irritieren. Ihnen könnte der Hinweis helfen, dass viele biblische Erzählungen in ihren Details auch keck sind, was ihrer Aussage erst zum Durchbruch hilft.

3. Auslassungen erschienen mir notwendig, um die Rap-Erzählung nicht zu überladen.
4. Bewusst wurde bei der Uraufführung dort gekürzt, wo anzunehmen war, dass die Kinder die Zusammenhänge kannten.

Weiterarbeit

Eine zweite und dritte Aufführung des Weihnachts-Rap ist möglich, bei Schulfeiern und Schulgottesdiensten, Gemeindeveranstaltungen und -gottesdiensten!

BLk18.3
Rap zum Fest

Beispiel: Sieh, wir bringen euch – Rap

Refrain:

»Sieh, wir bringen euch,
Sieh, wir sagen an:
Licht, das euch erleuchtet!
Frieden füllt die Welt!«
Rufen Engel uns zu.

I.

Ein Mann heißt Zacharias, ein Priester, na gut!
Doch hat Zacharias fast gar keinen Mut.
Auch Elisabeth, was seine Frau nun war,
war traurig mit ihm. Denn Kinder war'n rar.
Die beiden, sie haben geweint und gestöhnt:
»Die Menschheit hat uns beide verhöhnt:
›Ihr habt keine Kinder?‹« Ja, so ist die Welt.
Was nutzen ohne Kinder Häuschen und Geld?
Zacharias im Tempel, ein Engel erscheint!
Der Zachi, er steht, vor Angst fast versteint.
Der Engel, er meint: »Mein Zachi, fass Mut.
Deine Frau kriegt 'n Kind und alles wird gut!«
»Du kannst was erzählen«, ruft Zachi nun laut.
Und schüttelt den Kopf. Er ist nicht erbaut.
»Ich brauche ein Zeichen. Denn wir sind alt.«
»Naja«, sagt der Engel, »nun warte doch, bald!«
Und weil Zacharias dem Engel misstraut,
da hat ihm der Engel die Sprache geklaut.
Und stumm wie ein Fisch verlässt der den Platz
und redet nichts mehr, nicht mal einen Satz.
Erst als den Sohn im Arme er wiegt,
hat Zachi die Sprache wiedergekriegt.
Und singt um die Wette, dass Gott Wunder tut:
»Johannes!« heißt er. Die Menschheit fasst Mut.
Johannes wird größer. Am Jordanort,
da predigt er offen das Gotteswort.
Er predigt und tauft und ruft: »Es wird hell!
Das Licht, das von Gott kommt, ist zur Stell'!«

II.

Ein anderer Mensch, ja, auch eine Frau,
die hieß Maria, ihr kennt sie genau.
Die kriegte ein Kind, was ein Engel ihr sagt.
Doch hat Maria zu fragen gewagt:
»Von wem, mein Engel, wie könnte das sein?«
»Maria, dein Gott lässt dich Frau nicht allein.
Dein Sohn heißt Jesus. Weißt, was das heißt?
Er befreit die Menschheit zu göttlichem Geist.«
Maria sagt Ja, und geht Gottes Weg,
singt fröhlich ein Lied, so toll und nicht schräg.
Sie singt, dass ein Licht in der Finsternis scheint.
Er wird geboren, der zum Frieden uns eint.

III.

Maria und Josef, sie brechen jetzt auf:
Wohin, ja wohin geht ihr Ruf und ihr Lauf?
Nach Bethlehem geh'n sie. Das ist eine Stadt,
die wenige Straßen und Häuser nur hat.
Warum sind sie dort? Das Volk wird gezählt,
das sich durch Straßen und Gassen nun quält.
Denn jeder muss heim in die Vaterstadt,
wo schon sein Urahn sein Heimathaus hat.
Und Josef, der stammte von David ab,
der aus Bethlehem kam mit dem Hirtenstab.
Doch wurde er König, ein Hirte gering.
Ja, David war's, mit dem alles anfing.

Maria ist schwanger. Die Geburt geht los.
Das Kind in der Krippe, so nackt und so bloß!
Die Engel, sie singen: »Ei, Hirten wacht auf!
Der Menschenheiland, der Retter steht auf!«
Ihr kennt die Geschichte. Hirten bei Nacht,
sie haben sich gleich auf den Weg gemacht.
Und finden das Kind in der Krippe im Stall.
Die Hirten erzählen es allüberall.
Und Maria behält, was damals geschah,
was sie mit eigenen Augen sah:
»Das Licht kommt von Gott. Ob reich oder arm,
das Gotteslicht macht die Herzen so warm.«

IV.

Das Kind ist im Tempel, es wird dort geweiht,
für Gott unsern Herrn. Ja, hat das nicht Zeit?
»Nein, nein«, rufen Simeon und Hanna nun laut:
»Wir haben doch heut' den Messias geschaut!
Der Messias wird kommen, er ist's, der befreit,
Jetzt kommt ein bessere, fröhliche Zeit!«
Und beide nehmen das Kind auf den Arm
und schaukeln es sanft und halten es warm.

V.

Auch zwölf Jahre später, als zur Stadt hinzieht
die Jesusfamilie, wie jeder es sieht,
da ist es doch wirklich im Tempel passiert,
dass Jesus die Menschen im Herzen berührt.
»Er kennt seine Bibel, er kennt sie genau«,
so rufen Gelehrte, »der Junge ist schlau!«
Doch kommt Jesu Zeit nun immer noch nicht.
Noch ist es dunkel. Und ist kein Licht.
Und viele haben ihr Haar sich gerauft.
Doch später, als Johannes den Jesus tauft,
da spricht Gottes Stimme: »Du bist mein Sohn!«
»Ja, Vater!«, sagt Jesus mit leisem Ton.
Und wird zum Licht, zum Licht für die Welt,
zum Licht, das leuchtet und das Dunkel erhellt.

Refrain!

Beispiel:
Einen Weihnachts-Rap texten, komponieren und spielen, Instrumente dazu (er)finden

BLk18.4
Mit selbst gebauten Instrumenten eine Rapper-Gruppe entwickeln, ***↗G&KLk12, BLk12.3***

1. Natürlich soll der Versuch unternommen werden, selbst einen Rap zu erfinden: Text, Refrain, Melodie. Alles läuft nach dem Schema ab, das wir unter ***BLk18.3*** finden. Aber selber auszuprobieren und zu erfinden ist natürlich interessanter.
2. Nun müssen Instrumente her, die wir selber suchen, erfinden, bauen: Die Musik beim Rap lebt vom Rhythmus. So können Tonnen, Töpfe, Gläser, Nägel, Schläuche, Steine, Bretter, Bleche und was uns sonst noch in die Quere kommt zu einem Musikinstrumente werden. Es braucht dann »nur noch« Leute, die im richtigen Rhythmus diese Instrumente bearbeiten.
3. Neben dem Rhythmus wird aber auch die Melodie wichtig, die entweder durch menschliche Stimmen oder/und durch melodieführende Instrumente getragen wird. Es findet sich immer jemand, der flöten oder geigen, Klavierspielen oder singen kann. Also ausprobieren!
4. Die Texte jetzt im richtigen Rhythmus zu singen, sie deutlich zu artikulieren, ist neben der Rhythmusgebung noch das Schwierigste. Die Rap-Sänger/innen wollen schließlich verstanden werden, denn der Text ist nicht ganz unwichtig … Üben, üben, üben! Es ist gut, wenn alle Mitwirkenden den Text (fast) auswendig können. Einfacher ist es, wenn es nur wenige oder nur eine Rap-Sängerin oder Rap-Sänger gibt.

Und so tritt unsere Rapper-Band in Aktion!

Der Band präsentiert zwölf genau ausformulierte Liturgien, die die Herzen der Menschen öffnen wollen. Bewährt sind sie alle in den bekannten Ludwigsburger »Nachteulen-Gottesdiensten«. Begrüßungs- und Moderationstexte, Meditationsanleitungen, Körperübungen, Bildimpulse, Lieder und Gebete bilden eine reiche Materialsammlung für die individuelle Gestaltung eigener Gottesdienste.

Die Liturgien wenden sich in besonderem Maße an Zeitgenossen, die sich neu oder wieder für Gottesdienst und Kirche interessieren.

Die beiliegende CD enthält die Texte, Noten und Bilder des Werks und ermöglicht es damit z. B., die Liturgien der Einzelsituation genau anzupassen.

Georg Schützler
Liturgien die das Herz öffnen
12 Gottesdienstmodelle für die Praxis
Mit einer Materialien-CD
ISBN 3-7668-3910-1

Die drei Singspiele dieses Bandes eignen sich als idealer Mittelpunkt der Weihnachtsfeier in Schule und Gemeinde. Sie bestehen jeweils aus einer Spielszene mit mehreren Chorliedern und dauern etwa 20 Minuten. Neben einer abwechslungsreichen, flotten Darbietung bietet diese Kombination den Vorteil, dass fast beliebig viele Kinder verschiedener Altersstufen teilnehmen können. Die kurzen Lieder und Texte sind leicht zu erlernen und überfordern auch ungeübte Sänger nicht. Die älteren Kinder übernehmen die kurz gefassten Rollen und eine Sprecherin bindet die Lieder und Spielszenen durch eine Rahmenerzählung zusammen.

Die ausformulierte Kurzpredigt unterstreicht die Botschaft des Spiels und bezieht die erwachsenen Besucher mit ein.

Auf den Feldern von Bethlehem
Drei Weihnachtssingspiele für Kinderkirche und Grundschule
5 sw Abbildungen und Playback CD
ISBN 3-7668-3884-9

Dieses Krippenspiel der besonderen Art schenkt der Weihnachtsfeier in Schule und Gemeinde einen liebevoll-besinnlichen Höhepunkt.

Das Heft bietet alles, was zur gelungenen Aufführung des Schattenspiels erforderlich ist:

- genau ausformulierte Erzähl- und Rollentexte
- detaillierte Anleitungen zum Bau einer einfachen und einer aufwändigeren Schattenbühne
- und natürlich Dutzende detailreich gestalteter Figuren und Accessoires.

Die Einsatzmöglichkeiten sind nahezu unbegrenzt: Das Spiel lässt sich von einer Person, begleitet von einem Erzähler, vorführen. Ebenso können mehrere Spieler mit verteilten Rollen und Texten eine gemeinsame Aufführung einüben. Alle Varianten werden genau erläutert.

Ekkehard Stier
Kommt her zur Krippe
Szenen und Figuren für ein weihnachtliches Schattenspiel
64 Seiten, 10 sw Abbildungen und 39 Kopiervorlagen
ISBN 3-7668-3799-0

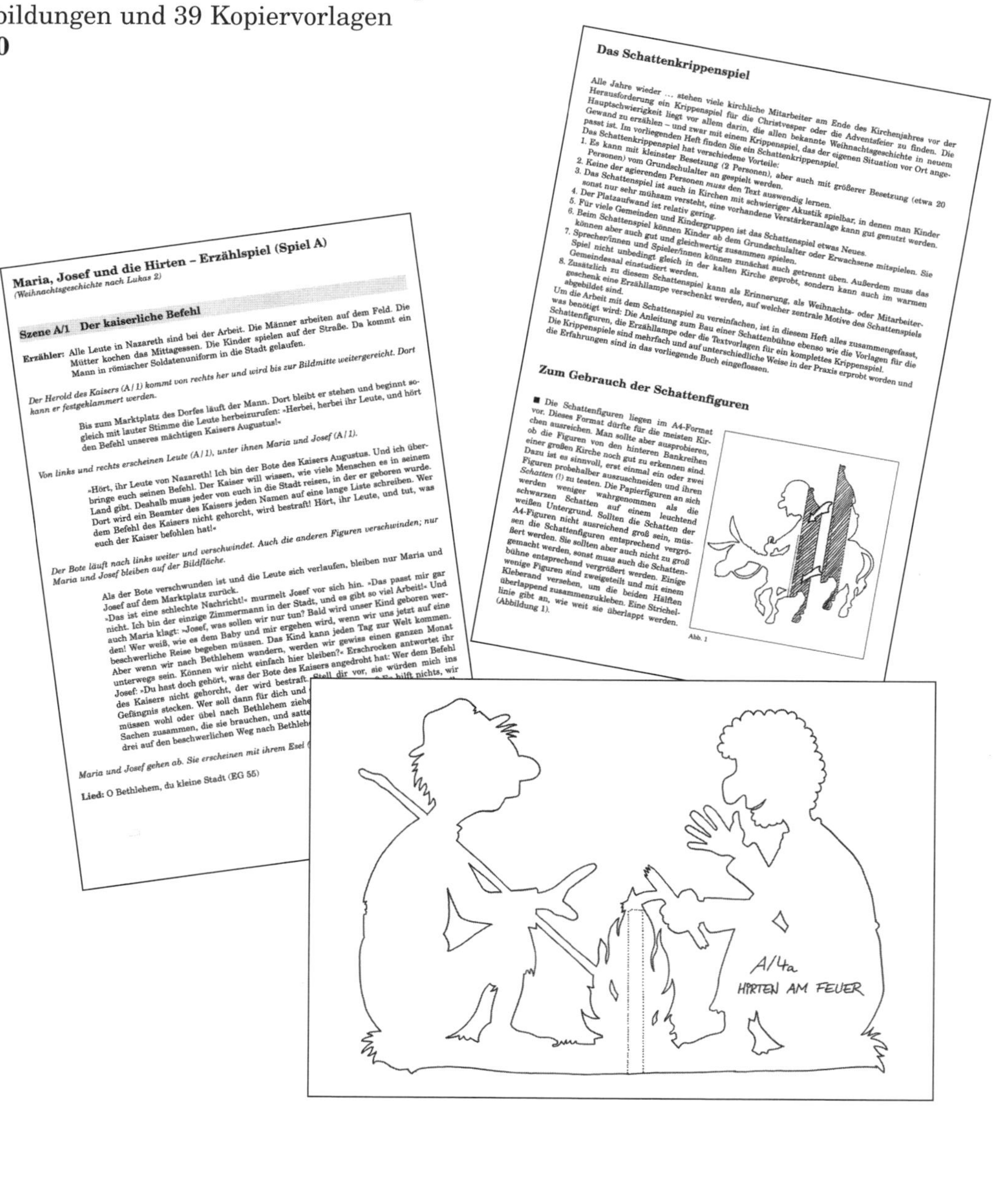

Musik, die Mut macht

ABAKUS MUSIK

Siegfried Fietz und Dieter Stork

Mut zum Träumen

Musik: Siegfried Fietz
Texte: Dieter Stork
Mut zum Träumen: Das sind Lieder der Hoffnung in unserer Zeit. Mut zum Träumen: Ein Singspiel, das die drängenden Fragen der Zeit in kindgemäßer Form verarbeitet.
Hervorragend geeignet zur Aufführung mit Kindern.
CD 91-108
Lieder- und Textheft 108
Spiellieder ab 8 Jahre

Christus ist geboren

Fröhliche, leicht mitzusingende Lieder erzählen die nicht nur für Kinder immer wieder faszinierende Weihnachtsgeschichte.
CD 91-034
Lieder- und Textheft 034
Weihnachtslieder ab 3 Jahre

Kleine Lieder für kleine Leute & Wenn ich groß bin

Musik: Siegfried Fietz / Text: Heinz-Otto Schaaf & Dieter Stork
Beliebte Spiellieder für kleine Leute, die man immer wieder gerne hören möchte. Eingängige Melodien und einfache Texte laden jeden zum Mitmachen ein.
CD 91-096 Kleine Lieder / Wenn ich groß bin
Lieder- u. Textheft 096 (Kleine Lieder)
Lieder- u. Textheft 089 (Wenn ich groß bin)
Spiellieder ab 3 Jahre

Was uns die Bibel erzählt: Hinauf nach Jerusalem & Christus ist auferstanden

Musik: Siegfried Fietz / Text: Dieter Stork
Die Passions- und Ostergeschichte in eingängigen Melodien mit kurzen Zwischentexten.
Doppel-CD 91-155
Liedhefte - Klavierbearbeitung :
Hinauf nach Jerusalem 021
Christus ist auferstanden 024

Was uns die Bibel erzählt: Gott erschafft die Welt & Selig seid ihr

Musik: Siegfried Fietz / Text: Dieter Stork
Die beliebten Kinder-Produktionen zur Schöpfung und zur Bergpredigt.
Ausgezeichnet zur Aufführung durch Kinderchor, Kindersolisten und Erwachsenensolisten geeignet. Lieder wie "Heißa, wir dürfen leben", "Hätt' die Rose nicht die Laus", "Selig seid ihr" sind bereits zu Ohrwürmern und Hits in Kindergärten, Schulen und Familien geworden.
CD 91-170
Viele Lieder dieser Produktion und andere in dem Liederbuch:
Heissa wir dürfen Leben, Best.-Nr.222

ABAKUS Musik Barbara Fietz · Haversbach 1 · 35753 Greifenstein · Fon: 06478-2774-0
ax: 06478-2774-19 · eMail: hotline@abakus-musik.de · Internet: www.abakus-musik.de